*Né en 1938, **René Barral** a été élevé par ses deux grand-mères qui lui ont inculqué le sens des valeurs et de l'effort. Autodidacte et retraité, il s'est mis à l'écriture après avoir étudié deux ans les Lettres à l'université. Les Soleils de l'hiver, son troisième roman, a reçu le prix de l'Académie Poétique et Littéraire de Provence.*

# Un Été cévenol

**Du même auteur**

**Aux éditions De Borée**

*L'Enfant secret de la Borie,* Grand Prix du monde francophone de l'Académie Poétique et Littéraire de Provence, 2012
*La Colère des drailles*
*Le Miracle de Combesèque*
*Les Soleils de l'hiver,* Terre de poche
*Ombres et lumières de Costebelle,* prix d'honneur de l'Académie poétique et littéraire de Provence, 2004 ; premier prix du roman du Scribe d'Opale, 2004

En application de la loi du 11 mars 1957,
il est interdit de reproduire intégralement ou partiellement
le présent ouvrage sans autorisation de l'éditeur ou du Centre français
d'exploitation du droit de copie, 20 rue des Grands-Augustins, 75006 Paris.

© René Barral
© *De Borée*, 2013 pour l'édition poche

# René Barral

# Un Été cévenol

Terre de poche

# Introduction

*Lorsqu'on arrive au Vigan par la nationale 999, au pied du mont Aigoual et à environ une soixantaine de kilomètres au nord de Montpellier, on aperçoit une route sur la gauche, en direction d'un pont qui enjambe l'Arre. Un panneau indique : Saint-Bresson, 8 km. Si, par hasard, vous empruntez cette route de montagne, vous découvrirez, en arrivant au col, un paysage typique des Cévennes méridionales : un relief taillé à coups de serpe laissant deviner un pays rude, qu'il a fallu conquérir, aménager au prix d'un travail séculaire et d'un courage à toute épreuve.*

*Juste à contrebas, le village s'accroche à un rocher qu'on appelle Roc de Gourgue. Vous sentirez alors le parfum du thym, des genévriers et de l'aspic, la lavande sauvage. Si c'est l'été, vous entendrez la musique entêtante des cigales et le bruissement irrité des insectes dans les taillis. Prenez votre temps, descendez de voiture et observez ce pays sans frontières, torturé et abrupt ; les fermes, les hameaux accrochés çà et là, les chemins écrasés de soleil. Il vous semblera déserté et figé dans une sérénité intemporelle. Pourtant, autrefois, les hommes façonnaient inlassablement cette terre ingrate. Examinez le flanc des vallons : vous découvrirez les vestiges d'un terroir anciennement bien aménagé où, à présent, les murets des traversiers abandonnés s'écroulent tristement comme les ruines d'un temple aztèque. Ils sont emportés par la violence des averses cévenoles, véritables déluges d'une intensité rares, mais de courte durée. L'impression de sécheresse environnante n'en est ainsi guère atténuée. Laissez aller votre regard un peu plus loin : vous êtes ici dans le domaine, maintenant délaissé, du châtaignier, l'arbre nourricier, et du chêne blanc, qui donnait les truffes quand les bois étaient entretenus. Seuls, quelques petits troupeaux de moutons y subsistent de nos jours. Au début des années cinquante, les murailles étaient encore toutes debout et les paysans cultivaient la moindre parcelle de terrain avec la patience et la ténacité qu'imposait la pauvreté des sols. Les châtaignes nourrissaient les hommes et les truffes apportaient quelque bien-être à ceux qui savaient les trouver.*

*Mais de grands changements se précisaient dans ces pays isolés et à l'écart du progrès. Du fait de la*

# Introduction

*mécanisation de l'agriculture, les minuscules exploitations familiales ne permettaient plus que de survivre. Certains s'accrochaient encore de toutes leurs forces à leur patrimoine et aux traditions ; mais beaucoup cherchaient un emploi pour avoir un salaire. Le produit de la ferme devenait alors un simple complément. On commençait aussi à pousser les enfants les plus doués à l'école, afin qu'ils concourent ensuite à un emploi administratif ; ce qui les ferait partir pour Paris ou ailleurs dans une grande ville. Un monde et une certaine philosophie de vie finissaient,*

*Il faut dire que si, aujourd'hui, les Cévennes sont à la mode, il fut une époque où Bâville, intendant général du Languedoc, écrivait à son frère, en parlant de cette contrée : « Je vous écris du plus vilain pays du monde. » Sans aller jusque-là, la vie était dure et le travail ingrat dans cette région vers 1950,*

*Les maisons ne bénéficiaient d'aucun confort. De formes irrégulières, accrochées au sol de toutes leurs forces et agrippées les unes aux autres dans un enchevêtrement incroyable, elles n'avaient quelquefois pour plancher que de la terre battue et n'étaient équipées ni en eau courante, ni en électricité. Le mobilier était sommaire : un buffet, un pétrin, un vaisselier, une table, quelques chaises et deux fauteuils réservés aux aïeux dans le coin de la cheminée, le* cantou. *Dans les chambres, des lits en bois de châtaignier et une armoire du même bois,* lo cabinet. *Peu d'ustensiles : une crémaillère pour pendre l'oule à cuire la soupe, des landiers de fer, un soufflet pour attiser le feu, un trépied. La cheminée était le centre de vie : on s'y chauffait, on s'y reposait, on y faisait toute la cuisine. Accolé à celle-ci, un potager en brique à deux trous permettait de recueillir la braise afin de mijoter les ragoûts ou de tenir au chaud. L'étroitesse des fenêtres ne laissait entrer que peu de lumière et, à la saison froide, la température intérieure ne différait pas beaucoup de celle de l'extérieur ; aussi se dépêchait-on de manger la soupe sans poser la veste avant de gagner le foyer où brûlait un bon feu,*

*Le soir, les jeunes enfants regardaient venir la nuit avec un frisson d'angoisse et d'inquiétude. Quand les ténèbres régnaient sur toute chose, partir à la fontaine chercher une cruche d'eau ou descendre à la cave muni d'une simple lampe de poche pour tirer une bouteille de vin leur procurait de fortes émotions et réclamait un certain courage. Ne parlons pas des besoins naturels qu'il fallait satisfaire dehors si une envie pressante ne permettait pas d'attendre le lendemain. Cruel dilemme ! Et l'hiver, lorsqu'ils allaient au lit, ils sentaient le vent se glisser dans les chambres glaciales par les portes et les fenêtres disjointes. Alors ils se couchaient très vite, se contentant de poser en vitesse chaussures et culottes, avant de se coucher dans les draps de toile écrue en chemise et pull-over.*

# Introduction

*Les hommes s'habillaient d'un pantalon de tissu bleu et leurs chemises descendaient très bas dans le dos* (le pandol). *Cela leur permettait, en ramenant la pointe vers l'avant d'un geste ample de tout le corps, d'obtenir un slip. Les femmes se vêtaient invariablement de robes longues, noires ou grises, qu'elles protégeaient d'un tablier* (lo devantal) *et allaient la tête couverte d'une cotonnade noire nouée fortement sous le cou. Ils travaillaient de leurs mains depuis l'aube jusqu'à la nuit ; outre les légumes qu'ils cultivaient, ils se nourrissaient de soupe, de châtaignes et de fromages de chèvre. Vaille que vaille, chaque famille élevait un cochon et se débrouillait pour produire sa provision de vin ; une piquette ne dépassant pas sept à huit degrés que chacun prétendait meilleure que celle du voisin !*

*La plupart des hommes s'embauchaient à la mine des Malines. Ils allaient travailler à vélo : 7 km de descente et 4 de côte à escalader à l'aller, le contraire au retour ! Si cette activité, pénible et dangereuse, leur apportait une certaine prospérité par rapport à ceux qui vivaient uniquement de ce qu'ils produisaient, elle ajoutait à la fatigue : pas question pour eux de laisser tomber la propriété. À peine arrivés du travail, ils posaient les bottes et les chiffons qu'ils enroulaient autour de leurs pieds en guise de chaussettes. Ensuite, après avoir cassé la croûte, ils prenaient une faux, une serpe* (poudet) *ou un bigot,* cette pioche à deux longues pointes, et partaient sans plus tarder dans leurs champs (cantous).

Les conditions de vie de ces hommes et de ces femmes nous paraîtraient insupportables aujourd'hui. Mais ce sont les durs travaux de la vie agricole et l'infinie résistance à la peine de tous ces êtres qui ont entretenu dans l'âme cévenole ce génie de sombre résistance et de liberté, trait dominant et noblesse de leur caractère.

Pour ces paysans, le temps n'existait pas puisque les pierres le retenaient en otage : ils habitaient les maisons séculaires qui avaient déjà abrité leurs ancêtres et, génération après génération, cultivaient les mêmes traversiers. La vie s'écoulait tranquillement au rythme des saisons et des récoltes ; on savait vivre sans se hâter. Quand deux hommes se rencontraient, ils s'interpellaient joyeusement puis l'un plantait là son outil et l'autre s'approchait. Ils s'asseyaient sur le bord d'une murette, sortaient leur paquet de tabac gris et roulaient une cigarette. Ensuite, après avoir bu une gorgée de piquette à la régalade (à la gargaille), ils parlaient longuement de choses et d'autres, sans hâte, en caressant l'espace du regard. Toutefois, leurs conditions de vie très difficiles permettaient de distinguer des « personnages ». Des figures hors normes qui se singularisaient et animaient la vie du village, quelquefois de façon violente quand l'alcool échauffait les esprits.

# Introduction

*Toutefois, ces hommes, qui n'aimaient pas se plaindre, savaient être gais. Ils avaient profondément ancré en eux ce que nous avons un peu perdu : le sens de la fête. Que ce soit la fête votive, une veillée, une naissance, les vendanges ou Noël : le moindre événement était prétexte à faire bombance. Pour ces occasions, le pastis – fabriqué avec de l'eau-de-vie et un flacon d'absinthe –, le vin et la carthagène[1] coulaient à flots ; souvent de façon exagérée !*

*Tous avaient profondément chevillé au corps ce sens de la solidarité et de l'entente qui entretenait chez chacun d'eux un vivace esprit de société. Le village était alors un petit monde complet, une minuscule humanité pressée et serrée sur elle-même, isolée par la solitude de la montagne parce qu'on ne se déplaçait pas pour le plaisir.*

*De nos jours, traversiers et châtaigneraies sont, pour la plupart, à l'abandon et de nombreuses maisons ont été rachetées par les gens des villes ; quelquefois des étrangers : britanniques, allemands, néerlandais.*

*La mine des Malines, qui avait employé jusqu'à 350 ouvriers après la guerre, apportant une incontestable prospérité dans un grand nombre de bourgs des alentours, a définitivement fermé en 1991. Sans*

---

[1]. *Vin cuit obtenu en laissant macérer du jus de raisin et de l'eau-de-vie à 50º.*

travail, les jeunes étaient partis depuis longtemps faire leur vie ailleurs.

À Saint-Bresson, quelques anciens viennent encore, l'après-midi, s'asseoir sur le banc de ciment pour échanger quelques mots. Ils posent parfois un regard étonné sur le village, les maisons restaurées et contemplent les traversiers en friche. Ils hochent pensivement leur tête chenue et disent, avec une vague mélancolie : « Ah ! Si les ancêtres revenaient, ils ne se reconnaîtraient plus !... » Ainsi va la vie des hommes.

# I
# Une histoire d'eau en pays sec

Arrivé aux Aires, Baptistin Fabre fit une halte et son regard se porta vers la vallée. Du petit col, on découvrait la Cévenne : un océan de ravins, dominé tour à tour par les vagues claires des bois de chênes blancs et celles, plus sombres, des châtaigneraies. Avec, partout, les couleurs bigarrées des *faisses*, ou *cantous*, lopins de terre pour la culture en terrasses où, par endroits, croulait la pierraille de quelques parcelles abandonnées.

C'étaient une de ces belles journées d'été qui poussent à l'optimisme et à l'insouciance. Sous le grand soleil de juillet, une lumière éclatante illuminait l'horizon, bleuissant les montagnes, embrasant la terre accablée de chaleur. D'un coup d'épaule, Baptistin ajusta la musette dans son dos et reprit sa marche d'un pas ferme en direction de Saint-Laurent-le-Minier. Hier dimanche, il s'était bien reposé et il avait hâte de retrouver son chantier.

L'homme n'était pas très grand mais large, épais, le cou escamoté, la bedaine puissante et triomphante. Un gros nez camard surmontait ses lèvres épaisses à l'éternelle moue matoise, confirmée par le regard chafouin qui se dissimulait sous d'épais sourcils. Une casquette de couleur indéfinissable coiffait en permanence son visage carré. Tout le monde au village, à part le curé, l'appelait Ficelle. Ce surnom, qui pouvait surprendre, vu sa corpulence, lui venait certainement de sa nature finaude et roublarde.

Il chemina cinq à six cents mètres avant de quitter la route goudronnée pour emprunter un sentier qui déboulait au milieu des buis et des touffes de chênes verts. Quelques rares oliviers abandonnés et des vestiges de murettes témoignaient d'une ancienne culture sur cette pente abrupte. Baptistin bifurqua brusquement pour se diriger droit sur un sapin solitaire, poussé là par hasard. Parvenu au pied de l'arbre, il y accrocha sa musette. C'est là que se trouvait ce qu'il appelait fièrement « sa mine » : un trou d'environ un mètre cinquante de diamètre percé à flanc de colline. Il se pencha et examina la galerie, profonde de quelques pas seulement. Il l'avait patiemment creusée à coups de pioche et de pelle, sortant le remblai seau par seau, le plus souvent à genoux et quelquefois en rampant. Il fut satisfait de son examen : la voûte n'avait pas bougé, il travaillait sur un terrain ferme.

Le sourcier sortit sa blague à tabac d'une poche de sa chemise et, tout en fourrageant longuement pour en extraire une grosse chique, observa avec un tranquille contentement le labeur accompli depuis qu'avec sa baguette il avait déterminé que de l'eau coulait sous les flancs de cette colline abandonnée. Toute cette terre et ces rochers arrachés à la montagne lui apportaient une curieuse jubilation. Il s'étonnait tous les jours avec ravissement de voir le monticule de remblai s'élever si rapidement. Cela lui procurait le même plaisir intense que s'il se fût agi d'une récolte bien réelle dont il serait fier ! Il ne savait pas encore ce qu'il ferait lorsque l'eau jaillirait, peu lui importait. Il ne s'interrogeait pas plus sur l'opportunité ni sur l'intérêt de la réussite de son entreprise et il ne s'imaginait pas en train de défricher les quelques *cantous* qui lui appartenaient plus bas, dans le vallon. Veuf, il vivait confortablement de sa retraite de la SNCF et des revenus secrets, mais juteux, dus à la cueillette des truffes. Nul besoin pour lui de se fatiguer à cultiver un terrain ingrat ! D'ailleurs au village, il aimait jouer les seigneurs désintéressés qui n'ont d'autre ambition que de jouir de ce qu'ils ont. Seule comptait la satisfaction vaniteuse de trouver de l'eau à un endroit où personne ne serait venu en chercher ! Il imaginait déjà avec quelle fausse modestie il claironnerait la nouvelle à l'heure de l'angélus, assis sur le banc de la place... Le sourcier se frotta les mains et s'assit confortablement sur le siège improvisé pour les périodes de repos : quelques pierres plates recouvertes de branches de buis disposées contre le tronc du sapin.

Bercé par le grésillement des insectes dans les hautes herbes, Ficelle ferma les yeux et songea à son fils Pierre, libéré du service militaire, qu'il irait chercher le lendemain matin à la gare du Vigan. Il nourrissait de grandes ambitions pour lui depuis qu'un jour le directeur de la mine des Malines l'avait convoqué pour lui parler de ses projets concernant son fils. Grâce à un bac brillamment obtenu, celui-ci était entré, avant de partir à l'armée, dans les bureaux de cette entreprise, filiale d'une grande société internationale, la Peñarroya, qui extrayait ici du minerai de plomb et de zinc. Cette compagnie formait ses ingénieurs et ses cadres dans sa propre école, à Paris. Le directeur, qui avait apprécié Pierre, était persuadé qu'une fois son service militaire accompli un séjour dans la capitale permettrait au garçon de se construire un avenir brillant. Depuis, le Fabre clamait à qui voulait l'entendre que son fils finirait directeur ! Cette mégalomanie l'entraînait souvent dans de longues méditations solitaires pendant lesquelles il imaginait les hypothèses les plus favorables, ce qui le comblait de bonheur. Il se leva brusquement et s'empara d'un outil. « Allons, se dit-il, ce serait bien si demain j'annonçais au fiston que j'ai trouvé de l'eau... »

Au même instant, Causse, un grand maigre, sec comme un échalas, jaune de teint et à la chevelure rousse, s'apprêtait à arroser son jardin un peu plus bas dans la vallée.

Se saisissant d'une *aissade*[1], il plia sa grande carcasse et dégagea le petit monticule qui faisait barrage sur la berge du ruisseau. Libérée, l'eau s'écoula lentement dans le caniveau menant à son jardin. Il alla ensuite se poster devant le carré de pommes de terre et « ouvrit la première raie ». Grâce à un système compliqué de rigoles, l'eau se dirigeait vers l'endroit voulu. Ainsi raie après raie, on arrosait tout le jardin. En attendant que la première rangée ait « bu », Causse posa son outil, sortit son paquet de tabac et se roula tranquillement une cigarette.

Tout en fumant, il admirait du regard les petits jardins qui se succédaient en palier sur les deux flancs de la combe. Ici, chaque famille aménageait son bien avec un soin jaloux. L'herbe y était traquée avec acharnement, arrachée, sarclée. Chacun

---

1. Aissade : *pioche de forme rectangulaire.*

voulait avoir les bandes les plus rectilignes, les plus belles salades ou les plus grosses tomates. On retraçait sans cesse les rigoles pour bien faciliter l'écoulement de l'eau et l'on entretenait avec soin les murs de soutènement. Les plantations formaient une mosaïque de couleurs passant du vert sombre au vert tendre avec des taches multicolores, rouges, blanches, roses, ombragées par le feuillage des arbres fruitiers. Ici, on devinait l'attachement de l'homme à sa terre, sa patience, son amour et son respect de la nature.

Comme il se penchait pour « tourner la raie », Causse entendit un bruit sourd au-dessus de lui. Surpris, il leva les yeux et aperçut un nuage de poussière monter doucement dans le ciel, à mi-colline. Cela venait de vers l'Olivette, là où Ficelle creusait son trou. « Tiens, songea-t-il, le sourcier vient de faire *péter* de la dynamite… » Il plissa les yeux pour mieux observer : un voile poudreux l'empêchait de bien voir mais quelque chose le troublait. Il fourragea furieusement sa tignasse rousse, signe d'une grande perplexité. Brusquement, il réalisa qu'il ne voyait plus le sapin et un mauvais pressentiment l'étreignit !

– Miladiou ! jura-t-il en jetant sa cigarette.

En trois pas, il fut au ruisseau où il referma fébrilement la petite digue de quelques coups de pioche précipités. L'instant d'après, il s'élançait à grandes enjambées vers le chantier du sourcier…

– Ficelle est enterré ! Ficelle est enterré ! Venez vite, vite !...

Ruisselant de sueur, le béret de travers et les yeux exorbités, Causse fit irruption sur la place de Saint-Bresson en hurlant ces mots tragiques d'une voix étranglée par l'angoisse et l'épuisement d'avoir couru à perdre haleine depuis le chantier du sourcier. Son grand corps de rouquin secoué de tremblements impressionna le curé qui cria, en ouvrant ses fenêtres :

– Qu'est-ce que tu racontes ?

– Ficelle, il est mort ! Il est mort ! Il est mort !

Causse levait les bras au ciel dans un geste d'impuissance et de grande détresse. Sans plus réfléchir ni poser de questions, le curé s'en alla vite sonner les cloches. En dehors des offices, c'était le signal qui annonçait un accident, ou, plus grave, un incendie, le danger le plus redouté, celui qui mobilisait dans l'instant toutes les énergies.

Le premier à arriver fut Martin, le maire. Il trouva Causse effondré sur le banc de ciment qui ornait la place et où l'on venait d'habitude discuter des petites affaires de la vie de tous les jours :

– Ficelle est enterré vivant... vivant !... rabâchait-il entre deux hoquets.

Le maire le prit aux épaules et le secoua fermement :

– Où ?

– Là-bas... Il faut y aller, vite !

Causse montrait vaguement une direction. Énervé, le maire houspilla :

– Dis-moi, rouquin, tu vas finir par m'expliquer correctement ?

Causse reprit ses esprits troublés par l'émotion et dit, d'une seule traite :

– Je *faisais boire* aux Mazets quand j'ai entendu un grand bruit vers l'Olivette, au-dessus de moi. Tu sais, là où Ficelle cherche l'eau... J'ai vu un nuage de poussière qui s'élevait et j'ai pensé que le sourcier faisait *péter*. Mais je ne voyais plus le pin que j'aperçois de mon jardin... Je suis vite monté : la galerie s'est effondrée ! Ficelle se trouve dessous, j'en suis sûr ! J'ai appelé, personne ne m'a répondu !

– Tu n'as pas essayé de dégager la terre ?

Martin fixait Causse, les sourcils froncés, le regard plein de reproches. Celui-ci écarta les bras d'un air désolé :

– Comment dégager tout ce remblai ? Avec mes mains ? Il y en a peut-être un camion : je n'ai pas vu d'outil ; ils doivent être sous l'éboulement...

Deux solides gaillards arrivaient aux nouvelles. Le maire leur cria :

– Prenez chacun une pelle et une pioche et courez à l'Olivette ; la galerie de Ficelle s'est écroulée et il y a de grandes chances que le sourcier se trouve dessous. Toi, Causse, tu restes là pour prévenir tous ceux qui arrivent. Dis-leur de se dépêcher !

Il n'eut pas à aller bien loin pour se rendre chez Fabre afin de vérifier que le sourcier ne se trouvait pas chez lui : son habitation donnait sur la place par un côté tandis que, de l'autre, elle faisait face à l'église : une bâtisse toute biscornue, aux murs contrefaits, aux angles arrondis et incertains. Le maire tambourina à la porte :

– Ficelle, Ficelle !

Aucune réponse ne lui parvenant, il se hâta vers l'Olivette, la mine sombre...

– Baptistin, Baptistin !...

Sous le coup de l'émotion, le maire oubliait le surnom et secouait frénétiquement le sourcier que l'on venait de dégager, après maints efforts, de l'amoncellement de gravats où il se trouvait enseveli. Baptistin gémit faiblement.

– Il respire ! Il respire !

Ce ne fut qu'un cri et les conseils fusèrent :

– Soulevez-lui la tête.

– Défaites sa ceinture.

Causse, qui avait fini par rejoindre la troupe des sauveteurs, écarta fermement les hommes qui se pressaient autour du blessé :

– Du calme ! À l'armée, j'étais secouriste. Écartez-vous, laissez-lui de l'air.

Avec précaution, on assit Ficelle contre l'énorme bloc rocheux sous lequel on venait de le récupérer et qui lui avait doublement sauvé la vie : en le protégeant de l'écrasement et en ménageant une poche d'air. Toutefois, sans l'intervention rapide des villageois, on aurait pu craindre le pire. Le rescapé faisait peine à voir avec ses vêtements tous maculés et déchirés. Le nez pincé, les yeux fermés et la respiration sifflante, il récupérait difficilement. Causse défit sa ceinture et, à l'aide de son mouchoir, entreprit de nettoyer son visage tout barbouillé d'argile, ce qui lui faisait une tête de clown ! Puis il ôta la casquette du blessé pour lui faire de l'air et l'on put apercevoir un dessus de crâne déplumé, blanc comme du lait à force de ne jamais voir le soleil. Tout doucement, le sourcier remua un peu les bras et ouvrit des yeux étonnés devant tant de visages inquiets penchés au-dessus de lui.

– *Dé Diou*, murmura-t-il faiblement.

– Tu reviens de loin, Ficelle, dit Causse. Encore une heure ou deux et tu n'avais plus d'air à respirer. Heureusement que je me trouvais aux Mazets quand ça s'est produit...

– Et l'eau, et l'eau ?

Déjà, Ficelle s'appuyait contre le rocher, essayant de se relever.

– Ne t'inquiète pas de ça. Bouge plutôt un peu les bras et les jambes pour voir si tu n'as rien de cassé !

Apparemment, tout allait bien. Le sourcier reprenait peu à peu ses esprits. Observant son chantier éboulé, le pin déraciné qui gisait sur le sol dévasté, il réalisait combien il avait eu de la chance de ne pas mourir écrasé. Une bouteille de gnôle passait de main en main et parvint jusqu'à lui. Il but une longue rasade, s'essuya la bouche d'un revers de manche, toussa puis avoua :

– Cette fois, j'ai bien cru que je ne reverrais pas mon fils !

– Tu peux le dire, on te croyait mort ! s'exclama Causse. Quelle veine tu as eue... Si tu n'étais pas veuf, je dirais que tu es cocu !

On s'esclaffa pour libérer la tension que l'on venait de vivre. Pensif, le maire examinait le chantier :

– Pourquoi tu cherches de l'eau ici ? demanda-t-il. Ça ne te servirait à rien d'en trouver puisque cela ne peut intéresser personne !

– Je vais faire un bassin et défricher mes *cantous*, là, en bas. Après je les louerai...

Ficelle mentait, essayant de se donner un but raisonnable.

– Tes *cantous* ? Depuis qu'ils sont abandonnés ? Ne me fais pas rire !

Tout en parlant, Martin donnait quelques coups de pioche par-ci par-là, sous le regard intrigué des spectateurs. Il demanda :

– Portalès, viens m'aider un peu.

Un homme d'une quarantaine d'années, brun, petit mais solidement charpenté, s'avança, une pioche à la main. Un cercle se forma. Ficelle observait les deux hommes qui fouillaient dans la masse des gravats.

– Vous cherchez mes outils ? demanda-t-il.

Continuant son travail, le maire ne répondit pas. Au bout d'un moment, il s'adressa à Portalès :

– Tu as trouvé du bois ?

– Quoi ?

– Tu peux constater comme moi qu'il n'y a pas un seul tronc de chêne dans toute cette terre. Nom de dieu, ce n'est pas croyable !

Il se tourna vers Ficelle, l'œil soupçonneux et s'écria :

– Tu n'avais pas étayé ?

– Je... je pensais...

– Quoi ?

– Le souterrain ne faisait que quelques mètres et j'approchais de l'eau. Je voulais finir avant que mon fils arrive et consolider après. Je me trouvais sur du terrain solide !

Le maire eut un geste large pour désigner l'éboulement et dit :

– La preuve ! Tu me fais un drôle de sourcier pour quelqu'un qui se vante tant ! Tiens, une heure ou deux de plus et c'est le curé qui serait venu faire un office ; et même pas besoin de creuser une tombe, il aurait suffi de planter une croix avec une belle épitaphe dessus...

– Mais... Oh !...

Ficelle bafouillait. Imperturbable. Martin continua :

– J'imagine l'inscription : « Ci-gît un grand couillon de sourcier qui creusait des galeries sans boiser » !

Les ricanements éclatèrent. Vexé, Ficelle se pencha pour ramasser sa casquette dont il coiffa sa tête dégarnie afin de retrouver un semblant de dignité. Il laissa tomber, hargneux :

– Eh bien, nous verrons ! Je ferai ici la plus grande *gourgue*[1] du canton – le sourcier prenait les spectateurs à témoin –, je vous montrerai à tous de quoi je suis capable ! En bas, je ferai un jardin comme personne ici n'en a jamais eu ! Té, c'est décidé ! Oui, un jardin avec des tomates comme des pastèques !

Index pointé et regard furibond, il défiait le maire du regard. Celui-ci insista :

---

[1]. *Bassin grossier destiné à retenir l'eau d'arrosage.*

— En attendant, tu as mis la révolution dans le village ! Sans parler de la frayeur que tu nous as faite. Encore heureux que tout se termine bien !

Malgré lui, le maire se vengeait de la terrible anxiété qu'il avait éprouvée quand, tout en courant vers l'Olivette, il essayait d'imaginer les mots qu'il lui faudrait trouver pour expliquer à Pierre que son père était mort ! Vexé de se trouver mouché devant la plupart des hommes du village, Fabre s'approcha du maire et se rebiffa :

— Je ne suis pas un bleu. Tu étais encore gamin que je cherchais déjà de l'eau et il ne m'est jamais rien arrivé. C'est un coup malheureux, j'aurai ma revanche. D'ailleurs, je suis sur un gros coup, vous en entendrez parler avant longtemps...

Martin ricana :

— Eh bien travaille comme il faut, si tu veux rester en vie pour faire ton gros coup ! Tu m'as foutu une de ces peurs...

Causse calma les esprits :

— Finalement, c'est un miracle qu'il n'y ait pas eu mort d'homme, aujourd'hui, alors on ne va quand même pas s'engueuler ? Viens Ficelle, tu as besoin de te reposer, on va te raccompagner.

La petite troupe se mit en marche tandis que Fabre, jetant un dernier regard à son chantier, maugréait entre ses dents :

— D'ici quelques jours je leur montrerai si je suis un couillon de sourcier !

## II

## Une drôle de nuit

Autrefois dans les Cévennes, le soir venu, la nuit entrait dans les maisons. On n'avait, pour l'affronter, que la flamme dansante de l'âtre et la modeste clarté de la lampe à acétylène[1] qui équipait en ce temps-là toutes les demeures.

La pénombre s'installait d'abord en douceur dans le fond des ravins. On la voyait ensuite monter lentement, gommant au passage les chemins et les cultures au flanc des vallons. Les hauteurs luttaient encore mais, déjà, l'obscurité envahissait la châtaigneraie du Mas, noyait les vignes du bas avant de s'attarder un peu sur le petit cimetière. De là, avant d'atteindre les bois de chênes des hauts du Blacouzel, elle allongeait délicatement ses sombres voiles flottants sur le village. Alors elle

---

1. *Le carbure de calcium était fourni gratuitement aux nombreux mineurs du village.*

se coulait dans les chambres et les grandes cuisines-salles à manger comme pour y commencer tranquillement son long somme.

Chez Mathilde Randon, il y avait beaucoup de monde qui l'attendait avec impatience, cette nuit qui n'en finissait pas de tomber. Les hommes, assis autour de la table, buvaient du vin dans des verres à moutarde. Ils parlaient peu, trompant leur impatience en roulant cigarette sur cigarette. Se trouvaient là : Fernand et Benjamin Randon, les fils de Mathilde ainsi que Robert Portalès, un ami de la famille.

Regroupées dans le coin de la vaste cheminée, vaguement inquiètes et désemparées de se trouver inoccupées, Louise, la femme de Fernand, et Agnès, celle de Robert, encadraient Mathilde. À peine si, de temps à autre, elles échangeaient quelques mots à voix basse. Il y avait aussi Laurent, le petit-fils de Mathilde, arrivé ce lundi même chez sa grand-mère paternelle pour y passer ses vacances scolaires et qui ne tenait plus en place, rongeant son frein en surveillant les uns et les autres. Tant de monde dans une pièce aussi silencieuse donnait à cette étrange soirée un faux air de veillée mortuaire.

« *Enfin ! Tonton Clovis ne va pas tarder à arriver...* » se dit Laurent en voyant sa grand-mère éclairer la lampe à carbure qu'elle alla accrocher au-dessus de la longue table de ferme.

## Une drôle de nuit

Tout à coup, on entendit un pas dans la ruelle, puis un coup sec sur le loqueteau et Barbaste[1] entra.

– Bonsoir, la compagnie, lança-t-il joyeusement.

Clovis Randon, l'aîné des fils, que tout le monde appelait Barbaste, était un homme sec, pas très grand, noir de peau et de cheveux. Un béret coiffait éternellement sa petite tête aux joues creuses. Une « coquetterie » à l'œil lui donnait un regard trouble et rusé. De sa bouche aux lèvres minces soulignées par une fine moustache, s'échappait une haleine violente, résultat complexe d'un abus de gibiers faisandés, de plats truffés ou de sauces relevées arrosés de force rasades de piquette du pays. Barbaste aimait la bonne chère, le vin et le pastis !

Il s'avança au milieu de la pièce, posa un sac volumineux sur la table puis se tourna vers Robert :

– Tu as préparé le matériel ?

– Tout est là, affirma celui-ci en montrant une besace posée à terre.

– Les lampes ?

– Chargées, j'en ai mis une de plus, on ne sait jamais, répondit Fernand en tapotant sa musette.

– Les chiens sont rentrés ?

– Ils sont là, dit Benjamin en désignant deux formes allongées sur des sacs au coin de la cheminée.

---

1. *Barbaste : gelée blanche du matin.*

– Parfait, on part tout de suite, décida Barbaste, manifestement chef incontesté de l'expédition. Laurent, tu ne me quitteras pas d'une semelle et pas de bruit, sinon je ne t'emmènerai plus !

– D'accord, tonton.

Fernand se leva et s'esclaffa :

– On ne t'a pas vu aujourd'hui. Tu sais ce qu'il est arrivé à Ficelle cet après-midi ?

Barbaste éclata de rire :

– Tu parles ! Causse est venu me voir tout à l'heure. Il fallait à tout prix qu'il me raconte l'affaire en détail. Quel dommage que je n'aie pas été là pour le prendre en photo, on aurait bien rigolé !

– Il ne brillait pas, tu sais ! Il avait de la terre jusque dans les trous de nez et Martin l'a engueulé sévère pour ne pas avoir étayé ! ajouta Robert.

– Oh là là, j'aurais aimé assister à ça ! Attends que je le voie...

Intrigué, Laurent demanda :

– Pourquoi tu aurais pris une photo, tonton ?

– Pour rien, pour rien, dit Barbaste en éludant la question d'un revers de main. Viens, on s'en va...

Les hommes prirent les musettes et les sacs, descendirent à la cave par l'escalier intérieur et sortirent discrètement par l'arrière de la maison. Au moment de refermer la porte, Mathilde, qui les avait suivis, agrippa Barbaste par le bras :

– Fais bien attention au petit, hein ? Si jamais il se faisait mal, son père !...

## Une drôle de nuit

– Sois tranquille, ne t'inquiète pas, répondit-il en s'éloignant rapidement.

Barbaste s'engagea dans le raccourci qui dégringolait jusqu'au chemin menant aux fermes du bas, dans la vallée. Il marchait vite malgré l'obscurité, posant avec sûreté ses pieds sur les pierres roulantes, évitant avec agilité les pièges du sentier raviné comme un torrent. Laurent, attentif à ne pas faire de faux pas, le serrait de près. Les hommes suivaient silencieusement en file indienne. Dans son dos, le garçon entendit un bruit de chute suivi d'un bref juron. Il reconnut la voix de Benjamin, victime d'une de ces glissades qui vous fauchent les reins en vous arrachant un gros mot.

Cependant, ils eurent tôt fait d'atteindre le chemin charretier et, à partir de là, leur marche fut plus aisée. On longea rapidement les vignes du Claûzet avant d'abandonner la route pour emprunter un étroit passage menant directement aux prés, juste sous le Mas. Là ils coupèrent à travers champs, contournant la grande bâtisse.

– Pourquoi on passe par là, tonton ? souffla Laurent.

– Chut, les chiens pourraient nous sentir et aboyer...

Un peu plus loin, le braconnier retrouva sans hésitation le raidillon qui plongeait, à travers un bois de châtaigniers, dans les ténèbres du ravin. Il ralentit le pas. La marche devenait beaucoup plus difficile, l'obscurité s'épaississait encore. Le sentier, effacé par la nuit, zigzaguait au milieu des arbres. On resserra les rangs.

Brusquement oppressé, Laurent se rapprocha de son oncle. Dans cette pénombre d'église il sentait, par-delà la moiteur douceâtre de cette nuit d'été, comme une menace et une sensation diffuse de danger immédiat. Il n'y avait pas de vent, mais la forêt bruissait de froissements étranges. Réveillé en sursaut, un gros oiseau branché dans un arbre s'enfuit à tire-d'aile avec des « bou-hou » mélancoliques. Au milieu de ces chuchotements, de ces craquements, Laurent ne pouvait empêcher son imagination de travailler. Une forme bizarre lui semblait être un homme à l'affût, prêt à quelque mauvais coup ; le frôlement d'une branche basse lui donnait l'impression qu'une créature était là, tapie dans le noir, qui allait le saisir par-derrière...

– Aïe ! cria-t-il, griffé par une ronce.

Il s'était arrêté, le souffle coupé.

– Chut, avance, trouillard, dit Benjamin en le débarrassant de l'obstacle.

Du coup, un peu plus loin, il encaissa sans broncher la gifle d'un rameau que Barbaste avait lâché trop vite. Le chemin s'enfonçait toujours plus bas et le garçon s'appliqua à suivre les traces de son oncle.

Après un dernier virage, la petite troupe sortit du bois. Ils avaient atteint un croisement, au fond de la combe. Barbaste tourna à droite, empruntant un sentier dégagé éclairé par la lune où la progression devint agréable. Maintenant, Laurent se sentait beaucoup plus à l'aise. Soudain, il tendit l'oreille et jubila : il percevait le souffle assourdi d'une eau qui court.

Ils finirent par déboucher dans un champ où se dressait un grand platane et Laurent, émoustillé, entendit alors très distinctement le gai babil de l'eau. Il ne leur fallut que quelques instants de plus pour parvenir au vieux moulin où l'on mit sac à terre avec satisfaction. Barbaste dit à voix basse :

– Nous voilà tranquilles, à cette heure les gardes dorment. Ne parlez pas trop fort quand même ; la nuit, la voix porte...

Pendant que Fernand et Benjamin déballaient le contenu des sacs, Robert s'écarta, prétextant une « affaire » urgente. Laurent examina les lieux : ils se trouvaient dans une cuvette, à la jonction de deux combes, qui se terminait en pente douce avant de plonger dans un gouffre d'obscurité. Sur l'autre rive, un ancien moulin dressait ses murailles lépreuses au bord de l'eau, projetant alentour une ombre inquiétante avec la complicité de la lune. Le mur qui lui faisait face, à demi écroulé, laissait apparaître un grand trou sinistre et à ses pieds s'écoulait le ruisseau, ruminant son eau noire. Il frissonna légèrement.

– Laurent, viens te changer, dit Barbaste.

C'est alors que de derrière les buissons leur parvint une plainte assourdie, immédiatement suivie d'une cavalcade effrénée qui se termina par un grand plouf ! Un râle de douleur s'éleva : « Aïe, aïe, hou là là ! » Il y eut un bref moment de flottement puis les hommes bondirent, suivis de Laurent qui ne tenait pas à rester seul !

L'instant d'après, ils découvrirent un spectacle stupéfiant : Robert, pantalon baissé, cul dans l'eau jusqu'à la taille, se grattait furieusement l'arrière-train en gémissant de douleur :

– Je me suis torché le cul avec des orties ! Oh que j'ai mal !...

Les rires fusèrent, mais Barbaste calma vite l'agitation :

– Chut, les gars ! Je vous ai dit que la voix porte loin...

– Bande de salauds, couillonnas ! maugréait Robert.

– T'inquiète pas, ça fouette le sang. Si tu as des hémorroïdes, demain tu seras guéri !... assura Barbaste.

Hilares, les autres se tapaient les cuisses !

Les lampes à carbure projetaient alentour une lumière vive de feu de camp qui contrastait avec l'obscurité ambiante. Après avoir posé leurs pantalons et leurs chaussures, les hommes enfilaient de vieilles nippes et des sandales usagées pendant que Barbaste distribuait les rôles :

– Fernand et Robert, vous remontez jusqu'à « la Platane ».

– D'accord, répondirent-ils en s'éloignant entre les berges tapissées d'orties et de hautes fougères.

– Benjamin, toi qui as du mal à marcher, tu *fais* jusqu'au pré de Gravennes. C'est le coin le plus facile. Avec le petit on commencera au gour[1] Noir, j'ai amené une tête pour faire un fagot. Laurent, nous partons !

Tenant sa lampe à bout de bras, la musette calée sur le dos et le pantalon retroussé jusqu'aux genoux, il s'engagea résolument dans l'eau, suivi de son neveu. Dans le lit du torrent, la marche était pénible. Tantôt, une cascade glissante les obligeait à passer par le bord du talus encombré d'une végétation touffue, tantôt un arbre mort barrait le cours d'eau, leur imposant une escalade hasardeuse. Parfaitement à l'aise, Barbaste n'hésitait jamais. Laurent faisait de son mieux pour suivre, attentif à bien écouter les indications de son guide : « Attention, ça glisse... Donne-moi la main... Accroche-toi à cette branche... » Enfin, ils arrivèrent devant un large rocher plat qui surplombait une mare profonde :

---

1. *Gour : étendue d'eau plate, large et profonde*

– Le gour Noir, dit Barbaste en inspectant les lieux d'un air satisfait.

– C'est là que tu voulais venir, tonton ?

– Oui, parce qu'ici l'eau est trop profonde pour pêcher à la main ; c'est pourquoi on y trouve les plus grosses écrevisses !

– Eh comment on va faire pour les attraper ?

– Tu vas voir...

De sa musette, le braconnier sortit un paquet d'où s'échappait une odeur pestilentielle. Barbaste rit devant l'air écœuré de Laurent. Il posa deux ficelles à terre et, à l'aide d'une serpe, se mit à couper autour de lui des branches basses de chêne pour constituer un fagot.

– Regarde : au milieu de la brassée, je vais mettre cette tête de mouton faisandée. Plus elle est pourrie, plus ça attire les écrevisses qui sont carnassières. Quand le fagot sera dans l'eau, elles viendront se prendre dans les branches, attirées par ce bon casse-croûte. Si on veut faire plusieurs *gours,* on peut aussi mettre des morceaux de viande dans de petits filets qu'on appelle balances. Quand on aura fini de pêcher à la main, il suffira de revenir sortir le fagot sur le bord et de l'ouvrir pour ramasser les bestioles sans se fatiguer... On ne prendra que les plus grosses ; les petites retourneront à l'eau toutes seules !

– Quoi ! Et on va les manger après ? s'exclama Laurent effaré.

## Une drôle de nuit

– Elles n'auront pas le temps d'arriver à la tête... Tu sais, il n'y a rien de plus propre qu'une écrevisse !

– Pouah ! Je ne sais pas si j'en mangerai.

Ils s'étaient peu à peu éloignés en aval. Le garçon regardait faire son oncle, explorant le fond du ruisseau à la lumière de la lampe. De temps à autre, celui-ci se penchait, plongeait la main dans l'eau et ramenait à tous les coups une écrevisse qu'il tenait par le milieu du corps pendant qu'elle donnait des coups de queue désespérés : Flap ! Flap ! Prestement, il les faisait disparaître dans un sac de toile noué autour de sa taille.

– À toi d'essayer maintenant. Tu vois celle-là ?

– Oui, répondit Laurent en fixant un petit corps trapu posé sur un lit de brindilles, à vingt centimètres sous l'eau.

– Regarde-la bien : de jour, tu l'aurais confondue avec les feuilles !

– Je l'attrape ?

– Attends, approche-toi un peu pour la prendre par-derrière, sinon elle sent le danger et s'enfuit !... Va doucement pour ne pas remuer la vase et attention à tes doigts : les pinces, ça coupe comme un rasoir !

Le braconnier s'esclaffait. Laurent s'appliqua à suivre les consignes. Il se baissa lentement, plongea la main dans l'eau et l'avança avec précaution.

– Mets ta main plus bas, sinon l'écrevisse risque de te voir. Quand tu la toucheras presque, tu y vas d'un coup sec...

Brusquement, Laurent plongea son bras et le sortit vite de l'eau. Dépité, il ouvrit la main pour en laisser tomber quelques feuilles poisseuses.

– Manquée, gloussa son oncle. Il ne te reste qu'à recommencer !

Enfin, au bout de plusieurs essais infructueux, le gamin finit par sortir une belle écrevisse qu'il brandit, fier de lui.

– Bravo, dit son oncle. Essaie encore.

La nuit était tout amollie, mais l'air doux contrastait avec la fraîcheur de l'eau vive. Au bout d'un quart d'heure, le garçon frissonnait. Il ne sentait plus ses mains engourdies par le froid et fut bien soulagé lorsque son oncle lui dit :

– Laurent, tu trembles. On va aller déposer nos écrevisses et, pendant que tu mettras des habits secs pour te réchauffer, j'irai relever le fagot...

Au moulin, nos deux pêcheurs retrouvèrent les hommes qui, déjà changés, fumaient une cigarette. Barbaste expliqua brièvement :

– Je retourne au gour Noir remonter un fagot. Ramassez les affaires, comme ça, dès que je reviendrai, nous pourrons rentrer.

Pendant que Fernand et Robert s'activaient, Benjamin demanda :

– Laurent, fais voir ce que tu as ramassé...
– Toi d'abord, tonton !

Benjamin ouvrit sa musette. Laurent y jeta un coup d'œil :

– Peuh !... dit-il dédaigneusement.
– Ton oncle m'a donné le plus mauvais coin !...
– Regarde !

Laurent brandit fièrement à bout de bras deux gros sacs de cinq à six kilos chacun et plastronna :

– Je ne sais pas si on va partager parce que...

Il s'interrompit, surpris et effrayé par l'écho de voix en dispute dont les éclats grondaient, rompant brusquement la calme quiétude de la nuit. Sans aucun doute, on se battait vers le gour Noir !... Déjà les hommes avaient éteint les lampes. Il y eut un cri, des jurons, quelques craquements de branches brisées, puis plus rien, hormis un silence de cathédrale, oppressant...

Un marteau cognait dans la tête de Laurent et il avait du mal à respirer. Tétanisé, tous les sens en alerte, il n'arrivait pas à comprendre ce qui se passait. Il entendit vaguement son oncle Fernand chuchoter à Robert :

– Prends les affaires de mon frère, je m'occupe du petit. On va rentrer par le chemin des Planols, ça fera plus long mais ce sera plus sûr... N'oublie rien

– Foncez, murmura Benjamin, je marche moins vite...

Comme dans un rêve, Laurent se sentit soulevé de terre par la main ferme de son oncle qui l'entraînait dans une fuite éperdue à travers bois.

L'esprit agité de sombres pressentiments, visage figé, Louise et Agnès écoutaient Fernand qui expliquait :

– Ce ne peut être que Dubois, le garde fédéral. Depuis qu'il essaie d'attraper Barbaste !

Mathilde réconfortait Laurent. Elle l'avait fait asseoir au coin du feu et lui tendait une tisane qu'elle venait de préparer :

– Mon Dieu ! Mon pauvre petit, quelle peur tu as dû avoir ! Jésus Sainte-Marie, s'il t'était arrivé un malheur, je ne me le serais jamais pardonné !

Elle se signa à plusieurs reprises et se pencha pour embrasser son petit-fils sur le front tout en le caressant. Rompu de fatigue par sa longue course et l'émotion, le garçon demanda :

– Et tonton Clovis ?

– Ne te fais pas de souci, il est assez dégourdi pour s'en sortir tout seul...

Mais les rides de son front trahissaient sa propre anxiété. Ils sursautèrent tout en entendant des pas... Benjamin arrivait, traînant sa jambe malmenée par l'effort. Il s'affala sur une chaise en gémissant :

## Une drôle de nuit

– Louise, attrape la bouteille de gnôle que je boive un coup de raide ; ma jambe me fait un mal de chien...

Pendant que Louise s'empressait, il se tourna vers Portalès et Fernand :

– Votre avis ?

– On pense que Dubois était en planque pour coincer ton frère, dit Portalès.

– Il ne pouvait quand même pas savoir qu'on irait au ruisseau, ce soir ?

Fernand haussa les épaules :

– Il devait le surveiller depuis plusieurs jours pour lui tomber dessus au bon moment, pardi ! Si le garde a fait le tour des restaurants du Vigan et qu'il y a vu des écrevisses au menu, il a dû se dire que quelqu'un doit bien les leur fournir…

– Il n'y a pas que Barbaste qui braconne dans le pays, tout de même ! s'écria Benjamin.

Mathilde se prit la tête :

– Moi, j'aurais dû me douter du danger. Je suis folle d'avoir laissé partir le petit avec ce bandit de Barbaste.

– Pourquoi tu parles comme ça, mémé ?

– Tais-toi ! Avec ton oncle, on ne peut jamais être tranquille. Sainte Mère de Dieu, il n'y a jamais d'histoire quand les hommes vont au ruisseau sans lui !

Benjamin alarma tout le monde :

– J'espère que rien de grave… Enfin… On ne peut qu'attendre !

Agnès fixait son mari, le regard chargé de reproches :

– Robert, maintenant, tu laisseras les écrevisses là où elles sont !

– Et toi aussi ! renchérit Louise s'adressant à Fernand.

Ils se turent tous et chacun s'installa dans une insupportable attente.

On entendit à peine le loquet de la porte quand Barbaste entra. D'un bond, les hommes furent autour de lui tandis que les femmes le dévisageaient avec effarement. Il faut dire que le braconnier impressionnait : les habits en loques, il était presque nu-pieds tant ses vieilles espadrilles avaient souffert de sa marche forcée dans les fourrés. Son pantalon toujours relevé laissait voir ses chevilles tout écorchées et sanguinolentes. Il plastronna pourtant :

– C'est pas encore pour cette fois ! Ce salaud de Dubois devait m'attendre ! Vous avez pris mes affaires ?

Portalès le saisit par le bras et dit :

– Elles sont là. Explique-nous…

– Il m'a cravaté par-derrière au moment où je me penchais pour sortir le fagot. Il me tenait solidement, le fumier ! « *Au nom de la loi, je vous arrête* » qu'il m'a crié. Je m'étouffais... Je me suis baissé pour le déséquilibrer et je lui ai donné un coup de coude dans l'estomac. Ça l'a surpris et il m'a lâché. Alors en me retournant, je lui ai filé une bonne châtaigne et je suis parti en courant droit devant après avoir récupéré ma lampe. J'ai dû bien le toucher parce qu'il n'a pas essayé de me suivre...

– Ou alors parce qu'il vous avait reconnus, toi et le petit ! dit Mathilde d'un air lugubre.

Les femmes soupirèrent et il y eut un silence pesant. Benjamin posa la question qui brûlait toutes les lèvres :

– Tu ne l'as pas esquinté, au moins ?

– Tu sais, j'étais pressé, je lui ai pas demandé s'il avait mal !

– D'ici qu'il soit gravement blessé, tout seul dans la nuit, dit Louise qui s'angoissait.

– Je me demande, il serait bien capable...

Mathilde levait les bras au ciel, le visage tourmenté et les lèvres tremblantes. Elle se lamenta :

– Satanas ! Le malin va venir... D'ailleurs, je l'ai vu à la messe, l'autre jour... Il tenait la robe du curé !...

Dans les moments d'énervement, Mathilde « déparlait ». Un grave choc psychologique vécu durant la guerre lui avait tourné les sangs, selon l'expression d'un guérisseur du pays. Depuis, les émotions fortes déclenchaient invariablement chez elle des divagations mystiques qui n'étonnaient plus personne ; mais quand elle commençait à délirer, on pouvait difficilement l'arrêter. Du coup, Clovis s'adoucit :

– Mère, un coup de poing n'a jamais tué personne quand même !

– Calmez-vous, Mathilde...

Agnès et Louise s'empressaient, faisaient asseoir la grand-mère. Le braconnier repéra son sac sur la table et entreprit de changer de chaussures. Fernand lâcha, pessimiste :

– Cette fois, je crois que nous sommes faits !

Barbaste s'énerva :

– Il n'en a qu'après moi et il n'a même pas pu faire un constat. Vous ne risquez rien puisqu'il n'y a pas eu d'interpellation !

Du coin de l'œil, il surveillait sa mère qui marmonnait en s'agitant dans son fauteuil. Malgré sa rudesse, il n'aimait pas la voir dans cet état. Il expliqua :

– Mère, Dubois voulait prendre un braconnier, un enfant ne l'intéresse pas.

Il rafla son sac. Le regard trouble de ses paupières à demi closes ne laissait rien deviner de ses sentiments lorsqu'il conclut :

– Ne traînons pas plus ici, les voisins pourraient nous entendre. Écoutez-moi bien. À la première heure, j'irai voir mon ami Arnal ; je lui ai rendu service, il faut qu'il me le rende. S'il y a une enquête, il affirmera que vous étiez tous invités chez lui hier soir. Les hommes ont joué à la belote jusqu'à une heure du matin pendant que les femmes blaguaient. Mère, Laurent est arrivé ce matin pour passer l'été ici comme chaque année. Pour son premier jour de vacances, il se sentait fatigué et tu l'as fait coucher de bonne heure avant d'aller prendre le frais sur la place. Moi, personne ne m'a vu depuis deux jours, vous ne savez pas où je suis, je me démerderai. Vous m'avez bien compris ? Il n'y aura pas de problème, je connais bien Arnal, il sera d'accord. Sinon, je vous préviendrai. Au revoir.

Le temps qu'ils réalisent ce qu'il venait de dire, Barbaste avait disparu dans la nuit, les laissant tous pantois. Abasourdi, Laurent regardait la porte, ne sachant que penser de cet oncle qu'il admirait, mais dont les réactions violentes l'inquiétaient. Alors, vaincu par l'épuisement de ses nerfs brisés, il s'endormit brusquement sur sa chaise.

## III

## Une fâcheuse visite

– Tu te lèves déjà ? Il n'est que huit heures !

Laurent vint embrasser sa grand-mère en geignant :

– J'ai mal dormi, mémé. J'ai fait des cauchemars toute la nuit : à un moment, un homme tout noir me courait après pour m'étouffer !

– Mon pauvre petit, tu feras une bonne sieste cet après-midi. Assieds-toi, le café est chaud ; pendant que tu le boiras, je préparerai ton petit déjeuner.

Tout en sirotant son café, Laurent observait sa grand-mère qui s'affairait devant la cheminée à faire bouillir l'eau de sa traditionnelle soupe de châtaignes sèches.

– J'y ajoute un peu de lait ou un peu de vin ? demanda-t-elle.

– Un peu de vin, s'il te plaît, mémé.

Il adorait le goût de cette soupe qui le changeait tellement de ses habitudes. Pendant ses vacances, ce frugal petit déjeuner était pour lui un plaisir chaque jour renouvelé.

Mathilde trottina vers lui, une casserole fumante à la main ? L'âge et les travaux pénibles l'avaient un peu voûtée, ratatinée ; mais le regard de ses yeux pétillait de malice et de bonté. Ses cheveux gris, ramenés en arrière en un lourd chignon, dégageaient un visage rond, étonnamment peu ridé pour son âge et deux petites oreilles pointues. On devinait à peine un cou d'oiseau sous le col de l'inévitable blouse à fleurs ou à carreaux qui dissimulait son corps. Sa démarche précautionneuse, ses gestes mesurés et son aspect menu lui donnaient un faux air de fragilité alors qu'en réalité il s'agissait d'une infatigable travailleuse.

Son courage lui avait permis d'affronter une vie difficile et d'élever cinq enfants, quatre garçons et une fille, sur le produit de la petite propriété. En quarante, son mari décéda brusquement alors que trois de ses fils se trouvaient à la guerre. Elle avait dû surmonter ce malheur et, vaille que vaille, maintenir la propriété en état pour nourrir les deux enfants qu'il lui restait et ne pas laisser les terres à l'abandon. Une petite pension trimestrielle lui permettait de subvenir à l'essentiel. C'est à propos de la menace de suppression de ce modeste subside qu'elle avait commencé à dérailler.

## Une fâcheuse visite

Un jour, elle va à pied à Saint-Laurent-le-Minier encaisser son allocation et le percepteur lui déclare froidement qu'elle n'y a plus droit, la loi ayant été modifiée. Ses protestations et ses demandes d'explications sont vaines : le fonctionnaire reste intraitable. La pauvre Mathilde s'en va la rage au ventre, accablée de désespoir. D'autres femmes l'accompagnent, qui tentent en vain de la réconforter. Rien n'y fait, Mathilde ne cesse de déraisonner et de s'agiter tout le long du chemin de retour.

Le soir même, vers onze heures, sa fille Claire, affolée, fait irruption pieds nus et en chemise chez les Calvas, les plus proches voisins. Elle explique en hoquetant :

– Venez, vite ! J'ai entendu du bruit à la cuisine et je me suis levée. Ma mère est montée sur une chaise... Avec une corde !...

L'alerte est vite donnée. On accourt pour soutenir Mathilde et la veiller. Quelqu'un part à vélo au Vigan quérir un docteur. L'homme de science arrive au plus tôt, fait une piqûre calmante et délivre une ordonnance. Il repart sans se faire payer, mais les médicaments coûtent cher. Un guérisseur remplace le médecin, prescrit quelques tisanes et décrète que l'émotion lui a « tourné les sangs ». Dès le lendemain, le maire se démène et il s'avère qu'un agent du Trésor a mal interprété un texte. La pension est aussitôt rétablie. Peu à peu, Mathilde retrouve ses esprits après être restée alitée plusieurs jours, surveillée et soutenue de près par les femmes du village.

Malheureusement, le mal était fait : par la faute d'un fonctionnaire incompétent et d'un percepteur inhumain, sa tête resta fragile toute sa vie. Quand les hommes se chamaillaient ou avaient bu un coup de trop, chaque fois qu'une vive émotion la contrariait, elle s'agitait de long en large dans sa cuisine tout en se laissant aller à des délires plus ou moins mystiques qu'elle exprimait souvent dans des termes assez crus. Peut-être qu'inconsciemment elle gardait un ressentiment tenace à l'égard du percepteur !

Aujourd'hui, elle vivait avec Benjamin, le moins chanceux de ses fils. Blessé à la guerre, cinq ans prisonnier, il n'avait été libéré que pour effectuer un long séjour à l'hôpital militaire. À trente ans, il s'était retrouvé célibataire, boiteux, désorienté par huit ans d'absence et de souffrances. Maintenant, il s'occupait de la petite exploitation familiale en tentant de compenser sa jeunesse perdue par une débauche d'énergie. Il se lançait souvent des projets ambitieux mais déraisonnables, ne se laissant pas décourager par des échecs retentissants. Les fins de semaine, il bambochait, souvent avec excès. Mathilde l'excusait, fataliste : « Que voulez-vous, il faut bien qu'il s'amuse un peu, avec ce qu'il a souffert !... » disait-elle. Les soirs de noce, cela ne l'empêchait pas de se faire du souci et de veiller jusqu'à une heure avancée de la nuit en attendant que Benjamin rentre. Cela n'arrangeait pas sa santé ! Heureusement, les autres enfants posaient moins de problèmes. Claire s'était mariée jeune et demeurait à Alès. Émile, le père de Laurent, travaillait dans les filatures de Ganges, où il habitait après avoir épousé Lucie, une fille du pays. Fernand avait ramené une épouse des Alpes où il s'était trouvé en garnison pendant la guerre et travaillait à la mine des Malines. Quant à Clovis, il menait une vie solitaire, prenant pension dans une ferme isolée des environs. Il venait voir sa mère quand on avait besoin d'un coup de main, plus souvent quand cela l'arrangeait de s'inviter à manger !

Mathilde s'assit face à Laurent et demanda en souriant :

– Alors cette pêche ? Ne pense plus au garde, raconte-moi un peu…

Le garçon raconta l'expédition avec excitation, oubliant son effroi et avouant son admiration devant l'habileté de son oncle Clovis. Lorsqu'il en vint à la mésaventure de Robert, le fou rire les gagna tous les deux.

Mathilde et Laurent aimaient partager ces instants de tendre intimité dans la quiétude de la grande pièce où flottait une bonne odeur de cire d'abeille. C'étaient des moments de tendresse, de secrets échangés à voix basse, de rires étouffés et de clins d'œil complices.

– Dis, mémé, pourquoi tonton Clovis parlait de prendre une photo de Ficelle quand on l'a déterré, hier ?

– Pour se venger, pardi !...

– Se venger de quoi ?

– Il y a quelque temps, ton oncle a reçu un P.V. à cause de Ficelle. Depuis, il a la grosse colère contre lui.

– Ah ! Pourquoi ?

– Ficelle possède du bois vers les Fromentières où il a une truffière extraordinaire qui donne beaucoup. Ton oncle le sait et il va la faire régulièrement. Chaque fois, Ficelle s'en aperçoit et ça le met en rogne. Il a beau engueuler ton oncle, le menacer, rien n'y fait ; Clovis y retourne toujours...

– Tonton lui vole les truffes ?

– Oh ! Ils font pareil tous les deux ! Seulement l'an dernier, Ficelle a cloué un panneau contre le chêne de sa truffière où il avait écrit en grosses lettres : « TRUFFES GARDÉES, PROPRIÉTÉ DE Mr BAPTISTIN FABRE ». Il a surveillé ton oncle de près et un jour qu'il l'a vu se diriger par-là il est vite allé se cacher dans un buisson en face de l'arbre. Dès que Barbaste s'est penché pour déterrer une truffe que venait de lui marquer sa chienne, il a pris une photo sans se faire voir...

– Pour quoi faire ?

## Une fâcheuse visite

– Pour tenir une preuve que Barbaste lui volait ses truffes, pardi !

– Eh bé !

– Après, il lui a suffi de montrer le cliché aux gendarmes pour porter plainte. Je te dis pas la tête de ton oncle quand il a reçu l'amende à payer : c'était comme si le ciel lui tombait sur la tête !

– Oh là là !

Mathilde rit en expliquant :

– Je l'ai vu arriver ici, son papier à la main, on aurait dit un fou ! Il n'arrêtait pas de répéter : « le salaud, je suis ruiné ! Je suis ruiné ! » Heureusement que Benjamin se trouvait là pour le calmer un peu, sinon je me demande ce qui se serait passé. J'ai peur qu'un jour ou l'autre ça finisse mal...

– Quand même !

– Si, si ! Ton oncle a payé, seulement une fois qu'il s'asticotait avec Ficelle sur la place, celui-ci a montré la photo à tout le monde. Les autres rigolaient tellement de lui que Clovis lui a sauté dessus. Ils se sont empoignés si fort qu'ils ont roulé par terre ; des hommes de leur âge ! Barbaste me fait faire beaucoup de souci, tu sais.

Laurent réfléchissait, assailli de pensées contradictoires. Il demanda :

– Tu ne l'aimes pas beaucoup, tonton Clovis !

– Pourquoi tu dis cela ? Je préférerais simplement qu'il travaille plus et qu'il braconne moins.

– Tu me laisseras aller pique-niquer un jour avec lui à sa *coupe* des Blacouzels ?

– On verra, on verra, tu sais, il n'est pas souvent à son ouvrage, il préfère courir les bois...

Mathilde s'interrompit, surprise d'entendre frapper à la porte :

– Entrez ! cria-t-elle.

La porte s'ouvrit et trois hommes entrèrent. Deux portaient l'uniforme bleu de la gendarmerie, le troisième, vêtu de la tenue verte des gardes fédéraux, arborait un superbe œil au beurre noir ! Le plus âgé, qui avait des barrettes dorées sur l'épaule, salua et demanda :

– Bonjour madame ; nous sommes à la recherche de votre fils Clovis Randon pour les besoins d'une enquête, savez-vous...

Il se tut en voyant Mathilde s'effondrer brusquement sur une chaise et s'écrier, en levant les bras au ciel :

– Laurent, va chercher Benjamin ; il est à son jardin du Frigoulet. Vite !

Le garçon ne se le fit pas dire deux fois. En sortant, il eut juste le temps d'apercevoir la mine ahurie des trois hommes en entendant sa grand-mère proclamer :

– Sainte Marie pleine de grâce, les fornicateurs sont là ! Punissez-les... Ils blasphèment, ils blasphèment...

## Une fâcheuse visite

Lorsque Benjamin, essoufflé et boitant bas, fit irruption dans la cuisine, il découvrit un spectacle saisissant : très agitée, Mathilde tournait autour de la table. Ses yeux lançaient des éclairs et elle parlait par saccades :

– La bête avec la queue fourchue... Le misérable... Ils s'entendent bien à faire le mal, ces boucs !

Fort embarrassés, les trois hommes tentaient en vain de calmer la pauvre femme :

– Madame, Madame, s'il vous plaît ! implorait le gradé.

Hélas, emportée dans son délire, Mathilde n'entendait rien :

– Toutes ces calamités... Le vice, toujours le vice... Ah ! Les bordilles !

Laurent se réfugia à l'abri de la cheminée tandis que Benjamin, théâtral, se précipitait sur sa mère et la faisait asseoir avec beaucoup de prévenances :

– Ma pauvre maman, qu'est-ce qu'il t'arrive ? Calme-toi, je suis là.

Il se tourna vers les trois hommes en les dévisageant durement. Il demanda, la mine sombre :

– Messieurs, que se passe-t-il ? Vous persécutez ma mère ? Je ne l'ai jamais vue dans un état pareil !

– Moi non plus ! s'écria Laurent innocemment.

Mal à l'aise, les gendarmes s'étaient levés. Ils saluèrent et le chef, visiblement soulagé de pouvoir enfin parler à une personne sensée, expliqua :

– Euh ! Nous étions justement en train d'essayer de calmer votre maman ; sans succès, je le reconnais. Je suis l'adjudant-chef Raynaud de la brigade du Vigan, voici le gendarme Gonzalès et monsieur Dubois, garde fédéral. Nous menons une enquête sur des faits graves : hier soir, des hommes braconnaient les écrevisses dans le ruisseau des Gravennes. Monsieur Dubois, comme vous le voyez, a été violemment frappé...

Benjamin plissait les yeux, se demandant ce que savaient vraiment les agents. Il dit, candide :

– Donc monsieur Dubois a arrêté mon frère ? Clovis est en prison ?

– Non, il a fui parce qu'il m'a frappé en traître ! s'exclama Dubois. Mais j'ai déposé une plainte, ça ira loin...

– Ah ! Vous ne l'avez pas arrêté ? Alors comment savoir s'il s'agissait de mon frère ? La nuit il fait noir comme dans un tunnel, dans ce ruisseau !

– Je suis garde assermenté et je le surveillais depuis longtemps ! D'ailleurs, il s'éclairait d'une lampe à carbure !

– Oh ! Vous savez, avec une lampe à carbure, on n'y voit pas à trois mètres. Alors dans le noir, avec les arbres...

Benjamin examinait le garde, admirant le superbe coquard et le nez tuméfié. Il remarqua, ironique :

## Une fâcheuse visite

– Effectivement, celui qui vous a frappé ne vous a pas manqué !

Dubois devint rouge comme un coq. Il bondit, s'approchant de Benjamin :

– Je vous demande où se trouve votre frère, je vous dispense de vos remarques déplacées.

Benjamin répliqua sur le même ton :

– Monsieur, mon frère n'habite pas ici, je n'ai pas la moindre idée de l'endroit où il peut être en ce moment et je me demande ce que vous faites chez moi à traumatiser ma pauvre mère par votre présence !

L'adjudant-chef sentait la situation lui échapper. Il intervint :

– Messieurs, calmez-vous, je vous en prie. Je suis chargé de cette enquête et je voudrais bien...

Mathilde, affolée par le ton qui montait, se leva et vint se planter devant Gonzalès en l'apostrophant :

– Alléluia, alléluia... Le juste se réjouira dans le Seigneur ! Alléluia, il n'y aura pas de paix pour les diaboliques ni pour les malins. Vous brûlerez en enfer, vous verrez...

Renversé sur sa chaise, Gonzalès tendait les bras en avant comme pour se protéger d'une malédiction divine. Affreusement gêné, il bégaya :

– Madame... Madame...

La confusion était à son comble. Benjamin se précipita vers sa mère qu'il caressa, exagérément affectueux :
– Viens t'asseoir, maman. Sois tranquille, je suis là, on ne t'embêtera plus.

Teigneux, Dubois ne se laissait pas démonter :
– Nous sommes allés à la ferme où votre frère prend pension. Il ne s'y trouvait pas ; mais je sais qu'il vient souvent ici. Au fait, trois ou quatre personnes l'accompagnaient hier soir. Pouvez-vous me dire où vous avez passé votre soirée ?

Un profond silence s'installa dans la pièce, juste troublé par les marmonnements de Mathilde et Laurent se fit tout petit dans la cheminée. Benjamin se redressa et s'approcha du garde, l'air mauvais. Grand, large d'épaules, le visage carré et le regard droit, son physique impressionnait malgré sa patte folle ; surtout ses mains qu'il tendait vers Dubois, doigts pointés. Des mains de bûcheron, larges, épaisses et calleuses, qui vous auraient tordu le cou d'un homme aussi facilement que celui d'un poulet. Il gronda, visage contre visage :
– Monsieur, savez-vous à qui vous parlez ?

Machinalement, le garde frotta son œil enflé qui le faisait souffrir, ce qui ranima sa colère :
– Je parle au frère d'un braconnier qui est peut-être complice !...

L'adjudant-chef se leva :

## Une fâcheuse visite

– Dubois, taisez-vous ! Asseyez-vous et laissez-moi mener mon enquête comme je l'entends ! Je vous interdis...

Benjamin l'interrompit. Se rapprochant encore de Dubois, il débita d'une voix menaçante :

– Vous parlez à Benjamin Randon, blessé à Dunkerque et grand invalide de guerre. Pensionné à cent pour cent plus quatre degrés. Décoré de la Médaille militaire avec deux citations à l'ordre du régiment. Cinq ans prisonnier plus dix-huit mois d'hôpital ! Vous voulez voir mes états de service ? Je suis président de la section locale des anciens combattants et j'en ai assez de supporter que vous veniez torturer ma mère chez moi, vous comprenez ?

– Cela n'a...

– Taisez-vous ! Je vais écrire à mon président départemental, le général Cot qui est Compagnon de la Libération. Il me disait dernièrement qu'il déjeunait au moins une fois par mois avec le ministre, à Paris. Je lui parlerai de votre attitude. Une mutation, enfin... On verra ...

D'un geste large, il désignait les trois hommes.

Déconcertés, les gendarmes se levèrent et saluèrent militairement. Trop jeune pour avoir fait la guerre, Dubois se taisait enfin. Brusquement, l'adjudant-chef en eut assez de cette vieille qui débitait des malédictions, de cet ancien combattant héroïque, sûrement intouchable et qui pouvait peut-être lui créer des difficultés avec ses relations et enfin du garde, dont l'attitude avait saboté son travail.

– Monsieur Randon, dit-il, votre frère n'a pas d'adresse officielle. J'ai une convocation à lui laisser pour qu'il vienne s'expliquer à la gendarmerie, vous la lui transmettrez. Gonzalès...

Le gendarme sortit une enveloppe d'une sacoche et la posa sur la table. L'adjudant s'inclina en direction de Mathilde qui bredouillait toujours des mots inintelligibles :

– Madame, je vous prie de nous excuser pour le dérangement. Monsieur Randon, nous ne pouvions savoir que votre mère était fragile. Au revoir.

Après un dernier salut, les trois hommes tournèrent le dos et s'en furent. Leur sortie ressemblait fort à une retraite précipitée !

Laurent bondit sur son oncle et l'embrassa :

– Bravo, tonton, qu'est-ce que tu leur as mis !

Benjamin caressa le menton de Laurent de son poing rugueux et se rengorgea :

– Quoi ! Ils croyaient me faire peur ? Quand on a connu ce que j'ai vécu... Tu as vu comme ils sont partis, la mine basse ?

– Pétard, ils t'ont salué comme un général !

Souriant, Benjamin bombait le torse :

– Voilà, comment on règle une situation délicate, fiston !

Puis, il ajouta, sérieux :

## Une fâcheuse visite

– Moi je ne risque rien, alors il fallait que j'exagère... En leur faisant cette scène qui va les tracasser un peu, j'espère que, s'ils ont un doute sur Fernand et Robert, ils vont les laisser tranquilles.

– Et pour tonton Clovis ?

Benjamin balaya l'objection d'un revers de main :

– Il a l'habitude ! On ne peut pas faire grand-chose pour lui. Il se débrouillera bien tout seul !

– À un moment, je t'ai aidé en parlant de mémé, tu as vu ?

– C'est bien, je te félicite !

Mathilde se calmait. Benjamin prit un panier posé dans un coin de la pièce et le posa sur la table :

– Mère, dit-il doucement, ce sont les haricots verts, pour midi...

Puis, il mit un doigt sur sa bouche et fit signe à Laurent de sortir. Une fois dehors, il expliqua :

– Il faut la laisser seule. Elle va tranquillement se mettre au travail et, dans cinq minutes, elle aura retrouvé ses idées. Je retourne au jardin, va t'amuser avec tes camarades.

Ils se séparèrent sur la place, mais Laurent n'écouta pas son oncle : il partit se promener en solitaire. Ses pas l'amenèrent jusqu'au Claûzet, la vigne de Benjamin. Là, allongé dans l'herbe tendre à l'ombre d'un gros figuier, il se mit à rêvasser. Il venait de vivre tellement d'événements surprenants, depuis la veille, qu'il éprouvait le besoin de s'isoler pour réfléchir et mettre de l'ordre dans ses idées. Il voulait surtout penser à son oncle qu'il admirait tant, mais dont la sauvagerie le consternait !

Souvent, Barbaste lui racontait ses aventures et Laurent savait que même s'il exagérait ou enjolivait la vérité, Clovis était un spécialiste indiscuté des bois et des sentiers. Cultures, friches, coupes de bois, limites, sources, sentiers, truffières n'avaient aucun secret pour lui. Captivé, Laurent s'émerveillait au récit de ces chasses agrémentées d'anecdotes piquantes. Barbaste connaissait par cœur les caves à lapins, les passages de lièvres ou les « tènements de sangliers ». Il devinait, à partir d'une simple trace sur le sol, s'il s'agissait d'un mâle ou d'une femelle, son poids approximatif, ses trajets, ses habitudes... Ses exposés se transformaient en véritables leçons de choses.

Son père lui expliquait souvent qu'aucune femme n'aurait pu supporter les éternelles errances de cet homme libre comme l'air, parce que le braconnage était sa vie et la nature son domaine. Médiocre paysan, rien ne lui appartenait en propre. Ni champs, ni maison. Il se contentait de donner un coup de main à ses frères, à l'occasion. Officiellement, il se déclarait bûcheron prenant, par-ci, par-là, une coupe de bois à forfait dans les périodes creuses ; mais son vrai métier, le seul qu'il exerçait sérieusement avec une science incomparable, c'était celui de braconnier ! Il vous fournissait un lièvre ou un plat de truites à la demande, ravitaillait les restaurants en écrevisses et en champignons à la saison. Surtout, il disparaissait de la fin novembre à février, époque bénie des truffes, partant aux aurores avec sa chienne Fanfare pour ne rentrer qu'à la nuit tombée. À cette période, on aurait pu penser que tous les bois de chênes des alentours lui appartenaient !

Laurent savait aussi que c'était le temps où, lorsqu'il venait au village, il se prenait violemment de querelle avec tous ceux qui s'intéressaient aux truffes en général et avec Ficelle en particulier. Il avait plusieurs fois vu son oncle, saoul comme un cochon, tenir en public des propos peu convenables et maintenant qu'il venait de frapper un garde assermenté, les gendarmes le recherchaient ! Énervé par toutes ces contradictions, le garçon soupira. Il valait mieux retourner au village à la recherche de ses camarades...

## IV

## Histoires de chasse !

Dans un nuage de fumée blanche, le tortillard avançait lentement, comme si, épuisé par un long voyage, il hésitait à arriver jusqu'à la gare. Enfin, dans un dernier grincement d'essieu, la locomotive s'arrêta à hauteur de Ficelle qui, gêné par la fumée et le bruit, plissait les yeux en scrutant attentivement le quai.

– Papa !

Ficelle sursauta puis s'exclama, en embrassant son fils :

– Comme un couillon je regardais le dernier wagon et tu étais à côté de moi !

Il recula pour admirer Pierre : un grand garçon athlétique aux yeux marron, avec des cheveux noirs et courts et un visage aux traits réguliers. Il se dégageait de toute sa personne une impression de calme et de sympathie. Ému, Ficelle s'essuya les yeux et dit fièrement.

– Quel beau garçon ! Tu as mûri, tu t'es charpenté ; je te trouve plus costaud qu'avant ! Il n'y a pas à dire, rien de tel que l'armée pour faire un homme !

Pierre plaisanta gaiement :

– Un homme qui boirait bien un coup ! Après toutes ces heures de train...

– Viens, il est juste onze heures, on va boire un pastis !

Radieux, Ficelle marchait en tenant son fils par le bras, dévisageant les passants avec ostentation afin que nul n'ignore qu'il s'agissait bien de son grand garçon qui s'en revenait du service militaire.

– Monte, Pierre, je vais ranger tes bagages à l'arrière.

Un instant plus tard, alors qu'il démarrait, Ficelle sourit.

– Tu vois, dit-il, le fils Causse a été libéré il y a trois jours. Malheureusement, je ne me trouvais pas au village ce jour-là et il a dû prendre un taxi...

– Tu es fier d'être le seul au village à avoir une camionnette, hein, papa ?

– Sûrement, ça prouve que je me suis mieux débrouillé que les autres ! Remarque, je ne refuse jamais de transporter les gens gratuitement ; il faut bien rendre service !

# Histoires de chasse !

– Ouais, surtout que ça te permet de leur en mettre plein la vue !

– Que veux-tu, il n'y a pas tellement de véhicules, même au Vigan !

Le terrain s'élevait rapidement et Ficelle conduisait prudemment sur cette chaussée étroite et sinueuse. Il rétrograda dans un virage et dit, avec une moue de jubilation :

– Figure-toi que ce matin, en regardant par la fenêtre, j'ai vu arriver les gendarmes ! Ils étaient accompagnés de Dubois, le garde fédéral, et sont allés directement chez Mathilde !

Sans hésiter, Pierre s'exclama :

– Ils recherchaient Barbaste !

Ficelle éclata de rire et dit joyeux :

– Ce n'est pas tout : Dubois avait un de ces coquards ! Cette fois, Barbaste risque de se faire coincer comme il faut. Il se pourrait même qu'il aille en prison, à mon avis. Braconnage avec violence sur un garde fédéral !...

– Quand même, en prison ? Tu as pu savoir ce qui s'est passé ?

– Tu parles ! Quand tu veux te renseigner sur n'importe quoi, il suffit d'aller voir cette pipelette de Causse ! Hier soir, Barbaste a organisé une pêche aux écrevisses à Gravennes. Il devait y avoir Fernand et Benjamin et peut-être leur ami Portalès...

– Ils se sont fait attraper ?

– Ça, je n'en sais rien. En tout cas, vu l'œil au beurre noir du garde, il y a eu des problèmes !

– Eh bien !

– Un peu plus tard, Benjamin est arrivé en courant avec son neveu ; tu sais, le petit Laurent. Je suis venu m'asseoir sur le banc pour essayer d'entendre quelque chose. Au bout d'un moment, ça a drôlement gueulé ! Benjamin leur a fait le coup du grand invalide de guerre qui va porter plainte parce qu'il a des relations et qu'ils ont traumatisé sa mère jusqu'à la rendre folle ! Il les a presque foutus à la porte ! Je reconnais qu'il a fait fort ; quand les gendarmes sont passés devant moi, ils avaient l'air drôlement en colère ! Ils sont repartis sans aller chez personne d'autre.

Ficelle se tut en songeant à son propre accident. Son fils remarqua :

– Si je comprends bien, vous n'êtes toujours pas collègues, lui et toi !

Ficelle ne répondit pas. Il fixait la route, manifestement tracassé.

– Papa ?

– Bé, il faut que je t'en raconte une moins agréable...

– Quoi donc ?

Pierre s'alarmait. Ficelle expliqua :

– Eh bien hier, d'un peu plus... Je ne croyais plus te revoir !

– Quoi ?

Histoires de chasse !

– J'avais creusé une galerie de quatre à cinq mètres à l'Olivette ; j'y ai détecté un bon filon. Je me suis tellement dépêché pour avoir fini le jour de ton arrivée que je n'avais pas étayé, le terrain paraissait si solide !

Pierre regarda la mine gênée de son père et comprit :

– Ça s'est écroulé avec toi dessous !

Ficelle laissa passer un moment avant d'expliquer :

– Par chance, Causse « faisait boire » aux Mazets ; il a entendu le bruit et il est vite venu. Comme il ne pouvait rien faire tout seul, il a couru au village donner l'alerte et les hommes sont arrivés pour me sortir de là. Un gros rocher m'avait protégé... Un miracle !

– Toi alors, avec ton eau !

– Bof, j'en ai vu d'autres !

– Ne fanfaronne pas ! Tu ne peux pas laisser un peu les sources tranquilles ? À ton âge, ça devient dangereux. Un jour, une charge de dynamite te pétera à la figure et te transformera en charpie !

– C'est de la malchance pure, je ne comprends pas comment un terrain aussi ferme a pu lâcher en période sèche ! Ne te fais pas de soucis, j'aurai bientôt l'occasion d'avoir ma revanche...

Ils arrivaient aux Aires et Pierre n'écoutait plus. Il demanda :

– Papa, arrête-toi un moment, s'il te plaît !

Ficelle stoppa la camionnette et le jeune homme, ému, contempla le village agrippé à une pente abrupte, légèrement en contrebas. Les maisons aux toits pointus, recouverts de tuiles rondes décolorées, grisâtres, se serraient dans une totale anarchie autour de l'église et on ne pouvait imaginer qu'elles aient pu un jour être neuves et bâties en suivant un plan défini. Pierre ferma les yeux pour se remémorer toutes les ruelles tortueuses et pentues dont il connaissait par cœur les moindres recoins ; maintenant, il se sentait vraiment de retour au pays ! Son père s'exclama, en entendant sonner l'angélus :

– Midi ! Tout le monde sera sur la place à discuter. Tu vas être accueilli comme une vedette !

Il redémarra et dit, sérieux :

– Le directeur de la mine m'a fait savoir qu'il était en congé en ce moment. Il te convoquera dès son retour pour parler avec toi de ton départ à Paris. Je pense qu'après tes congés tu reprendras le travail ici. Mais en septembre ou octobre...

Pierre n'entendait que vaguement son père. Les yeux perdus dans le vague, il se demandait avec anxiété si Colette avait bien reçu la lettre qu'il lui avait envoyée par son ami Henri et où il lui donnait rendez-vous pour l'après-midi même !

– Pierre, je t'ai parlé !

– Oui, oui, papa. Le directeur... On verra bien, répondit-il distraitement.

## Histoires de chasse !

Ficelle ne se trompait pas. Comme tous les jours à la même heure, la placette bourdonnait d'animation et paraissait d'autant plus encombrée que l'endroit était exigu. On y prenait le frais pour la pause du midi en bavardant à l'ombre des deux gigantesques platanes qui ombrageaient le banc. Aujourd'hui, toutes les conversations devaient tourner autour de la visite des gendarmes ; mais à l'approche des deux hommes, les bavardages s'étaient tus. Suivi de son père, Pierre allait de groupe en groupe. Les exclamations fusaient :

– Tu as grandi !
– C'était pas trop long, ce service ?
– Content de revoir le pays ?

Heureux, le jeune homme répondait vaguement, serrait des mains et recevait force claques sur l'épaule. Il finit par arriver au banc où se trouvaient assis les trois frères Randon, Portalès et Causse. Les hommes se levèrent pour l'accueillir.

– Ça s'est bien passé, ton service ? demanda Benjamin.

– Oui ! Enfin, on trouve le temps toujours trop long... répondit Pierre en prenant place sur le banc.

Ficelle et Barbaste se défièrent du regard ; mais restèrent prudemment silencieux. Leurs avatars réciproques les inclinaient à mettre une sourdine à leurs rivalités.

– Combien on t'a donné de congés ? demanda Fernand.

– Vingt et un jours. J'aurai le temps de me reposer !

– Ah ! Parce qu'à la mine on raconte que tu vas partir à Paris, un jour ou l'autre ?

– Tu ne vas pas me parler de travail aujourd'hui quand même, Fernand ? s'indigna Pierre, je débarque à peine !

– Laisse-moi profiter un peu de lui ! renchérit Ficelle.

– Parlez-moi plutôt du village. Quelles sont les nouvelles ? Il y aura du perdreau pour l'ouverture cette année, Barbaste ?

Celui-ci fit son regard le plus trouble :

– Oh ! En ce moment, je suis à ma coupe de bois. Je n'ai pas beaucoup de temps pour m'occuper de ça, tu sais…

– Ne te fais pas de souci, dit Causse, en clignant de l'œil. S'il a besoin d'un lièvre, il sait où le trouver !

Il y eut un silence gêné. Ficelle fut tenté d'en rajouter mais préféra se taire. Il s'assit sans un mot tout en fourrageant dans sa blague à tabac pour en sortir une chique. Benjamin fit diversion :

– En tout cas, il y a une belle compagnie au Rancas, je l'ai vue l'autre jour en revenant de faire du bois. Il y en a neuf, le couple et sept perdreaux de l'année.

Causse plaisanta :

# Histoires de chasse !

– Hé, ces perdreaux sont à moi ; ils vont bouffer les raisins de ma vigne !

– Une fois, dit Fernand, à la pointe de ta vigne, j'ai tiré deux coups de fusil et il est tombé trois pièces. Un coup de roi qui ne m'est jamais plus arrivé !

Causse en rajouta :

– Un jour, au bord de la luzerne de Bertrand, voilà que Mirzette fonce sur un buisson : il en gicle un lapin tellement vite que je le tire *au coup de bras*. Je le manque. Mirzette fonce derrière et s'arrête brusquement dix mètres plus loin, rentre dans une touffe de buis et ne bouge plus. Je n'y comprends rien ; le lapin est parti sur la gauche et doit déjà être encavé. J'appelle ma chienne, elle ne bouge toujours pas ! Je m'approche et voilà que Mirzette sort du buis, fière comme Artaban, un beau lièvre en travers la gueule ! Ma parole, ses yeux souriaient :

– Tu te fous de nous ! dit Benjamin.

– Non, non, c'est la vérité. Tu sais, les plombs, il faut bien qu'ils passent quelque part. Dans ce coup, ils se sont rencontrés avec mon capucin qui, pour son malheur, faisait tranquillement sa sieste bien au chaud dans son gîte !

– Moi je le crois. affirma Ficelle. D'ailleurs, à la chasse, il en arrive bien d'autres...

Il resta un moment silencieux, plongé dans ses pensées, puis laissa tomber :

– Moi qui vous parle, le jour d'une battue aux sangliers, j'ai failli massacrer plusieurs chasseurs sans tirer un coup de fusil !
– Tu galèjes, dit Benjamin.
Barbaste ne put s'empêcher d'affirmer :
– Encore des conneries !
Ficelle prit un air désolé :
– Oh ! Je sais que vous ne me croirez pas, pourtant...
Portalès s'esclaffa :
– Tu vas encore nous raconter une ficellerie !
Leurs éclats de voix attiraient du monde, petit à petit on s'approchait, un cercle se formait. Ficelle, qui voulait un peu rattraper sa fâcheuse mésaventure de la veille, n'attendait que cela pour commencer son histoire. Il se pencha en avant, écarta les pieds pour cracher un peu de jus de chique et commença :
– J'avais été invité à Favret pour la fermeture. Nous avions déjeuné sur l'aire devant un bon feu en attendant les rabatteurs qui faisaient le pied. Quinze chasseurs courageux, car il gelait à pierre fendre. Un froid terrible, qu'une mauvaise bise rendait difficile à supporter.

Le conteur leva les yeux et jeta un regard circulaire. Satisfait de voir qu'on l'écoutait, il continua :
– À neuf heures, les rabatteurs reviennent et tiennent conseil. Discussion d'initiés, inutile de se faire remarquer en posant des questions...

# Histoires de chasse !

– Même toi ? dit Barbaste en rigolant.
– Même moi ! Quand ils se sont mis d'accord, Duclos, l'ami qui m'a invité, se tourne vers nous, lève le bras pour réclamer le silence et explique : « Messieurs, nous allons faire la combe du Poujol, il y a des traces franches ; au moins trois ou quatre grosses bêtes. Antoine, dit-il à un rabatteur, tu prends quatre hommes, les meilleurs marcheurs, et vous allez vous poster au long de la route de Lacan. Partez toute de suite, vous n'êtes pas rendus ! Louis, prends-en six avec toi, trois pour fermer la cime du Perras et trois autres à l'Hort de Martin. Moi, je prends Baptistin, et avec ceux qui restent, nous tiendrons les postes du bas. Si tout va bien, vers dix heures, ça devrait canarder dur. Allez et faites attention où vous tirez ! »

Ficelle reprit son souffle, recracha une giclée et poursuivit :

– Une demi-heure plus tard, voilà que nous nous engageons dans un petit chemin à flanc de colline. Arrivé au-dessus d'un rocher qui domine un terrain dégagé, mon ami me poste « C'est le meilleur passage, qu'il me dit. Si on les lève, tu as huit chances sur dix de les *allumer*. Fais gaffe, nous serons juste au-dessous de toi ! »

Pensif, Ficelle mastiqua un moment puis reprit :

– Bon, je m'installe au pied d'un gros chêne, je charge mon arme et je me serre bien contre l'arbre pour essayer de me protéger du vent. À peine en place, je suis déjà transi !

Ficelle constata avec satisfaction que le cercle grandissait autour de lui, même le curé était venu se joindre au groupe ! Comblé, il reprit :

– Je prête l'oreille... J'entends les hommes qui excitent les chiens dans les combes, puis quelques aboiements : « Tiens, je me pense, ils ont trouvé le pied... » J'attends, j'attends, Plus rien... Pas le moindre jappement. Je n'entends que le bruit de la tramontane qui me corne aux oreilles, aplatit les *bartas*[1] et secoue les arbres avec des gifles brutales !

Benjamin remarqua :

– Un temps de fin du monde, quoi !

– Tu peux le dire ! Je regarde le ciel : gris de cendres ! Je suis tellement frigorifié que je lève pour me dégourdir les jambes, je tape des pieds, je languis ! En plus j'ai des douleurs au ventre depuis un moment et il faut que je me soulage. Sûrement que le froid doit me travailler la tripe !

L'assistance pouffa. Ficelle se tut, réfléchit puis se cala bien à son aise avant d'expliquer, bras tendus et mains ouvertes :

– Vous avez remarqué, à la chasse, quand il y a du vent ? Des fois les chiens sont là, tout près, puis on n'entend plus rien ! On a l'impression que la

---

1. *Buissons.*

# Histoires de chasse !

meute, emportée par une piste, s'est perdue va savoir où : les bois se sont ouverts, ils sont entrés ; la forêt s'est refermée, ils ont disparu ! Il ne reste qu'à attendre, des heures et des heures ! Brusquement, je n'en peux plus, la colique me plie en deux. Il me faut poser le pantalon au plus vite avant qu'il m'arrive une catastrophe !

Barbaste s'indigna :

– Tu as abandonné ton poste ?

– À moins de faire dans mes *brailles*[1] que voulais-tu que je fasse ? Je n'entendais rien depuis une heure.

– Et les sangliers sont passés ! s'exclama Barbaste.

Ficelle ignora la remarque :

– Je laisse mon fusil contre l'arbre ; il y a un buisson tout près, je baisse mon pantalon. Ah ! Mes amis, une seconde de plus et je faisais dans mon froc !

On entendit des rires furtifs. Ficelle leva la tête :

– Pas plus tôt accroupi, j'entends un coup de voix, puis deux et encore deux. Je me relève à moitié... Tout à coup, il y a un débuché de tous les diables, à croire qu'on vient de lever tout un troupeau de cochons ! Je me redresse, pétrifié : ça vient de démarrer à cent mètres à peine et je n'ai rien entendu ! Ça hurle, ça court, un bordel de tous les diables. Le temps d'en voir trois qui démarrent

---

1. *Pantalons.*

dans les taillis vers les postes d'en haut, j'entends voler les pierres juste à côté de moi. Je m'avance en tenant mon pantalon que je n'ai pas eu le temps de remonter et je reste cloué sur place !

Ficelle jeta un regard circulaire et laissa tomber :
– Pensez ce que vous voulez, croyez-moi ou non ; mais je me trouve nez à nez avec un énorme, un formidable solitaire d'au moins cent trente kilos !

On entendit des exclamations diverses et la foule s'agita. Ficelle continua :
– Eh oui, il a laissé les autres partir promener les chiens et il se défile tranquillement. Je ne peux pas vous dire quel est le plus surpris des deux ; mais celui qui a le plus peur, c'est moi ! Je vois ses défenses, aiguisées comme des baïonnettes ! Mon fusil est à deux mètres, le sanglier à trois. Je glisse lentement vers l'arme, un bras tendu... Le sanglier me fonce dessus. D'un bond, je me réfugie derrière l'arbre. Dans l'émotion, je lâche mon pantalon, la bête me manque ; mais en frôlant l'arbre, elle se prend la tête dans la bretelle du fusil et part avec le flingue autour du cou !

Un « Oh ! » d'incrédulité parcourut l'assistance.
– Eh oui, eh oui, le sanglier est parti armé ! Je savais que vous ne me croiriez pas et pourtant je ne dis que la vérité !

– Ça paraît difficile à croire, dit Benjamin. Qu'est-ce qu'il s'est passé ensuite ?

Barbaste laissa tomber :
– Le sanglier s'est suicidé, pardi !

Théâtral, Ficelle se leva pour mieux mimer la scène :

– La bête rentre dans les fourrés, la détente s'accroche... Pan ! S'accroche encore : Pan ! Un peu plus loin encore : Pan ! La bête « sulfate » le terrain avec mes chevrotines à douze grains ! Pan, pan – emporté par son histoire, Ficelle ne compte plus les coups – je suis fou d'inquiétude : les collègues ! Les collègues !

Ficelle s'interrompit, hochant tristement la tête. Les autres ne pipaient mot, sachant que le conteur, connaissant bien son métier, les faisait languir. Il reprit, le visage crispé comme s'il était encore sous le coup de l'émotion :

– À ce moment-là, j'entends la voix des copains d'en bas qui me crient : « Tu l'as eu ? Tu l'as eu ? » Et moi, debout sur le rocher, le pantalon en accordéon sur les godasses, le cul gelé, je leur gueule de toutes mes forces : « Planquez-vous, planquez-vous, c'est le sanglier qui tire !... » tandis que, impuissant, je vois mon solitaire armé passer en revue les meilleures gâchettes du pays allongées sur le sol !

Succédant à ces fortes paroles, un silence stupéfait s'établit. Ficelle toisa l'assistance médusée, avant de laisser tomber :

– Et personne, vous m'entendez, personne n'a jamais retrouvé mon arme. Un fusil magnifique, calibre douze à crosse anglaise, quadrillée à la main, percussion centrale, système de fermeture à « petite clé », canons lisses juxtaposés : un véritable joyau !

Ficelle avança d'un pas, se tourna vers son fils et conclut, imperturbable :

– Bon, Pierre, c'est pas le tout ; mais il faut aller manger. Pour ton retour, j'ai préparé un bon repas *avecque* du vin cacheté, *siouplaît* !

Sur ce, il s'éloigna d'un pas tranquille. Alors ; mais alors seulement, un énorme éclat de rire général explosa, enfla, pour finir par crépiter comme le bruit d'un orage de grêle sur un toit de tôles ondulées !

## V

## Une bonne et une mauvaise rencontre...

D'UN COUP DE REINS RAGEUR, Pierre se redressa et se retourna au bord du lit. Il n'arrivait pas à trouver le sommeil. Une question le taraudait : sa lettre était bien parvenue à Colette, Henri le lui avait confirmé le matin même, mais pourrait-elle venir au rendez-vous ? Il écouta : il n'entendait aucun ronflement dans la chambre voisine et cela l'étonna.

Il se leva sans bruit, se chaussa d'espadrilles et décida de partir immédiatement ; la marche lui ferait du bien. Il sortit de la chambre et fut étonné de voir son père, assis devant la cheminée, en train de préparer du café.

– Tu ne fais pas la sieste, papa ?
– Bof ! Je ne pouvais pas dormir...
– Tu penses à ta mine écroulée ?

– Non... Et toi ? Je pensais qu'après ce long voyage, tu aurais besoin de te reposer ?

– J'ai perdu l'habitude de faire un somme l'après-midi ! Je vais me promener, cela me détendra.

Il se dirigeait déjà vers la porte.

– Ne sois pas si pressé de partir, dit Ficelle. Je veux te parler d'une idée qui me travaille.

À contrecœur, Pierre vint s'asseoir près de son père. Il était impatient de sortir et de se retrouver seul. Il demanda, résigné :

– De quoi veux-tu me parler ?

Ficelle but une gorgée de café :

– Figure-toi que la charrette de Joseph est toute déglinguée. Normal, avec tous les charrois qu'il fait dans de mauvais chemins !

Alarmé, Pierre s'exclama :

– Joseph Arnaud de la Borie, le père de Colette ?

– Oui ! Que se passe-t-il, tu parais surpris ?

– Non, non, mais je me demande bien en quoi ça m'intéresse ?

– Causse m'a raconté que ce samedi qui vient, Joseph a rendez-vous au Vigan avec un type qui a une charrette presque neuve à vendre. Il travaille aux filatures, son père vient de mourir et il ne veut pas reprendre la propriété. Seulement c'est un achat important, même d'occasion... Ça doit bien coûter dans les deux cent mille[1] !...

---

1. *En francs de l'époque.*

Une bonne et une mauvaise rencontre...

– Je ne vois toujours pas où tu veux en venir.

Ficelle cligna de l'œil et se pencha sur son fils :

– Je connais Joseph. En ce moment, il doit compter et recompter ses sous...

– Ma foi, je ne vois rien d'extraordinaire à cela !

– Le père Arnaud n'aime pas être trop à découvert, je le connais. S'il doit dépenser une grosse partie de ses économies, il préférera garder sa vieille guimbarde !

– Qu'est-ce que ça peut te faire ?

Inquiet, Pierre s'énervait tandis que son père laissait tomber :

– Joseph a beaucoup de truffières dans ses bois de chênes !

– Qu'est-ce que tu manigances, papa ?

Pierre s'alarmait de plus en plus. Ficelle baissa la voix, mit la main sur le genou de son fils et prit un air rusé.

– Une chose simple, samedi matin, juste quelques heures avant son rendez-vous, je me pointe chez Joseph à l'heure de l'apéro et je lui propose une affaire en or : je lui donne cent mille francs, la moitié de son achat, et en échange il me loue ses truffes pour trois ans...

– Attends... Il me semble qu'il les donne à Barbaste ?

Ficelle balaya l'objection d'un revers de bras :

– Barbaste le paie chichement, je propose un prix bien supérieur...

– Ça ne se fait pas !

Ficelle avoua :

– Barbaste m'emmerde ! Un jour nous nous sommes empoignés sur la place. Nous sommes tombés par terre. On nous a séparés, mais ça m'a vexé !

Pierre s'exclama :

– Ah ! Dis-moi tout ! Papa, ne fais pas une bêtise, je t'en prie. Joseph refusera. Tu vas te fâcher avec lui et moi je risque de me brouiller avec...

Il s'arrêta brusquement. Il avait failli ajouter : « avec Colette ».

Surpris de la soudaine véhémence de son fils, Ficelle se méprit :

– Toi ? Tu n'as rien à voir avec cette histoire, je ne vois pas pourquoi Joseph t'en voudrait. Je vais lui proposer une affaire intéressante : une somme beaucoup plus importante que ce que lui donne Barbaste. À lui de voir où est son intérêt : qu'il dise oui ou non, il ne s'agit que d'un marché.

Pierre ne voyait que des dangers dans cette démarche malhonnête. Si son père se fâchait avec Joseph, cela n'arrangerait pas ses affaires...

Il insista :

– Je t'assure, papa, ce n'est pas une bonne idée !

Les objections de son fils agaçaient Ficelle qui conclut :

Une bonne et une mauvaise rencontre...

– Moi je pense que si ! Allez, va te balader, tu as besoin de prendre l'air et moi de réfléchir tranquillement.

À cette heure de l'après-midi, le village paraissait désert. Négligeant le raccourci, Pierre s'engagea sur la route qui remontait vers les Aires avant de redescendre en pente douce jusqu'au virage de la Vidouce, en direction de Saint-Laurent-le-Minier. Là, il connaissait un chêne plus que centenaire au pied duquel il pourrait s'asseoir. L'arbre familier lui offrirait un abri ombragé ainsi qu'un point de vue imprenable sur le petit sentier en contrebas où il ne pourrait manquer de voir arriver Colette, si elle pouvait venir ! Il était encore trop tôt, mais cela lui laisserait le temps de réfléchir.

Lorsqu'il arriva aux Aires, sa chemisette lui collait déjà aux épaules. Sous la chaleur torride, la nature semblait figée, assoupie dans un calme total qui contrastait avec son agitation intérieure ; il pestait contre son père ! Le silence n'était troublé que par le crépitement des insectes dans les hautes herbes qui dominait la rengaine entêtante des cigales. À l'horizon, la terre semblait fuser, formant un rideau blanc éclatant de soleil. Pendant qu'il marchait, solitaire dans cette fournaise, Pierre eut l'impression bizarre d'être importun et indésirable au milieu de cette fixité minérale.

Parvenu au virage, il quitta la route pour grimper à travers bois. Sans hésitation, il se dirigea vers « leur chêne » et ce fut comme s'il retrouvait un ami cher. Il reprenait contact, après une longue absence, avec le confident, le témoin de tous leurs secrets et de toutes leurs caresses. Il l'effleura des doigts puis, sans chercher, sa main rencontra le P et le C entrelacés qu'il avait gravés lors de leur dernière rencontre. Sans réfléchir, il l'enlaça dans une étreinte quasi charnelle et posa sa joue contre l'écorce rugueuse. Un bref sanglot de joie et d'angoisse mêlée le secoua et il resta longtemps immobile, bouleversé au plus profond de lui-même, attentif à ses propres émotions.

Enfin, lentement le calme s'empara de lui. Le silence environnant, l'odeur entêtante de l'aspic et du thym l'apaisaient. Il eut l'impression que le contact de l'arbre lui transmettait, par des vibrations mystérieuses, un fluide magique ; il se sentait soudain aussi solide que le chêne. Alors il s'assit et il sut qu'il avait enfin retrouvé son pays, le berceau de son enfance qu'il allait peut-être devoir quitter bientôt. Comment pourrait-il expliquer cela à Colette ? Avant d'être libéré, il n'avait pas vraiment cherché à réfléchir au problème, mais maintenant...

– Tu es bien pressée de partir !

## Une bonne et une mauvaise rencontre...

Béatrice Arnaud observait sa fille qui, depuis un bon moment, ne tenait plus en place. Colette mentit :

– Je ne fais rien, maman ; autant que je m'en aille !

– Il est trop tôt pour aller arroser, tu vas tout échauder !

– Je sarclerai un peu en attendant...

Béatrice insinua, avec un regard en coin :

– Je ne sais pas ce que tu as aujourd'hui ; tu me parais bien énervée. On dirait que quelqu'un t'attend ?

Colette détourna vivement la tête pour cacher son trouble. Elle avait brusquement rougi. L'agacement de se sentir devinée lui fit venir les larmes aux yeux. Sa mère s'adoucit :

– Allez, ma fille, tu ne vas pas te mettre à pleurer ! Seulement, ne prends pas ta mère pour une idiote ; l'autre jour, j'ai trouvé une lettre en voulant ranger du linge dans ton armoire...

Colette s'écria, d'un air indigné :

– Tu l'as lue ?

– Non, sois tranquille ! J'ai juste regardé le cachet de la poste : la lettre venait de Mourmelon, où Pierre a fait son service militaire. Colette se tint coite, ne sachant que répondre. Béatrice sourit :

– Bon, va le rejoindre, ton amoureux ; tu me donnes mal à la tête de te voir comme ça. Tu sais, votre petit manège, il y a longtemps que je l'ai deviné !

– Merci maman, dit Colette soulagée en lui sautant au cou. Je savais bien que tu te doutais de quelque chose...

Puis elle assura, soudain empourprée :

– Nous ne faisons rien de mal !

– Je l'espère bien !

Béatrice repoussa Colette à bout de bras et l'examina, contente de voir son visage brusquement radieux.

– Je te trouve bien jolie, ma fille, dit-elle tout attendrie.

C'était une brunette pas très grande, mais bien faite, aux yeux rieurs couleur d'amande, avec un petit nez légèrement retroussé et un sourire lumineux. Ses seins, bien que menus, remplissaient son corsage et elle avait la taille fine. La robe grossière qu'elle portait sous un tablier rouge à carreaux ne parvenait pas à épaissir la courbe douce de ses hanches. Elle respirait une joie de vivre qui faisait plaisir à voir.

– Je peux partir ? demanda-t-elle.

– Va, et ne me fais pas faire de souci...

– Tu sais bien que tu peux être tranquille, maman !

Colette embrassa sa mère et s'esquiva prestement.

Une bonne et une mauvaise rencontre...

Les Arnaud habitaient la Borie, un gros mas situé à environ trois cents mètres au-dessus de Saint-Bresson. La jeune fille emprunta le petit chemin pierreux qui menait au village en sautant comme un cabri. Béatrice, émue, sortit sur le pas de la porte pour la voir courir vers son tendre rendez-vous. Elle murmura, en secouant la main :
– Si son père savait que je laisse sa fille aller retrouver son galant !

Élodie ferma la porte de son logis, une maison vétuste à l'entrée du village. Elle s'apprêtait à descendre les quatre marches menant à la bergerie pour libérer sa chèvre, Perlette, lorsqu'elle aperçut Colette qui venait vers elle, filant à toute allure. « Tiens, se dit-elle intriguée, où va-t-elle si vite ? » Curieuse, à son habitude, elle décida de se poster au bord du chemin, fermement appuyée sur sa canne. Elle attendit que la jeune fille arrive à sa hauteur pour lui demander :
– Tu files drôlement petite, par une chaleur pareille ! Où vas-tu comme ça ?
– Euh, j'ai à faire... bredouilla Colette.
Cette rencontre contrariait la jeune fille qui ne risquait pas de confier quoi que ce soit à cette peste de femme, connue de tous pour sa langue de vipère ! Sans vergogne, la bergère demanda :
– Ça doit être bigrement important pour tu sois si pressée !

Élodie observait Colette d'un air soupçonneux ; celle-ci lança, en s'éloignant rapidement :

– Eh oui ! Au revoir.

La bergère la regarda partir avant d'ouvrir la porte à sa chèvre :

– Allez Perlette, viens ma chevrette, c'est le moment d'aller garder.

Docile, la bique sortit, la barbichette haute. Élodie fouilla la poche de sa blouse et y prit une châtaigne sèche :

– Tiens ma belle, régale-toi.

Pensive, elle dit, en caressant l'encolure de la bête.

– Quand même, cette Colette avait l'air bien excitée. Le Pierre a été libéré ce matin, ça ne m'étonnerait pas qu'elle aille le retrouver !

Pour toute réponse, Perlette tenta d'atteindre la poche d'Élodie qui la repoussa doucement.

– Oh là, coquine ! Tu ne vas pas manger toutes les châtaignes d'un coup ! Allez, viens.

Dure et mauvaise avec les gens qui, pour la plupart, le lui rendaient bien, Élodie n'était que douceur et gentillesse pour sa chèvre. Elle lui parlait comme à une personne, lui confiant ses secrets les plus intimes, ses soucis, ses misères. En somme, elle la considérait comme sa meilleure amie !

Il faut dire qu'elle menait depuis toujours une vie misérable. Née de père inconnu, elle avait perdu sa mère à l'âge de six ans. Recueillie dès lors par un couple sans enfants, elle aurait pu bénéficier d'un peu de tendresse. Malheureusement, ses parents adoptifs, des gens frustes et âpres au gain, s'étaient empressés de la considérer comme une petite esclave, corvéable à merci. Le moindre manquement lui valait de cruelles brimades quand ce n'était pas des coups ! Il ne fallait donc pas s'étonner que sa vie de misère ait influencé son physique et son caractère. Grande et osseuse, elle s'habillait éternellement de noir. Son visage maigre et dur, au sourire édenté, était encadré par de longs cheveux filasse et elle boitait, suite à une chute mal soignée. Pauvre et vieille fille, elle paraissait plus que ses cinquante ans et rien en elle ne pouvait attirer la sympathie.

Comme elle arrivait au premier croisement de rues, elle se tourna vers la maison de droite et cria :
– Agnès, *deslargue ta cabra*[1].

Puis, toujours suivie de Perlette, elle se dirigea tranquillement vers la place pour attendre le troupeau qui ne tarderait pas à arriver. Son travail consistait à garder les deux ou trois chèvres que chaque famille possédait pour le lait, le fromage et les chevreaux. Cela représentait un double avantage : moyennant une modeste rétribution, les villageois se débarrassaient d'une corvée et la bergère qui, sans ce travail, se serait trouvée complètement

---

*1. Fais sortir ta chèvre.*

démunie, échappait ainsi au déshonneur de la mendicité.

Pierre réfléchissait, songeant à la vie qui pourrait être la sienne à Paris. Il rêvait de partir et de connaître la grande ville, mais n'imaginait pas cette nouvelle existence sans Colette. Il fallait qu'elle le suive, sinon il ne pourrait pas partir. S'il restait, il serait forcé de se fâcher avec son père et cette idée le contrariait au plus haut point. Il ne lui avait encore jamais parlé de ses sentiments envers celle qu'il considérait comme sa fiancée, encore moins de mariage ! Et voilà que Baptistin se lançait dans une démarche à la limite de la malhonnêteté avec Joseph qu'il savait coléreux !...

Colette se trouvait dans une situation identique à l'égard de ses propres parents. Jusqu'à ce jour, ils avaient pris beaucoup de précautions pour que leur amour restât secret. Pierre se demandait comment le père Arnaud pourrait envisager de laisser partir sa fille unique si loin ? Il devait rêver d'un gendre solide et travailleur en vue de lui confier la propriété, le moment venu. Colette elle-même accepterait-elle de le suivre, de quitter ce pays où tout la retenait ? Abandonnerait-elle ses parents pour aller vivre au loin ?

Avant son service militaire, ils avaient effleuré vaguement la question de son éventuel départ, mais, maintenant, elle se poserait inévitablement.

## Une bonne et une mauvaise rencontre...

L'esprit agité d'idées contradictoires, Pierre en était là de ses pensées lorsqu'il vit apparaître la silhouette familière courant comme une gazelle sur le sentier en contrebas. Oubliant tous ses soucis, il bondit sur ses pieds et dévala la pente en sautant par-dessus les cades et les buis. Quelques instants plus tard, elle était là, à dix pas, toute menue, merveilleuse ! La course lui avait fleuri les joues, ébouriffé les cheveux et son corsage s'agitait de façon émouvante au rythme de son souffle court.

Pierre se sentit tellement heureux et bouleversé qu'il en fut comme transporté. Ils se jetèrent dans les bras l'un de l'autre, ne cessant de s'embrasser, de se toucher, de se serrer et de rire en même temps. Par moments, ils s'écartaient. Pierre la regardait comme s'il ne l'avait jamais vue ! Elle, les yeux brillants d'avoir tant couru, renversait la tête en arrière pour reprendre son souffle. Alors il l'embrassait dans le cou, là où sa peau, si douce, gardait toujours une odeur de lavande.

Puis, les rires et les embrassades repartaient de plus belle. Une question brûlait les lèvres de Colette ; mais elle la chassait, préférant s'abandonner au bonheur présent. Ils parleraient plus tard. Pierre, lui, ne pensait plus aux intentions de son père ; ils avaient tant d'autres choses à se dire ! Dans l'instant, seule comptait la joie qui les soulevait, les emportait dans un même élan chargé d'espoir et de promesses.

Pierre entendit vaguement un son de cloches vers le Pereirol. Machinalement, il leva la tête et sursauta : penchée au-dessus du parapet de la route, Élodie les observait sans vergogne ! Il attira vivement Colette sous le couvert. Surprise, la jeune fille demanda :

– Qu'est-ce que tu fais ?

– Viens, on va s'asseoir à l'ombre, nous serons mieux...

Il ne voulait pas l'alarmer ; mais le fait que la bergère les ait vus le contrariait. Il pensait même qu'elle était peut-être venue garder là dans l'unique espoir de les surprendre !...

## VI

## La diablerie de Ficelle

P<small>LANTÉ DEVANT L'ÉCHELLE</small> qui montait au grenier, Ficelle réfléchissait. Brusquement, il posa sa veste et l'enfila à l'envers. « Si ça ne fait pas de bien, ça ne peut pas faire de mal », songea-t-il en escaladant les barreaux. Il imitait ainsi son père qui répétait le même cérémonial chaque fois qu'il portait la *rame*[1] à ses bestioles. Dans son enfance, chaque famille élevait des vers à soie dans le grenier, le produit de la vente des cocons représentant une somme non négligeable. Si importante même, que le père Fabre, avant de grimper dans les combles, lorsqu'il amenait des feuilles de mûrier pour alimenter ses *magnans*[2], retournait sa veste et l'enfilait à l'envers. On lui avait maintes fois affirmé que si quelqu'un de malintentionné lui

---
*1. Feuilles de mûrier, seule nourriture des vers à soie.*
*2. Nom commun du ver à soie.*

jetait un mauvais sort, procéder ainsi le protégerait du malin et permettrait d'exorciser la diablerie. Il n'y croyait guère, mais vu la fragilité des vers à soie, très sensibles à de nombreuses maladies, il accomplissait chaque fois ce geste par prudence. Sait-on jamais ?... C'est exactement ce que pensait Ficelle en ce moment. Il allait entreprendre une mission délicate, autant mettre tous les atouts de son côté.

Une fois parvenu au grenier, il se dirigea sans hésiter vers une vieille commode poussée contre une cheminée d'angle. Il tira le meuble, s'accroupit et passa un bras derrière le manteau. Il n'eut pas longtemps à chercher pour en ramener une petite cassette en fer dissimulée dans un trou de mur. Il souleva le couvercle : la boîte était pleine de billets de banque ! Ficelle prit une liasse, compta soigneusement une somme mûrement réfléchie puis, hochant la tête d'un air satisfait, referma la cagnotte et la remit en place. Il ne lui restait plus qu'à tenter sa chance. Un peu de doigté, de diplomatie et l'affaire serait dans le sac...

Colette, le front appuyé contre les vitres de la fenêtre de la cuisine, regardait sans le voir le paysage qui s'étendait devant elle : on pouvait discerner, par-delà les combes, les premiers versants de la Sérane et, plus loin, apercevoir le pic Saint-Loup dont les contreforts disparaissaient dans la brume. Insensible à la beauté du paysage, la jeune fille pensait à Pierre et à leur fâcherie de la veille. Depuis son retour, Pierre éludait toutes les questions qu'elle ne manquait pas de lui poser à chacune de leur rencontre afin de sonder ses intentions. Tantôt il riait aux éclats, tantôt il paraissait embarrassé sans jamais donner de réponse claire. Aussi la veille, n'y tenant plus, elle lui avait carrément demandé d'une voix étranglée par l'angoisse :

– Alors, Pierre, qu'est-ce que tu vas faire maintenant ? Partir à Paris ?

– Je ne sais pas encore... Il me faut réfléchir...

– Et moi ? Et nous ?

Il était resté muet, puis, voyant le visage de Colette s'assombrir, il avait crié :

– Ce dont je suis sûr, c'est que je t'aime et que je veux t'épouser !

– Oui, mais tu n'en parles pas à ton père !

– Pas encore ; mais je vais le faire bientôt, attends un peu...

– Attendre quoi ? Que tu le lui écrives de Paris ?

Pierre avait hésité avant de protester :

– Quand même ! Nous sommes vendredi et je ne suis là que depuis mardi.

– Mais tu risques de partir dans peu de temps !

– Non, l'école ne commence qu'en octobre, je crois. D'ici là je vais reprendre le travail ici. Ensuite, je n'ai pas encore vu le directeur. Tu sais ces gens-là, il leur arrive de changer d'avis...

– Ça m'étonnerait ! En tout cas tu dis que tu m'aimes, que tu veux m'épouser, mais tu n'en as pas parlé à ton père, tu ne sais pas encore si tu vas partir et, dans ce cas, tu ne peux pas me dire ce que nous allons devenir. Bref, tu ne sais rien !

La déception lui avait fait venir les larmes aux yeux.

– Je tâcherai de lui en parler demain. Aujourd'hui, il est allé voir une source, il doit rentrer tard.

Déçue par l'attitude indécise de son fiancé, Colette, le front buté, l'avait rapidement quitté en l'embrassant sur la joue, le laissant désemparé.

– Colette ! cria Béatrice.

Surprise dans ses pensées, la jeune fille sursauta.

– À quoi rêves-tu ? Ça fait trois fois que je t'appelle !

– À rien, maman, qu'est-ce qu'il y a ?

– Va à l'étendage chercher la chemise des dimanches de ton père que j'ai mise à sécher. Il faut la repasser, il en aura besoin cet après-midi.

– Bien maman.

Colette prit le fer à repasser dans le placard et le mit à chauffer sur la braise avant de sortir.

*Le plus beau oh... de tous les tangos du monde,*
*C'est celui... que j'ai dansé dans tes bras...*

Assis les jambes pendantes à l'avant de la charrette, Joseph Arnaud, content de son travail et de son mulet, chantait à tue-tête sur le chemin du retour.

– Oh, Bijou, oh...

Docile, le mulet s'arrêta et Joseph sauta lestement à terre. Il venait d'arriver en vue de la Borie et il voulait marcher un peu. C'était un homme petit, rond mais nerveux avec une moustache à la gauloise qui lui mangeait le visage. Sa mine éternellement joviale ne l'empêchait pas de prendre, quelquefois, des colères aussi soudaines que brèves.

Joseph s'avança, caressa l'encolure de son mulet et le prit par la bride. L'envie lui venait, tout en cheminant, de faire quelques confidences à son mulet comme il en avait souvent l'habitude.

– Tu es une brave bête !... Ce matin, quand cette saloperie de mécanique s'est bloquée dans la *dévalade*, tu aurais pu verser dans le fossé si tu n'avais pas su y faire ! J'ai eu drôlement peur...

Bijou semblait très attentif. Joseph se retourna :

– Saleté de charrette !

Elle était effectivement en très mauvais état. De rafistolage en réparation urgente, les années de charroi dans des chemins impossibles avaient accompli leur œuvre destructrice. Les ridelles pendaient. Exténuées, les roues se décentraient par rapport à leur axe tant elles avaient souffert sous les charges excessives. Quant à la mécanique des freins, elle se bloquait souvent sans raison et généralement au plus mauvais moment !

Joseph s'approcha de l'oreille de Bijou et lui dit à voix basse :

– J'ai fait le point de mes sous... Je pense que j'en aurai assez... Il y a longtemps que j'attendais ce samedi, tu sais ! Si je m'entends avec ce Serre dont je t'ai parlé, nous serons équipés de neuf. Qu'est-ce que tu en penses ?

Évidemment, le mulet ne répondait pas ; toutefois, de temps à autre il hochait la tête comme s'il approuvait son maître.

– Ah ! Nous en abattrons de la besogne, mon bon bijou !

Joseph Arnaud exerçait le métier de muletier. Toujours gratuitement, car on ne payait pas le travail, on « rendait le temps » suivant des normes bien codifiées. Aussi, bien que l'on ne fasse appel à lui que pour les gros charrois ou les labours, il ne manquait pas de main-d'œuvre pour exploiter sa propriété !

– Arnaud, tu viendras labourer ma vigne la semaine prochaine ? lui demandait-on.

– Joseph, il faudrait que tu me fasses trois voyages de bois...

Pour le reste, les hommes remplaçaient souvent la bête, trimbalant tout sur leur dos. Souvent, dans les raccourcis impossibles, on croisait une montagne de fourrage ou un énorme sac de pommes de terre sans savoir qui était dessous...

Arrivé devant l'écurie, Joseph détela et flatta son mulet :

– Tu vas te reposer, tu l'as bien mérité !

Il rentra l'animal, mit quelques fourchetées de luzerne dans la mangeoire et remplit un seau d'eau. Satisfait, il claqua la croupe du mulet et s'exclama :

– Demain, nous irons peut-être nous promener au village faire les beaux avec la nouvelle charrette, Bijou ! ajouta-t-il en fermant la porte.

Colette tressaillit. Ayant terminé son repassage, elle s'était remise à la fenêtre et voyait arriver Ficelle par le sentier qui menait à la maison.

– Papa, je crois que Ficelle vient te voir ! annonça-t-elle, surprise.

Joseph s'approcha pour regarder :

– Tiens, tiens...

En effet, Ficelle se trouvait à mi-chemin, à la hauteur de la fontaine *fresque* où une antique pompe Guimard permettait, même par les plus grandes chaleurs, de remplir son cruchon d'eau bien fraîche. C'est pourquoi les villageois l'avaient baptisée ainsi. Pas de doute possible, il venait bien à la Borie.

– Je me demande ce qu'il me veut pour se déplacer jusqu'ici sans me prévenir ? Il doit avoir quelque chose d'important à me dire... murmura Joseph.

Colette, le cœur battant, se sentait prise d'un fol espoir. Cette visite imprévue, un samedi midi, ne pouvait être motivée que par une raison sérieuse. Se pouvait-il que Pierre, suite à leur brouille de la veille, ait déjà parlé d'elle à son père ? Brusquement tremblante, elle alla à l'évier ranger de la vaisselle pour cacher son émoi pendant que Béatrice mettait rapidement un peu d'ordre dans la pièce. Déjà, on frappait à la porte.

– Entrez, dit Joseph.

Tout en passant discrètement la main dans la poche de sa veste pour tâter précautionneusement le vieux portefeuille où il avait glissé les billets de banque, Ficelle s'avança en lançant gaiement :

– Salut à tous.

– Oh ! Ficelle, Grand Maître sourcier ! Viens t'asseoir. Quel bon vent ?

– Je voulais discuter un peu avec toi, monsieur le Marquis des charretiers.

– Mets deux verres Béatrice. Colette, va à la fontaine *fresque* chercher de l'eau fraîche.

Ayant ainsi parlé, Joseph se dirigea vers le placard à côté de l'évier, ouvrit la porte et chercha un moment.

– Nom de Dieu, je n'ai plus de pastis !

– Ça ne fait rien, donne-moi un canon de rouge.

– Attends, il sera vite fait !

Joseph disparut un instant dans une pièce attenante, revint avec une bonbonne et un entonnoir.
– Béatrice, fais-moi une petite flambée, dit-il.
Il remplit une bouteille d'eau-de-vie, sortit un flacon d'absinthe de sa poche et le secoua vigoureusement. Il vida ensuite un tiers de l'alcool et le contenu de sa fiole dans une casserole qu'il alla tenir quelques instants sur le feu. Lorsqu'il jugea la gnôle suffisamment réchauffée pour avoir bien dilué tous les sucs, il revint vider le tout dans la bouteille qu'il boucha avant de l'agiter consciencieusement. Le liquide devint blanc de lait. Quand la couleur fut homogène, il s'assit enfin face à Ficelle. L'eau fraîche était déjà sur la table :
– Eh bien maintenant, on peut boire un coup, déclara-t-il, satisfait.
Il fit le service et ils burent en silence. Ficelle apprécia, flatteur :
– Fameux !
– Il n'a pas assez reposé. Enfin, il se laisse boire...
– Quelle belle journée !
– Bah, c'est la saison. Je trouve qu'il commence à faire sec, un peu de pluie ne ferait pas de mal...
– C'est pas demain la veille qu'il pleuvra, je te le dis !
– Ah ! Tu fais dans la météo maintenant ? Allez, finis ton verre que je te resserre.
– Tu sais que l'eau c'est mon affaire, ma baguette me raconte beaucoup de choses...

Assise près de la cheminée, Béatrice surveillait sa soupe pendant que Colette, à nouveau installée près de la fenêtre, reprisait un pantalon de son père. Elle semblait tout absorbée par sa tâche alors qu'en réalité pas un mot de la conversation ne lui échappait. Justement, son père demandait :

– Tu profites bien de ton fils ? On dit qu'il va bientôt partir à Paris ?

– Ah ! Le directeur nous en dira plus quand il rentrera de congé. J'ai confiance, mon garçon fera son chemin. Le patron le trouve intelligent, motivé et tout et tout. En attendant, je n'en profite pas trop, il est toujours par monts et par vaux. Je me demande même s'il ne court pas après quelque fille !...

Colette devint écarlate et plongea le nez sur son ouvrage tandis que son père disait, tout en lui lançant un regard soupçonneux :

– Bah, c'est de son âge...

Béatrice s'empressa de faire diversion :

– Joseph, sert ton invité, son verre est vide !

Pendant que les hommes buvaient, il s'instaura un petit silence gêné avant que Ficelle ne demande :

– Tu as fait des charrois, ce matin ?

– Oui. Les Sarran ouvrent un chemin vers leur *sarclière*[1] ; je leur dégage le bois. Il ne s'agit pas d'un travail facile !

---

1. *Bois de jeunes châtaigniers.*

## La diablerie de Ficelle

– Je te crois, ta charrette est foutue !

Arnaud se garda bien de parler de sa mésaventure du matin. Il hocha la tête :

– Eh oui, mais que veux-tu, ça coûte cher pour la changer !

– Je le sais bien ! Pourtant, tu venais à verser, Bijou pourrait se faire mal... Ce serait bien triste, une si belle bête !

– Bon compagnon et travailleur ! Aussi je peux te dire qu'il est bien soigné. Un mulet comme ça, tu n'en trouves pas un tous les jours !

– Il ne lui manque qu'une belle charrette ! s'exclama Ficelle.

– Eh oui ! J'y pense... Tiens bois un coup.

Joseph ne savait que répondre, se demandant où Ficelle voulait en venir. Béatrice commençait à s'inquiéter, car son mari servait de grosses doses et le niveau de la bouteille diminuait un peu trop rapidement à son goût. De plus, l'insistance de Ficelle ne lui disait rien qui vaille. Quant à Colette, elle ne faisait même plus semblant de tirer l'aiguille : ces palabres l'exaspéraient.

– Figure-toi qu'on raconte ici et là que tu envisages de changer ta vieille guimbarde ?

– Tiens, c'est ta baguette qui t'a dit ça ?

– Non, c'est Causse !

– Ah ! Celui-là, comme pipelette, il faut toujours qu'il mette son nez partout ! En quoi ça peut t'intéresser ?

– C'est simple : tu veux faire un achat important qui peut bouffer toutes tes économies, d'accord ?

– Où veux-tu en venir ? Parle, tu fais durer les choses.

Joseph vida son verre d'un trait. Ficelle se leva, se saisit de son portefeuille et, d'un geste large, posa théâtralement sur la table la liasse de billets qu'il contenait.

– Tu as une trentaine d'hectares de bois dont à peu près les trois quarts plantés de chênes blancs. Tu me loues tes truffes pendant trois ans et l'argent est à toi. Crois-moi, avec ce que j'ai compté, tu ne devrais pas être obligé d'en rajouter beaucoup pour l'avoir, cette charrette !

Arnaud se raidit, stupéfait.

– Miladiou ! Tu sais bien que je donne mes truffes à Barbaste depuis toujours ! Depuis mon propre grand-père, on les loue à la famille Randon !

– D'accord, d'accord, Joseph. Seulement je ne pense pas qu'il t'en donne le tiers de ce que je t'en offre. En plus je te paie trois ans d'un coup, ça fait une somme !...

– Tu ne comprends pas : il ne s'agit pas d'argent, je suis en train de te dire que les truffes des Arnaud aux Randon, c'est héréditaire ! Une question d'honneur !

– Écoute, plaida Ficelle, je te propose une affaire : une belle somme pour louer tes truffières, c'est tout... À toi de voir où est ton intérêt !

Il se fit un profond silence. D'un coup, Joseph devint tout rouge. Il se leva, abattit son poing sur la table, renversant les verres, faisant vaciller la bouteille, dispersant les billets.

– Joseph ! cria Béatrice.

– Ah ! Sacré nom de Dieu, tu avais tout combiné, hein ? Tu m'as espionné ? Tu savais qu'aujourd'hui j'irai voir une charrette ?

– On m'a dit que tu devais...

– Si, si, tu le savais ! Tu t'es dit : té, c'est je jour où jamais d'aller embrouiller le père Arnaud qui doit avoir besoin de sous... Apprends, sourcier de malheur, que je n'ai qu'une parole, quand je l'ai donnée, je n'y reviens plus !

Les deux hommes se trouvaient face à face, penchés au-dessus de la table, le visage cramoisi, sous l'œil inquiet des deux femmes.

– Eh bien, garde-la, ta vieille *cranque* ! Je te propose une somme inespérée pour un marché correct et tu m'engueules !...

– Va faire ton marché avec quelqu'un d'autre, hurla Joseph. Je ne me fâcherai pas avec les Randon pour traiter avec un magouilleur, tu entends ?

Ficelle se hâta de ramasser son argent, il répliqua :

– Magouilleur ? Apprends que je suis un honnête homme. Je te propose un marché avantageux : si tu n'en veux pas tant pis pour toi, mais cela ne te permets pas de m'insulter !

En se dirigeant vers la porte, il laissa tomber, hargneux :

– En tout cas, si un jour tu verses, ce n'est pas moi qui viendrai te donner un coup de main !

– Je n'ai pas besoin de ton aide ! hurla Joseph.

Sous l'emprise de l'alcool et de la colère, il ne se contrôlait plus. Il fit le tour de la table et s'approcha de Ficelle.

– Joseph ! hurla Béatrice.

Elle se jeta contre son homme afin de s'interposer et Ficelle, furieux, en profita pour sortir en claquant la porte.

– Arnaud va t'asseoir, intima Béatrice. Tu as trop bu !

Son mari se laissa tomber sur une chaise, la tête lourde, le visage violacé. Son gosier le brûlait d'avoir tant crié ; il fallait qu'il boive un coup ! Il n'en eu pas le temps. Comme il tendait la main, Béatrice, vigilante, rafla la bouteille de pastis et alla la cacher.

– À midi tu boiras de l'eau ! Il faut que tu aies les idées claires cet après-midi, décréta-t-elle.

Colette partit dans sa chambre et se jeta sur le lit où elle se mit à pleurer à chaudes larmes. Il lui paraissait certain que la grave dispute entre son père et celui de Pierre anéantissait définitivement tous ses projets et compromettait leur avenir.

Maintenant, comment Pierre pourrait-il parler d'elle à son père ? Cette pensée la plongea au comble du désespoir et il fallut toue la tendresse de Béatrice, venue la rejoindre, pour calmer ses sanglots.

– Allez, souffla sa mère, va te laver la figure et coiffe-toi un peu. Il ne faut pas que ton père te voie dans cet état ; il pourrait deviner et ce n'est pas le moment...

Assise devant sa porte, Élodie épluchait des légumes lorsqu'elle aperçut Ficelle venant de la Borie. Étonnée, elle l'observa. Il marchait vite, la casquette en bataille, brassant l'air avec de grands gestes désordonnés. Elle murmura, avec une moue de satisfaction :

– Tiens, le Ficelle a l'air drôlement en colère !

Très vite, elle déménagea seau, légumes et chaise et vint se poster en bas des marches, juste au bord du chemin. Le sourcier arrivait, le visage congestionné.

– Eh bien ! On dirait que ça n'a pas l'air d'aller ?

Complètement perdu dans ses pensées, Ficelle n'avait pas vu Élodie installée en sentinelle au bord du sentier. Il tomba en arrêt devant elle, le regard mauvais :

– Qu'est-ce que tu fous au milieu de la route ? Tu ne peux pas peler ta soupe chez toi ?

– Je pèle ma soupe où je veux, malpoli. Je m'inquiète de ta santé et tu me parles comme ça ! Tu es contrarié ?

Trouvant enfin un exutoire à sa colère, Ficelle s'écria :

– Toujours à espionner les autres à ce que je vois, vieille chèvre ?

– Dis donc *gougnafier*, comment tu me parles ?

– Je te demande de t'occuper de tes fesses, sorcière !

– C'est l'Arnaud qui t'a mis dans cet état ? Bien fait pour toi, menteur, fanfaron ! Ah, je suis bien contente que le Joseph t'ait fait ton compte ! Je me demande bien ce que tu combinais en allant le voir ?

Au paroxysme de la colère, Ficelle se pencha, le souffle court, et leva une main menaçante :

– *Voles que te balhe un parelh de mostachons*[1] ?

Élodie se leva en brandissant son seau :

– *Eh ieu, te balhe un cop de ferrat*[2] !

Ficelle hésita ; une lueur de bon sens se faufila jusqu'à son cerveau enflammé et il se rendit compte du spectacle ridicule qu'ils donnaient. « Il ne manquerait plus que quelqu'un vienne à passer ! » songea-t-il. Dédaigneux, il haussa les épaules, fit demi-tour et maugréa en s'éloignant :

---

1. *Tu veux que je te donne une paire de gifles ?*
2. *Et moi, je te donne un coup de seau !*

## La diablerie de Ficelle

– Va au diable, vieille folle.
– Vas-y toi-même, aveugle stupide ! écuma Élodie. Surveille un peu ton fils, imbécile ! Tu te rendras compte qu'il y en a de plus jeunes et plus jolies que moi qui en jettent, des sorts. Demande un peu à Pierre ce qu'il faisait l'autre jour aux Mazets, avec la Colette...

Ficelle s'arrêta net. Il hésita, regarda la bergère puis repartit à grandes enjambées sans dire un mot, l'air préoccupé.

Pierre attendait avec anxiété le retour de son père. Quand il le vit entrer, le visage fermé et la mine courroucée, il n'eut aucun doute sur l'issue de la démarche.

– Ça ne s'est pas bien passé ? Je te l'avais dit !...

Ficelle jeta un regard irrité à son fils et cria, en brandissant un poing vengeur :

– Toi, ne commence pas, hein ? Ah, le salaud !
– Tu peux quand même m'expliquer ?

Ficelle s'assit, se versa un grand canon qu'il but d'un trait et déclara en fulminant :

– Tu sais quoi ? Arnaud prétend que ses truffes sont réservées à la famille Randon par hérédité. Par HÉRÉDITÉ, tu entends ? En plus, il m'a pratiquement mis à la porte de chez lui. Ah ! Le cochon, il me le paiera !

– Alors tu t'es fâché avec le père de Colette ? bégaya Pierre.

– Fâché ? J'aurai ma revanche, crois-moi !

– C'est pas grave, vous vous êtes un peu énervés...

– Comment ? Je lui offre une affaire inespérée, il me fout à la porte comme un malpropre et tu dis que ce n'est pas grave ! Tu le défends ? Ah, je comprends... Qu'est-ce que tu faisais l'autre jour aux Mazets avec Colette ?

Stupéfait, Pierre resta muet. Comment son père pouvait-il être au courant de cette rencontre ? Il revit Élodie penchée sur le parapet et comprit...

– Je t'ai posé une question, j'attends !

Pierre ne voulut pas mentir :

– Nous avions rendez-vous !

– Donc, tu fricotes avec cette petite ! C'est pour s'amuser ou c'est sérieux ?

– Je ne fricote pas avec elle, papa. Je l'aime et je veux l'épouser.

– Tiens, tiens, j'en apprends des choses aujourd'hui ! Tu comptais peut-être te marier sans m'en parler ? Mon avis ne t'intéresse pas ?

Pierre s'assit en face de son père et lui dit calmement, en le regardant bien droit dans les yeux :

– Papa, il n'y a pas encore une semaine que je suis revenu du service militaire ! Avant l'armée, il était trop tôt pour en discuter. Justement je voulais qu'on en discute ce soir.

– Quelle coïncidence ! Et tu crois qu'Arnaud va laisser filer sa fille unique à Paris ? Parce que si tu veux l'épouser, je suppose que tu voudrais partir avec elle ?

– Exactement !

Ficelle se leva et déclara, solennel :

– Mon fils, écoute-moi bien. Je suis fâché avec Joseph, mais je n'ai rien contre cette petite. Toutefois, il n'est pas question de briser ta carrière pour elle. Si ses parents la laissent partir, il n'y aura pas de problème, sinon tu ne te marieras pas avec elle. Un point c'est tout !

– Si ses parents ne la laissent pas venir avec moi, je resterai ici, dit Pierre fermement.

Ficelle, sidéré par cette première vraie rébellion de son fils, explosa. Il laissa tomber d'une voix solennelle :

– Cela ne risque pas d'arriver, c'est moi qui te le dis : sinon, tu ne mettras plus les pieds dans cette maison ! Tu as compris ? La discussion est terminée.

Il se leva et, avant de monter au grenier ranger ses sous, soulagea sa colère en donnant un grand coup de pied dans l'échelle qui grinça lugubrement.

– Saloperie de sornettes ! s'exclama-t-il. Ah ! On m'y reprendra à retourner ma veste pour conjurer le mauvais sort !

## VII

## Le curé, le braconnier et les pandores

– *M**ES BIEN CHERS FRÈRES, PRIONS : Oh ! Dieu dont la miséricorde est sans mesure et la bonté infinie...*
– *Oh, Dieu dont la miséricorde est sans mesure et la bonté infinie...* reprit l'assistance.

Du haut de la chaire, monsieur le curé aimait commencer ses sermons par une prière. Cela lui laissait le loisir, pendant que ses ouailles répétaient ses paroles, d'observer l'assemblée avec un plaisir chaque fois renouvelé. Comme tous les dimanches, l'église était bondée...

– *Nous vous rendons grâce des bienfaits que nous avons reçus...*
– *Nous vous rendons grâce...*

Le gris et le noir, couleurs traditionnelles des habits du dimanche, dominaient. On distinguait toutefois les taches plus gaies des robes et des chapeaux des demoiselles et il montait aux narines du prêtre l'agréable parfum de l'aspic[1] qui garnissait les armoires et les commodes de toutes les familles. Amusé, l'abbé constata que son église était bien ordonnée : les enfants de part et d'autre du chœur ; les femmes dans la nef, les hommes à la tribune. Chacun gardait sa place habituelle...

– *Et nous conjurons Votre clémence de ne jamais abandonner ceux...*

– *Et nous conjurons...*

Monsieur le curé avait un visage rond, aux joues légèrement tombantes, un regard doux et bienveillant et des cheveux noirs, sagement séparés par une raie sur le côté. Tout, chez lui, dénotait la plus grande bonté. Pourtant, sous une apparence frêle, c'était un homme énergique et de caractère, sachant à l'occasion faire preuve d'autorité. Il tenait un rôle éminent dans cette paroisse d'une centaine d'habitants qui ne comptait qu'une seule famille protestante. Tout le monde l'aimait et le respectait car il n'était pas de ces prêtres qui, dans l'intimité du confessionnal, cherchent avec délices à pénétrer les secrets inavouables ou à demander compte des péchés de la chair. Il lui importait avant tout de savoir si l'âme était toujours face à Dieu. Pour le reste, il se préoccupait seulement d'être près de ses fidèles afin de les soutenir dans

---

1. *Lavande sauvage.*

les difficultés et les aider du mieux qu'il pouvait. On ne lui connaissait qu'une faiblesse : il aimait un peu trop la *goutte*[1], ce qui lui jouait parfois des tours. Pourtant loin de le desservir, ce petit vice le rendait plus sympathique encore. Ainsi était-il l'invité d'honneur des communions, des mariages et de toutes les fêtes familiales. Il vivait avec sa sœur, Alice, une sainte femme qui lui servait de bonne à tout faire.

– *Mes bien chers frères, je voudrais aujourd'hui, en ce huitième dimanche après la Pentecôte, vous parler de la foi en Notre-Seigneur Jésus-Christ... En ce temps-là, Jésus dit cette parole à quelques-uns de ses disciples qui mettaient leur confiance en eux-mêmes comme étant juste...*

Les femmes, attentives et recueillies, écoutaient, tête baissée. Les enfants, exposés à la vue de tous, se trouvaient dans l'obligation de se tenir sages ; mais, comme tous les dimanches, cela se passait moins bien à la tribune. Il y avait ceux qui, anticipant en quelque sorte le repos dominical, somnolaient, la tête penchée sur le côté ; il y avait les bavards qui parlaient de choses et d'autres et les distraits qui rêvassaient. On entendait ici et là :

– Regarde Élodie, son fichu est tout de travers !
Ou encore :

---

1. *Alcool de vin ou de marc de raisin.*

– *Benjamin, me donaras d'adjuda per dalhar mon prat*[1] *?*
– *As dérabat tas tufenas*[2] *?*
Quand la rumeur s'amplifiait, l'officiant interrompait son sermon et tonnait :
– *Dominus vobiscum !*
– *Et cum spiritu tuo !* répondait la voix haut perchée des femmes.
Surpris, les bavards se taisaient, les dormeurs se réveillaient, les distraits écoutaient. Le curé pouvait reprendre :
– *Deux hommes montèrent au temple pour prier : l'un était pharisien, l'autre publicain. Le pharisien, se tenant debout, priait pour lui-même...*
Pierre n'écoutait pas. Il était triste et malheureux. De temps à autre, il observait son père à la dérobée. Ficelle et Arnaud, sans en avoir l'air, se jetaient des regards assassins. Accablé par cette brouille, le jeune homme tournait alors son regard vers la nuque de Colette, sagement assise à côté de sa mère. Il la trouvait fragile et vulnérable. Un fichu de couleur claire cachait ses cheveux, mais quand elle penchait la tête il voyait la peau claire de son cou, là où il aimait tant poser ses lèvres. « Ah ! Misère de misère, comme j'aimerais être auprès d'elle ! » songea-t-il alors.

---

1. *Tu m'aideras à faucher mon pré ?*
2. *Tu as arraché tes pommes de terre ?*

## Le curé, le braconnier et les pandores

– *En vérité je vous le dis, celui-ci s'en retournera justifié, quant au pharisien...*

– « *En vérité je vous le dis à vous tous : j'aime Colette Arnaud, je veux l'épouser et vivre avec elle où que ce soit, que cela plaise ou non à nos parents !* » avait envie de crier Pierre. Les conversations reprenaient autour de lui. Portalès se penchait vers Ficelle :

– La fête votive, c'est dans quinze jours ?

– Oui, tout à l'heure, après la pétanque, il faudra qu'on discute pour savoir ce qu'on achète comme boissons. Et puis il faut ouvrir la...

– *Dominus vobiscum !* tonna le curé qui avait tout entendu.

– *Et cum spiritu tuo !* brailla Ficelle, honteux de ses préoccupations païennes.

Un murmure amusé parcourut l'assistance. Manifestement le Saint-Esprit avait déserté la tribune !

– *Mais le Tout-Puissant...*

Monsieur le curé se hâtait de conclure parce qu'il se rendait bien compte que l'attention diminuait : les vieux dormaient dans le fond de l'église, figés sur leurs bancs.

– *... Pour moi, je ne me mets pas en peine d'être jugé...*

Longtemps crispées dans leur ferveur, les femmes éprouvaient maintenant le besoin de bouger un peu, de se redresser.

– ... *Car bien que ma conscience...*

Les enfants se dissipaient, la tribune devenait plus bruyante encore...

– ... *Quiconque s'élève sera abaissé...*

Un léger grincement interrompit le curé qui jeta un coup d'œil surpris vers la porte d'entrée : stupéfait, il vit entrer Fernand Randon qui se faufilait vers l'escalier montant à la tribune. Le curé, indigné par cette intrusion, bafouilla :

– *Qu'est-ce que ?... Car quiconque s'élève...*

Les têtes se tournaient, on chuchotait. Il était de notoriété publique que Fernand Randon, communiste pur et dur, ne venait jamais à la messe !...

Maintenant, il régnait une grande agitation parmi les hommes. Le curé ne put s'empêcher de crier :

– Silence !...

Puis il se hâta de conclure :

– Maintenant... Ô mon Dieu... Laissez aller vos serviteurs en paix...

La sortie de l'église se faisait lentement et en silence. D'habitude, il s'agissait d'un moment de détente rare : le seul de la semaine où l'on pouvait voir tout le monde. C'était des instants bénis où chacun avait l'impression d'appartenir à une seule et même famille et tout se passait d'ordinaire dans un joyeux désordre. Ce jour-là, il régnait un calme étonnant : il faut dire que pour quitter l'église, on devait passer entre six gendarmes formant une haie ! Ils laissèrent filer rapidement les vieux, les femmes et les enfants ; mais lorsqu'arriva le tour des hommes, ils se rapprochèrent afin de bien canaliser le mouvement. L'adjudant-chef Raynaud vit passer Martin et l'interpella :

– Monsieur le maire...

Martin s'approcha.

– Nous allons avoir besoin d'une pièce tranquille en vue d'un interrogatoire. Pouvez-vous nous ouvrir votre mairie, s'il vous plaît ?

Il avait volontairement parlé fort pour être entendu de tout le monde, augmentant le malaise général ; les gendarmes en mission à la sortie de messe, quel scandale ! Fernand arrivait, qui essayait de se dissimuler derrière Causse.

– Monsieur !

Raynaud le désigna du doigt.

– Moi ?

– Oui, vous. Vous allez nous accompagner à la mairie.

– Pourquoi ?

– Vous le verrez. Votre nom ?

– Fernand Randon.

– Je m'en doutais... dit l'adjudant-chef, visiblement furieux.

Puis, se tournant vers Causse :

– Et vous ?

– Causse.

– Je ne veux pas troubler ce lieu sacré en uniforme et dans l'exercice de mes fonctions. Voulez-vous dire à monsieur le curé de venir un instant, je vous prie ?

Causse retourna dans l'église et le curé arriva rapidement, la mine contrariée.

– Messieurs ?

L'adjudant le salua respectueusement :

– Je m'excuse de vous déranger, monsieur le curé. Voilà, nous avons attendu la sortie de la messe pour... enfin... Je suis désolé de vous demander cela : pouvez-vous m'affirmer qu'il ne reste plus personne dans votre église ?

– Il ne reste qu'un enfant de chœur qui m'aide à mettre de l'ordre à la sacristie.

– C'est bien ce que je pensais ! Euh... Il y a une fenêtre ou une lucarne qui donne vers l'extérieur dans cette sacristie ?

– Eh bien... Oui !

Raynaud hocha la tête et dit, comme s'il se parlait à lui-même :

– Et voilà comment les choses se sont passées !

Puis il ajouta :

– Dites-moi, vous avez l'air en colère, monsieur le curé ?

– Mon office a été un peu perturbé...

Les deux hommes se regardaient d'un air entendu.

# Le curé, le braconnier et les pandores

– Comme notre mission, monsieur le curé, comme notre mission... Je vous souhaite une bonne journée.

La pièce était petite et sobrement meublée. Une grosse armoire, une simple table surchargée de paperasses et l'inévitable portrait du président de la République. Assis face à face de part et d'autre du bureau, Fernand et l'adjudant-chef s'observaient.

– Donc, vous vous appelez Fernand Randon et vous êtes le frère de Clovis, celui que tout le monde appelle Barbaste ?

– Oui.

– Gonzalès, asseyez-vous et notez les déclarations du témoin.

Malgré lui, Fernand était impressionné et la présence hostile des quatre autres gendarmes dans son dos augmentait son malaise. Raynaud resta un moment silencieux. Son attitude laissait planer une menace : cette fois, il n'avait pas l'intention de s'en laisser compter. Il se leva lentement et, les mains posées à plat sur le bureau, il se pencha vers Fernand qu'il dominait de toute sa taille :

– Pouvez-vous m'expliquer, monsieur Randon, ce que vous aviez de si important à faire à l'église pour aller troubler le déroulement de la cérémonie cinq minutes avant la fin de la messe ?

Fernand observa le visage sanguin du gendarme et bafouilla :

– Euh... J'étais en retard. Je ne voulais pas manquer complètement l'office...

L'adjudant laissa passer un bon moment avant de donner un grand coup de poing sur la table, ce qui éparpilla les papiers. Il cria :

– Vous me prenez pour un imbécile ?

– ...

– Alors ?

– Je vous l'ai dit, j'étais...

– En retard ! Monsieur Randon, sachez que je vous ai vu à plusieurs reprises au Vigan, le dimanche matin, en train de distribuer le journal du parti communiste aux terrasses des bistrots. Il semble que vous manquiez volontiers la messe, ces jours-là ? De plus, les gens qui adhèrent à ce parti fréquentent peu les églises, en général...

– Eh bien...

– Eh bien je vais vous aider : vous nous avez vus devant l'église et vous saviez que nous attendions votre frère qui, lui, ne manque jamais l'office d'après ce que l'on nous a dit. Alors vous êtes entré le prévenir de notre présence afin de lui permettre de s'enfuir. Le curé lui-même m'a confirmé qu'il existait une issue permettant de s'échapper, dans la sacristie. C'est bien cela ?

## Le curé, le braconnier et les pandores

Fernand n'en menait pas large. Il ne voulut pas nier plus longtemps l'évidence et acquiesça :

– Oui, je l'ai prévenu ; il s'agit de mon frère !

– Bon, voilà un point éclairci.

L'adjudant-chef se redressa et fit quelques pas avant de revenir brusquement vers Fernand :

– Monsieur Randon, qu'avez-vous fait dans la soirée de lundi ?

Fernand observa l'adjudant qui ne le quittait pas des yeux. Il répondit, sans détourner le regard :

– Avec ma femme, mon frère Benjamin et un couple d'amis, nous étions invités chez les Arnal. Nous avons joué à la belote...

– Tiens, cette fois vous n'hésitez pas ! Vous aviez préparé la réponse ?

– Non, je m'en souviens bien parce que ce n'est pas souvent que nous allons veiller chez quelqu'un, en été...

– Le nom du couple d'amis ?

– Les Portalès.

– Pialot et Seguin, allez voir si vous me trouvez Portalès et Arnal et ramenez-les ici. Benjamin, je l'ai déjà vu.

Les deux pandores n'eurent pas à aller loin pour trouver ceux qu'ils cherchaient : ils regardaient les deux parties de pétanque qui se déroulaient dans la rue principale. Inquiets, ils n'avaient pas voulu jouer.

L'adjudant-chef demanda à Fernand de s'asseoir contre le mur et fit installer Portalès et Arnal en face de lui.

– Gonzalès, notez les états civils de ces messieurs.

Pendant que le gendarme s'exécutait, Raynaud sortit avec ostentation une enveloppe bleue d'une sacoche sur laquelle on pouvait lire : CONVOCATION, puis il se mit à écrire sur une feuille de papier à en-tête de la gendarmerie. Sans lever la tête, il demanda négligemment.

– Monsieur Arnal, qu'avez-vous fait lundi, dans la soirée ?

Arnal se dandina un peu sur sa chaise, mais répondit calmement :

– J'avais envie de faire une belote. J'ai invité quelques personnes à passer une soirée entre amis.

– Vous êtes bien sûr qu'il s'agit de ce jour-là ?

– Oh ! Je ne peux pas l'oublier : l'après-midi, nous avions dû secourir un sourcier enterré dans une galerie écroulée...

– Ah ! Et vous, monsieur Portalès, vous participiez également à cette soirée ?

– Oui, avec ma femme.

L'adjudant se leva et, les mains dans le dos, tête penchée, fit silencieusement des va-et-vient derrière la table. Il se tourna enfin vers Portalès et Arnal et ricana :

– J'ai l'impression d'entendre une leçon bien apprise...

Puis, il s'installa à nouveau au bureau et dit :

– Connaissez-vous les conséquences d'un faux témoignage ? Je vous rappelle qu'un garde fédéral a été frappé dans l'exercice de ses fonctions et a porté plainte. Le juge pourrait se montrer sévère si je lui transmettais un rapport prouvant que vous avez menti...

Les trois hommes restaient silencieux. Le gendarme conclut, en détachant bien les mots :

– Nous allons continuer l'enquête. Souhaitez que je ne trouve pas un témoin ou un indice qui vous contredise, sinon...

Il tendit un papier à Benjamin.

– Monsieur Randon, vous transmettrez cette convocation à votre fantôme de frère pour qu'il vienne de lui-même s'expliquer à la gendarmerie. Dites-lui bien ceci : s'il ne se présente pas dans les meilleurs délais, il sera directement convoqué chez le juge, devrais-je l'y amener moi-même, menottes aux poignets... Messieurs, vous pouvez disposer.

Les parties de pétanque, habituellement si animées, se déroulaient dans un calme anormal et le silence se fit lorsque les trois hommes arrivèrent. À voir les têtes qu'ils faisaient, personne n'osa poser de question et il y eut comme un malaise que Ficelle tenta de dissiper :

– Bon ; la fête, on en parlera une autre fois. Il faudrait quand même faire publier demain matin que nous ouvrons une buvette, ça nous permettra de ramasser un peu des sous. Il va falloir bientôt acheter le mouton que nous mettrons en jeu aux quilles, les autres lots et les boissons. Tu te charges de prévenir Joseph, Benjamin ?

– Oui, ça va, j'irai le voir ce soir.

Les parties reprirent sans entrain. Par chance, des cris, des exclamations vinrent détourner l'attention des boulistes et des spectateurs qui levèrent les yeux pour découvrir un spectacle extraordinaire. Bijou, fraîchement étrillé, harnaché de neuf, un gros pompon rouge fixé sur la tête, approchait, menant une charrette presque neuve sur laquelle plastronnait Joseph Arnaud debout, les guides en mains, à la manière d'un empereur romain.

On posa vite les boules pour entourer l'équipage. On admira les roues et les ridelles peintes en vert, les cuirs cirés de frais et Bijou, qui redressait orgueilleusement la tête, partageant la fierté de son maître. Joseph expliquait, se rengorgeait, tout en cherchant Ficelle des yeux. Il lui jeta un regard de défi triomphant avant de s'exclamer :

– Messieurs, il faut arroser ça. Allez chercher de l'eau, j'ai de quoi...

Il sauta à terre, ouvrit le caisson d'où il sortit la bouteille de pastis et les verres que Béatrice avait préparés. Les exclamations de joie fusèrent. Joseph avait bien calculé son coup ! Au milieu de l'agitation, personne ne se rendit compte, à part son fils, que Ficelle s'esquivait discrètement. Pierre eut un petit pincement au cœur et courut derrière lui, essayant de le retenir par le bras :

– Papa, tu sais que je suis invité à manger chez Henri. Je peux aller m'excuser, ça m'embête de te laisser seul aujourd'hui ?

– Mais non, va manger chez tes amis. Ne t'inquiète pas pour moi...

Il eut un geste vague de la main et partit sous le regard désolé de son fils.

Pierre voulait réfléchir tranquillement, aussi ne rentra-t-il pas chez lui lorsqu'il prit congé d'Henri et de Yolande. En flânant, il s'éloigna du village et emprunta la route du Péras, là où la montagne culminait.

Arrivé à la cime, il s'assit dans l'herbe et se laissa aller à rêvasser. La vue s'étendait du mont Aigoual à la plaine du Languedoc et jusqu'aux lointains causses du Larzac, sur la droite. Pierre contemplait ce pays sans frontières, torturé et abrupt ; les fermes, les hameaux accrochés ici et là, les aires, écrasées de soleil à cette heure-ci. La nature semblait figée et le grand air, le silence environnant, l'engourdissait. Il respira l'odeur sucrée des genêts et une paix totale l'envahit.

Il réfléchissait qu'en deux mois beaucoup de choses pouvaient changer ; mais il fallait à tout prix qu'il ait un rendez-vous avec Colette afin de discuter de leur avenir. Cette idée le stimula. D'un bond, il se leva et consulta sa montre : dix-sept heures ! Vite, il devait aller se poster du côté de la fontaine *fresque*. Avec de la patience, il verrait forcément passer Colette allant chercher de l'eau : elle se chargeait toujours de cette corvée pour soulager sa mère.

Pierre s'était caché derrière un gros lierre qui masquait une muraille écroulée. Depuis une heure, il attendait en vain et commençait à se décourager quand il la vit venir, une cruche à chaque main. Il sortit de son abri et surgit derrière elle juste au moment où elle amorçait la pompe.

– Colette...

Elle ne l'avait pas entendu approcher. Surprise, elle sursauta.

– Pierre !

– Tu viendras, demain, à notre chêne ? Il faut qu'on discute.

Colette hésitait. Elle acquiesça enfin :

– Le matin, je me débrouillerai. Attends-moi vers dix heures.

– D'accord !

## Le curé, le braconnier et les pandores

Soulagé, il fit un geste et ébaucha une caresse ; mais elle s'écarta vivement en regardant autour d'elle avec inquiétude :
– Pars, si mon père nous voyait parler ensemble avec ce qui est arrivé hier !

## VIII

## Les tourments de Barbaste

Barbaste quitta le chemin charretier qui menait aux Aires de Delles. Peu après, il s'engagea dans le raccourci, à peine visible, qui escaladait le flanc du coteau en zigzaguant à travers les chênes, vers le Rancas. Malgré la chaleur étouffante, il montait rapidement, sans s'essouffler, ayant l'habitude des longues marches solitaires sur les sentiers escarpés. Le braconnier n'hésitait pas, même quand la végétation effaçait le chemin, preuve d'une connaissance parfaite du terrain. Il n'y avait pas un souffle d'air et le braconnier progressait dans un silence total.

Arrivé à un bouquet de grands buis, il s'engagea résolument sur sa gauche et atteignit bientôt une clairière au centre de laquelle se trouvaient les vestiges d'un ancien four à chaux. Il s'arrêta et observa attentivement le talus de terre ocre où ne poussaient que quelques touffes d'herbe rase. Il fut déçu : pas la moindre trace ni la plus petite crotte ! De loin, il regarda son piège calé à une branche basse et soupira. Il souleva sa casquette pour essuyer son front ruisselant, sortit son paquet de gris et se roula une cigarette qu'il alluma d'un coup de pouce à son briquet qui empestait l'essence. Le papier s'enflamma en grésillant, laissant échapper des escarbilles de tabac.

– Merde, maugréa-t-il entre ses dents tout en soufflant sa première goulée, ce n'est pas mon jour de chance !

Son œil bigleux se ferma et il eut une grimace de contrariété ! En fait, il venait de visiter en vain le quatrième piège posé la veille. Il ne lui en restait plus qu'un à voir, vers la Vidouce, de l'autre côté du serre.

– Que faire ? dit-il à voix haute en écartant les mains.

En grimaçant, il songea au gendarme Pialot. Il lui fournissait régulièrement un lièvre, des truffes ou des écrevisses. En retour, celui-ci lui avait fait sauter des procès à plusieurs reprises. Toutefois il s'agissait de petites choses : défaut de plaque de vélo ou d'éclairage et, à une occasion, trouble à l'ordre public en état d'ivresse. Accepterait-il, en échange d'un beau lièvre, de le renseigner sur ce que savait réellement l'adjudant-chef Raynaud ? Il fit la moue : il en doutait. Il pouvait quand même essayer, à condition d'avoir quelque chose à offrir... D'un geste brusque, Barbaste enfonça sa casquette et reprit son ascension vers le Rancas en marmonnant.

À la cime du serre, les arbres se clairsemaient, laissant la place aux touffes de thym, aux buis et aux cades pointus qui répandaient au soleil une odeur capiteuse. Il entendit un grand bruit et leva les yeux : un aigle, les ailes déployées, décrivait de grands cercles, à la recherche d'une proie.

Barbaste traversa rapidement cet espace dégagé et emprunta un sentier qui basculait sur l'autre versant. Tout à coup, il se pencha, ramassa quelques crottes fraîches et hocha la tête d'un air satisfait : « Cette nuit, le bossu est passé par là... » murmura-t-il. Toujours accroupi, il examina le sol où il avait repéré des empreintes sur la terre fine : il savait que c'était un *masclas*! Le mâle fait des crottes pointues, celles de la femelle sont plus grosses et plus plates. Ragaillardi, il avança à pas comptés le long du *faïsse* qui s'étirait au flanc de la colline, jusqu'à un escalier aux trois quarts écroulé. Au pied poussaient deux jeunes chênes dont les troncs étaient espacés d'une vingtaine de centimètres. Barbaste s'approcha, l'œil pétillant. Il avait posé son lacet entre les deux arbres et maintenant un superbe lièvre d'au moins huit livres était allongé sur le sol, comme endormi sur un lit de hautes herbes. Le braconnier sauta lestement au bas de l'escalier, s'agenouilla, défit le nœud coulant et caressa le capucin qu'il soupesa d'un air triomphant :

– Pialot, avec ça j'espère que tu m'expliqueras ce que je dois faire... mumura-t-il.

Il mit le lièvre dans sa musette et regarda son oignon : dix heures ! Il réfléchit et décida de descendre jusqu'au fond de la combe pour revenir au village par le sentier des Mazets. À cette heure-ci, c'était en empruntant ce chemin qu'il avait le moins de risque de rencontrer quelqu'un. Soulagé par la prise qu'il venait de faire, il reprit gaillardement son chemin à travers bois.

Barbaste ne se trouvait plus très loin de la route lorsqu'il entendit des voix... Brusquement alerté, il s'accroupit derrière un cade touffu et écouta, inquiet. Il échafaudait déjà une stratégie de repli lorsqu'il lui sembla percevoir une voix de femme. Rassuré, sa curiosité piquée au vif, il avança, courbé en deux ; il lui fallait savoir qui se trouvait là ! En écartant de hautes fougères qui lui faisaient écran, il découvrit un spectacle touchant : en contrebas, au pied d'un gros chêne, Pierre et Colette discutaient. Un sourire éclaira sa face de pirate et il s'éclipsa prestement, laissant les amoureux à leurs secrets...

Assise contre le chêne, Colette replia les genoux qu'elle entoura de ses bras et dit, l'air découragé :

## Les tourments de Barbaste

– Je ne vois pas ce qu'on peut faire maintenant. Ton père et le mien sont fâchés. Je me demande ce qui se passerait si on nous voyait ensemble !

Pierre allait et venait devant elle. Tête baissée, il réfléchissait. Il demanda :

– Tu as un peu discuté avec ta mère ?

– Oh ! Maman, il y a longtemps qu'elle a deviné ; elle est inquiète. S'il le faut, elle me défendra. Mais si mon père se bute...

– Pour moi c'est clair. J'ai prévenu le mien que si tu ne pouvais pas venir avec moi, je ne partirais pas.

– Bah, tu es un garçon, il faut que tu fasses ta situation.

– Réfléchis bien : pourquoi tu ne viendrais pas avec moi ? Les temps changent. Au Vigan, il y a longtemps qu'ils ont l'eau et l'électricité dans les maisons. Les femmes ont de beaux fourneaux. Ici, il faut tout faire cuire dans la cheminée ! On dit même qu'il y en a de plus en plus qui ont des douches ! Dans nos villages, on a trente ans de retard. À la ville, la vie est beaucoup plus facile !

Colette resta pensive un long moment.

– Peut-être, dit-elle ; mais mes parents n'ont que moi. Ils rêvent d'un gendre qui reprendrait la propriété. Si tu restais à Saint-Laurent-le-Minier, tu pourrais au moins les aider dans leurs vieux jours. Nous aurions des enfants que nos parents verraient grandir. Papa pourrait avoir l'espoir qu'un jour, il y en aurait un qui perpétuerait la tradition. Si je pars, pour eux ce sera comme une mort avant l'âge !

Pierre s'assit à côté de Colette et lui prit la main.

– Moi, mon père m'a élevé seul et m'a fait faire des études. Maintenant, sa fierté serait que je réussisse à avoir une belle situation. Pourtant s'il le faut, je me fâcherai avec lui. Mais quand même, La vie est moins pénible pour les femmes, à la ville ! Tiens, dans chaque quartier on trouve des écoles et des lycées. Ici, quand l'institutrice prendra sa retraite, on ne la remplacera pas parce qu'elle a trop peu d'élèves ; tu le sais ?

Malheureuse, Colette ne savait que penser. Elle se sentait prise entre deux mondes : celui de la tradition et celui du progrès. Entre deux hommes aussi, un qu'elle aimait, l'autre qu'elle chérissait ! Avoir quoi ? Un salaire, une cuisinière, une douche ? Cela lui paraissait dérisoire comparé à la vie libre qu'elle menait ici.

– Quitter le pays ? Pourquoi ? s'enflamma-t-elle. Aller vivre dans un appartement tout petit, loin de mes parents ? Dans une ville où nous ne connaîtrons personne que ferons-nous le soir, dans notre cuisine de dix mètres carrés ?

Ébranlé, Pierre ne savait que répondre. Il prit Colette dans ses bras puis, après un long silence, dit :

– Eh bien, écoute : ils me garderont ici ou je quitterai la mine. Parce que toi, je ne veux pas te perdre !
– Je ne sais ce qu'il faut faire... dit Colette, désemparée. Peut-être que tu devrais partir seul ? Si tu regrettais, plus tard...
Pierre prit une brusque résolution :
– Samedi pour la fête, on dansera et on se promènera ensemble. On ne se cachera pas ; nous verrons bien ce qui se passera...
– Je ne sais pas si c'est possible, hésita Colette. On verra...

Joseph s'impatientait. Il enfila les bretelles de son tambour qu'il cala sur son ventre, se saisit des baguettes et lança à Béatrice :
– À tout à l'heure, j'y vais.
– Bon, ne bois pas trop surtout...
Joseph ignora la remarque, sortit et s'engagea tout joyeux sur le chemin qui menait au village en faisant gaillardement retenir son instrument :
Ran tan plan... plan plan plan... plan plan plan plan...
Il adorait jouer du tambour, une vocation qui lui était venue par le plus grand des hasards au cours de son service militaire. Un jour, alors que sa compagnie est isolée une semaine pour des manœuvres, le soldat chargé de jouer du tambour soir et matin lors de la cérémonie des couleurs se casse

accidentellement le bras. Le capitaine, une espèce de baroudeur assez brutal, demande que l'on cherche un remplaçant séance tenante. Malheureusement, on ne trouve personne qui sache se servir de cet instrument, à la grande contrariété du gradé.

Le lendemain matin, Joseph, qui s'est trouvé de garde pendant la nuit et a eu la flemme de se raser, croise, par hasard, le capitaine qu'il salue, au garde-à-vous.

– Dites-moi, soldat Arnaud, vous ne seriez pas un peu artiste, vous ?

– Moi ? Je suis paysan cévenol, mon capitaine ! répond Joseph, interloqué.

– Tant mieux, vous devez avoir de bons bras. Dites-moi, cette barbe vous donne l'air un peu poète, vous devez aimer la musique ?

– Non... Non... Mon capitaine. J'ai fini la garde à six heures ce matin. Je n'ai pas eu le temps de me raser... bégaie Joseph, peu rassuré.

– Si, si. Je suis sûr que vous êtes doué pour la musique ! Ce soir, vous jouerez du tambour quand la garde montera les couleurs. Vous verrez, c'est facile, il suffit de taper fort !

– Ah non, mon capitaine, s'étrangle Joseph, je ne saurai pas !

Le capitaine le dévisage, l'air furieux, puis décrète :

## Les tourments de Barbaste

– Bon, tant pis pour vous : allez voir immédiatement le coiffeur de ma part et dites-lui de vous couper les cheveux à la longueur de votre barbe !

Affolé, Joseph s'entend répondre :

– J'essaierai de jouer, mon capitaine, j'essaierai de jouer...

– À la bonne heure, soldat Arnaud, et tachez de vous présenter dans une tenue impeccable. Rompez !

Ainsi, voulant sauver ses cheveux et ne pas ressembler à un bagnard, Joseph s'était retrouvé percussionniste de la compagnie ! Au début, il avait dû essuyer les sarcasmes et les railleries de ses camarades ; mais une passion venait de naître. L'entraînement acharné et l'adhésion à la fanfare du régiment avaient fait le reste.

Ran tan plan... Plan plan plan...

Arrivé au premier croisement de rues, Joseph y alla d'un long roulement qu'il fit durer à plaisir, se racla la gorge et annonça d'une voix forte :

– Avis : il est porté à la connaissance de la population que la *botte*[1] se tiendra les samedi, dimanche et lundi « en quinze » Ran tan plan...

– En conséquence, vous êtes informés qu'à partir d'aujourd'hui la buvette sera ouverte midi et soir dans la remise de Ficelle. Qu'on se le dise !

Ran tan plan...

---

1. *Fête votive.*

Satisfait, Joseph se dirigea vers un autre quartier annoncer une nouvelle connue de tous, surtout des buveurs, en songeant avec jubilation que, pour le prix de son travail, les verres qu'il boirait seraient gratuits !

– Tu viens encore de braconner ? Ta musette me semble bien garnie !

Stupéfait, Barbaste s'arrêta au milieu du chemin et regarda autour de lui : il ne voyait personne ! Il ne lui restait plus qu'une vingtaine de mètres à parcourir pour rentrer chez sa mère par la porte de la cave quand une voix tombée du ciel venait de le clouer sur place.

– En plus, tu rentres à ta maison par l'arrière ! Tu te caches ? ... reprit la voix.

– *Noum dé diou ! Qual parle*[1] *?*

– La justice, laissa tomber la voix.

Le braconnier examina les alentours ; au milieu du *cantou* qui jouxtait la maison s'élevait un énorme cerisier, propriété d'un nommé Mallet. La voix semblait venir de là. Remarquant une petite échelle posée contre le tronc, il s'approcha et, levant les yeux, grimaça : Élodie, juchée sur une branche basse, ramassait des cerises !

---

1. *Nom de Dieu, qui parle ?*

# Les tourments de Barbaste

– Comment tu as réussi à monter dans cet arbre avec ta patte folle ? demanda Barbaste, décontenancé.

– Comme j'ai pu, braconnier ! Tu crois que je suis une invalide ? Quand on file derrière les chèvres par tous les chemins, on peut grimper à une petite échelle !

– Et voler les cerises de Mallet ? Tiens, je vais aller le prévenir...

– Je m'en fous, j'ai la permission. Je suis une honnête femme, moi ! Tiens si je vois les gendarmes, je leur dirai que tu pièges en pleine fermeture puisque tu le prends comme ça. Déjà qu'ils te cherchent partout ! Ils finiront bien par te tomber dessus, va... C'est un lièvre que tu as pris ?

– Ça te regarde, espèce de vieille folle ?

– Bah ! La prison te rendra un peu plus poli.

Fortement contrarié, Barbaste se tourna légèrement de manière à dissimuler sa musette au regard soupçonneux d'Élodie et s'énerva :

– Va au diable, vieille carne !

– Bougre de gougnafier ! Ah ! Je suis bien contente que le Ficelle ait loué ses truffes au père Arnaud, siffla-t-elle.

– Qu'est-ce que c'est encore que ces bobards, sale commère ?

– Comme je te le dis ! Pas plus tard que samedi, je pelai ma soupe devant chez moi quand Ficelle est passé. Il venait de la Borie. Il n'a pas tout voulu me dire, mais je crois bien avoir compris que pour les truffes l'affaire était dans le sac ! mentit-elle. D'après ce que j'ai compris, il en donnerait plus du double que toi. Tu comprends bien que le père Arnaud sait où est son intérêt ! D'ailleurs dimanche, il faisait déjà le fier avec une charrette neuve...

Barbaste resta interdit puis, prenant une brusque résolution, s'avança et se saisit de l'échelle qu'il posa à terre.

– Tiens, tu te démerderas pour descendre, sorcière de malheur !

Et il s'éloigna sous les imprécations d'Élodie.

– Un soir de janvier, alors que l'on était à table avec mon fils, je me rends compte que ça sent la vinasse à plein nez ! Je dis : Pierre, quand tu es allé tirer le vin, tu as mal fermé le robinet !

– Non, papa, j'ai bien fait attention, qu'il me répond.

– Mais toi, tu ne sens rien ?

– C'est vrai que ça sent le vin ; pourtant je suis sûr d'avoir fermé le robinet !

– Je vais à la fenêtre, j'ouvre : pas de doute ; l'odeur empestait ! Je prends la lampe électrique et je descends. Ah ! Mes amis, quel spectacle ! Té, rien que d'y penser, ça donne soif. Robert, sers une tournée sur mon compte...

## Les tourments de Barbaste

Quand Barbaste entra dans la remise-buvette, Ficelle, à son habitude, pérorait au milieu d'un auditoire attentif et rigolard. On avait disposé quelques planches sur deux tréteaux en guise de comptoir. Benjamin et Portalès « tenaient » le bar ; le pastis coulait à flots. L'esprit en feu, il s'installa à l'écart, commanda et avala son verre d'un trait, le regard fixé sur Ficelle.

– Qu'est-ce que tu as vu d'extraordinaire ? demanda Benjamin.

Une lueur de gaieté au coin de l'œil, Ficelle mastiquait sa chique. D'une grimace, il la fit passer d'une joue à l'autre, but un coup et laissa tomber en secouant la main :

Un drôle de tableau !

Barbaste se fit resservir. « *Pardi, se dit-il en songeant à ce que lui avait dit Élodie, Arnaud avait besoin d'une charrette neuve ; ça coûte ! Tiens, j'y pense, l'autre jour, j'ai vu Ficelle qui se promenait du côté de la Borie... il faisait le tour du propriétaire !* » Il chercha Joseph des yeux et l'aperçut au milieu du groupe, la mine réjouie, le verre à la main.

« *Ce salaud a l'air bien content de lui !* »

– Vous voyez, là, derrière il y avait l'écurie au cochon, continuait Ficelle en montrant une porte vermoulue. Et ici, c'était la cave.

– Un autre pastis, Benjamin ! dit Barbaste.

Benjamin le dévisagea, surpris de voir à quelle vitesse son frère avalait les verres. Il remarqua qu'il était pâle et clignait nerveusement la paupière de son œil qui louchait. Il s'inquiéta, se demandant ce qu'il avait encore après Ficelle.

Perdu dans ses pensées, Barbaste ne se rendit compte de rien, pas plus qu'il n'écoutait l'histoire du sourcier. Il se disait : « *Arnaud n'avait pas assez de sous, il en a parlé à Ficelle qui, trop content de me jouer un tour de cochon, lui a loué ses truffes contre une grosse somme. Et avant, il a fait le tour des truffières pour voir si ça valait le coup ! Quel couillon j'étais quand j'ai trinqué à la charrette neuve !* »

– Encore un pastis, Benjamin.

– Frère, il y aura à boire pour tout le monde, ralentis un peu la cadence ! dit Benjamin, agacé.

– Alors, cette odeur de pinard, d'où ça venait ? demandait Causse.

– Eh bien, figurez-vous que le cochon, une bestiasse d'au moins cent quatre-vingts kilos, a soulevé la porte en passant son groin par en dessous. Il est entré ici et a dû donner un coup de cul au tonneau d'où on tirait. Vous pensez, le robinet a cassé net et voilà au moins cinquante litres de bon pinard qui se sont vidés !

– La terre a bu ! dit Portalès.

– Non, pas la terre, le porc ! Le salaud a tellement picolé que, quand je suis arrivé, il gisait les quatre pattes en l'air au beau milieu de la cave. Et il ronflait !...

Benjamin provoqua l'hilarité générale :

– Bref, il était saoul comme un cochon !

– Qu'est-ce que tu as fait ? demanda Causse.

– J'ai appelé Pierre, mais on n'a pu lui faire bouger ni pied ni patte ! Alors, vu son poids, on l'a laissé sur place...

Barbaste se faisait encore resservir tout en songeant : « *J'irai quand même ramasser les truffes. Merde elles étaient déjà à mon grand-père !* »

– Et après ? interrogea une voix.

– Pendant trois jours, il n'a rien voulu manger. Je ne savais pas quoi faire. Je me disais : s'il crève, est-ce que la viande sera encore bonne ? Je lui faisais des soupes légères avec beaucoup de verdure, de la menthe... Je voulais lui dégager le foie ! Rien à faire, à peine s'il buvait un peu...

Barbaste ruminait dans son coin. « *Miladiou, Arnaud et Ficelle me prennent pour un con !* » Il poussa son verre vide vers Benjamin ; la colère l'étouffait. Portalès demanda :

– Il s'en est quand même remis ?

– Eh bien figurez-vous qu'il m'a fallu attendre quatre jours avant qu'il mange à nouveau sa pâtée. Je n'ai pas attendu pour voir s'il allait reprendre le poids perdu : le lendemain, je l'ai saigné !

– Bref, tu l'as guéri pour le tuer ! remarqua Benjamin.

Un éclat de rire général secoua l'assistance. Seul Barbaste restait de marbre. Il n'avait rien entendu sauf qu'il s'agissait vaguement d'une histoire de cochon saoul. Il attendit que le silence revienne pour laisser tomber :

– Il y a des cochons qui boivent du vin comme les hommes et des hommes qui se conduisent comme des cochons.

Un grand silence se fit, on se tourna vers l'importun. Très pâle, Barbaste fixait méchamment Ficelle qui, écartant le cercle des spectateurs, s'approcha, le visage cramoisi. Inquiet, Benjamin surveillait son frère qui venait de prononcer des paroles graves. Un malaise s'installa. On venait brusquement de passer du rire à l'inquiétude. Ficelle cracha un long jet de chique aux pieds de Barbaste et lui dit, les yeux dans les yeux :

– Dis donc, c'est à moi que tu parles ? Tu m'as l'air un peu énervé, peut-être que tu as bu un peu trop de pastis ?

Le braconnier regarda lentement autour de lui puis fixa à nouveau Ficelle et dit, provoquant :

– Je ne vois pas d'autre cochon que toi, ici, voleur de truffes !

– Cochon, voleur ! Tu sais que tu m'insultes dans ma propre maison ?

Il régnait soudain un grand silence. La tension monta d'un cran.

Les tourments de Barbaste

– Et les truffes d'Arnaud ? Combien tu les as payées pour qu'il s'achète une charrette neuve, salaud ?

Les deux hommes étaient dressés l'un contre l'autre. En entendant parler des truffes d'Arnaud, le visage de Ficelle était devenu d'une fixité inquiétante. Brusquement, le souvenir de la scène avec Arnaud et Élodie lui revenait en mémoire. Joseph aurait-il parlé ? Tout se brouillait dans sa tête. Il recula légèrement et, sans plus de discussion, envoya de toute la force de ses quatre-vingt-dix kilos son poing dans la figure de Barbaste. Surpris, celui-ci tomba à la renverse et, dans sa chute, se cogna la tête contre une caisse de bière posée le long du mur. Le choc fit un bruit sinistre. L'instant d'après, Barbaste, inconscient, gisait sur le sol serrant dans la main, comme un trophée dérisoire, un morceau de la chemise de Ficelle qu'il avait arraché dans sa chute. Une petite tache de sang apparut et s'élargit sous son crâne. Effrayé, Ficelle se mit les mains sur la tête :

– *Es pas possible, l'ai tuat, l'ai tuat,* se lamenta-t-il.

Benjamin se précipita sur son frère inanimé. On fit cercle, l'angoisse gagnait maintenant les spectateurs.

– Laissez-moi passer, laissez-moi passer ! hurla Causse.

Vite, on s'écarta devant le secouriste qui défit la ceinture de Barbaste et plaça son oreille sur son cœur.

– Il vit ! annonça-t-il en se redressant. Il n'est qu'évanoui !

Un immense soupir de soulagement s'échappa de toutes les poitrines. Causse souleva la tête de Barbaste, examina la blessure et commanda :

– De l'eau-de-vie...

On lui tendit une bouteille et il en aspergea généreusement le crâne de la victime. Quelqu'un tendit un blouson plié en quatre qui servit d'oreiller. Causse souleva les paupières du blessé et tous constatèrent, impressionnés, que Barbaste avait les yeux complètement révulsés. Il semblait même que l'œil qui guignait avait basculé dans son orbite et que le braconnier se regardait à l'intérieur de lui-même ! Causse lui massa doucement les tempes. Toute l'assistance, angoissée, était suspendue au souffle du blessé. Cependant, on avait l'impression que, peu à peu, le regard reprenait vie. Barbaste bougea un peu, voulut relever la tête et fit une grimace. Il contempla, étonné, le morceau de chemise qu'il avait en main et, tournant légèrement la tête, aperçut le visage de Ficelle, décomposé par la peur. Il déclara, d'une voix faible mais menaçante :

## Les tourments de Barbaste

– *Vesses Ficelle, méfie té ; un jorn, ti ferai la pel*[1] !

Benjamin et Portalès attrapèrent Barbaste et l'assirent sur une chaise pendant que les spectateurs tournaient les talons, gênés d'avoir entendu des paroles aussi graves et définitives. Toutefois, avant de partir, ils eurent tous le temps d'entendre Arnaud dire à haute voix :

– Tu te trompes, Barbaste. Mes truffes sont toujours à toi et ma charrette je l'ai payée avec mes sous !

Ahuri, le braconnier regardait Joseph sans comprendre. Tout se brouillait dans sa pauvre tête meurtrie, aussi préféra-t-il défaillir à nouveau.

---

1. *Tu vois, Ficelle, méfie-toi ; un jour, je te ferai la peau !*

## IX

## Le sourcier dans ses œuvres

– ALORS, TU CROYAIS que contre un lièvre Pialot accepterait de devenir ton complice ? Eh bien, puisqu'il n'en a pas voulu, je n'en veux pas non plus ! Reprends ta bête.

Laurent, qui venait de se lever, contemplait un spectacle étonnant. D'abord la cuisine sens dessus-dessous, placards vidés, table surchargée de vaisselle, rideaux enlevés. Ensuite sa grand-mère, manches retroussées, manifestement très énervée et qui s'agitait au milieu de ce grand désordre. Enfin son oncle Barbaste, debout devant la table, la mine renfrognée et l'air ridicule avec ses pantalons serrés aux chevilles par des pinces à vélo ! Il tendait en vain à bout de bras un sac de toile d'où dépassait une patte de lièvre...

– Nous le mangerons en famille, je le préparerai moi-même !

Mathilde croisa les bras sur sa poitrine et déclara :

– Non ! Tu cuisineras un lièvre le jour où tu en auras tué un à la chasse. Je ne veux pas du produit d'un larcin qui était destiné à acheter les faveurs d'un gendarme. Si tu n'as pas de principe, moi si !

Barbaste s'énerva. Il fronça les sourcils et tapa du poing sur la table. Secouées, les casseroles et la vaisselle s'entrechoquèrent dans un grand tintamarre.

– *Miladiou*, je ne vais quand même pas le jeter !

Ce vacarme effraya Mathilde qui, les mains sur la tête, se mit à marcher en marmonnant :

– Jeter des sorts, oui ! Je l'ai vu dans l'écurie, quand j'ai sorti la chèvre ce matin. Ah ! Le salaud... Il fera revenir les gendarmes, va !

Barbaste tourna les talons et sortit en claquant la porte.

Peiné de voir sa grand-mère dans cet état, Laurent n'osait bouger. De plus, avoir vu son oncle se faire gronder devant lui comme un vulgaire chenapan le mettait mal à l'aise. « Je ne veux pas du produit d'un larcin ! » avait dit fermement Mathilde. Quelle différence avec l'homme qui l'émerveillait de ses histoires de chasse et dont la science de la pêche aux écrevisses avait enflammé son admiration !

Pourtant, Barbaste s'était montré violent avec sa mère, assez pour la faire radoter. Choqué, Laurent ne savait que penser, se demandant quel genre d'homme pouvait bien être son oncle...

Tout en bougonnant à voix basse, Mathilde retrouvait son calme. S'emparant d'un bol, elle débarrassa un coin de table pour servir le petit déjeuner à Laurent qui vint s'asseoir silencieusement. Il attendit d'avoir avalé son bol de lait tiède avant de demander :

– Qu'est-ce que tu fais, mémé ?

– Je fais le grand ménage, pardi ! La fête approche et nous aurons beaucoup d'invités, il faudra que la maison soit impeccable.

– Tu as encore le temps !

– Boudiou ! J'ai beaucoup à faire...

– Il y aura plus de monde que l'an dernier ?

Mathilde se concentra puis compta sur ses doigts :

– J'ai fait savoir par le facteur à ta grand-tante Juliette de venir avec sa famille, ça fait cinq. Le cousin Antoine du Vigan et sa femme, ça fait sept. Ensuite, ton oncle Benjamin invite Alphonse, son copain de régiment d'Aulas, sa femme et sa fille, ça fait dix. Enfin tes parents et nous, ça fera quinze !

– Ils vont tous rester coucher ?

Mathilde s'impatientait :

– On préparera le pailler pour les hommes. Allez, mange ta soupe et tu pourras aller t'amuser. J'ai du travail...

Laurent finit son assiette. Il aurait aimé poser des questions sur son oncle, mais il n'osa pas.

Barbaste sortit satisfait de chez Arnal : il venait enfin de caser son lièvre. Mieux, la maîtresse de maison l'avait invité le lendemain soir. Sans vergogne, il s'était présenté chez eux en disant :
– Arnal, ton témoignage a sorti mes frères et Portalès d'affaire, ça méritait que je pense à toi...
Disant cela, il clignait de son œil bigleux. Arnal cassait la croûte. Confus, il s'excusa presque :
– Tu m'as déjà rendu service... Nous sommes quittes...
Barbaste l'avait interrompu, grand seigneur :
– Laisse, laisse, cela me fait plaisir ! Allez, à demain soir...
Et il était parti, ravi de sa supercherie. Comme il s'apprêtait à enfourcher son vélo, il entendit un bruit de moteur ; Ficelle passait au volant de sa camionnette. Barbaste s'immobilisa : il n'en aurait pas juré, mais il lui semblait avoir entendu le sourcier chanter. Ficelle se foutrait-il de sa gueule ? Une bouffée de colère lui monta à la gorge et il leva un poing vengeur en direction de la camionnette.

*Tant qu'il y aura des étoiles,*
*Sous la voûte des cieux...*

Ficelle fredonnait. Arrivé aux Aires, il tourna vers Saint-Laurent-le-Minier.

*Y aura, dans la nuit sans voile,*
*Du bonheur pour les gueux...*

Un instant, il songea à ses récents démêlés avec Joseph, Élodie et Barbaste mais il chassa vite ces mauvaises pensées d'un haussement d'épaules. Aujourd'hui, rien ne pouvait l'atteindre : il avait un rendez-vous très important à La Vernède et bientôt il aurait sa revanche...

– Quelle chance que ce maire ait fait appel à moi ! s'exclama-t-il à voix haute. Ah ! Je suis un drôle de sourcier ? Eh bien je vais leur montrer de quoi je suis capable...

Il consulta sa montre :

« Parfait, vers neuf heures, je serai à La Vernède ».

Il sourit en imaginant tout ce qu'il aurait à raconter le midi, sur la place, s'il réussissait...

« Un grand couillon qu'il a dit, Martin ? Attends un peu, on verra si je me vante... Ils vont tous en rester sur le cul ! » Il se pencha à la portière, cracha sa salive jaune par le tabac et recommença à chanter de plus belle.

*Nous les gars sans fortune...*

Arrivé au virage de la Vidouce, Pierre descendit de bicyclette et s'essuya le front d'un revers de main, puis il prit son vélo par le cadre et alla le cacher à l'endroit habituel, derrière un chêne vert. À peine eut-il le temps de faire quelques pas dans le sentier qui menait au chêne que la voix familière de Colette l'interpella :
– Tu es en nage, Pierre !
– Eh, sept kilomètres de côte à vélo avec la chaleur qu'il fait, ça réchauffe ! remarqua Pierre en l'embrassant. Tu me surveillais ?
– D'ici, on voit venir de loin...
– On va s'asseoir ?
– Allez... Qu'est-ce qu'on t'a dit à la mine ?
– C'est Pouget, le chef de bureau, qui m'avait convoqué. Il voulait juste me prévenir qu'avec les congés annuels il me fallait reprendre le travail dès lundi. Je m'en doutais.
– C'est tout ?
– Non, je lui ai demandé si le directeur avait laissé des consignes : il n'est pas au courant, sauf qu'il doit rentrer bientôt...
– Ah ?
– Pouget n'est que le chef de bureau...
Ils marchèrent un long moment en silence puis, comme ils arrivaient au pied de leur arbre, Pierre demanda :
– Et toi, tu as parlé à ta mère ?
– Oui...

– Et alors ?
– Elle réfléchit. Elle ne peut rien dire pour l'instant, il n'y a pas assez longtemps que mon père et le tien se sont fâchés. En ce moment, sa nouvelle charrette le rend heureux, il va jouer dans l'orchestre pour la fête. Elle préfère lui laisser le temps de se changer les idées.
– Moi, mon pater ne parle pas beaucoup ces jours-ci. Il est de mauvais poil avec toutes ces histoires ! En plus ça fait plusieurs fois qu'il part toute la journée sans me dire où il va, je trouve ça bizarre. Pourtant ce matin, il avait l'air tout heureux, il chantait ! J'ai voulu le questionner et il m'a dit : « *Motus et bouche cousue, fils ; ton père va bientôt réaliser de grandes choses...* » Là-dessus, il est parti en sifflotant. Je n'y comprends rien !
– Nos affaires n'avancent pas beaucoup... remarqua Colette.
– Attends, on a tout l'été devant nous. Peut-être la fête changera tout, samedi...
– Je voudrais bien te croire !

– Bar du Bon Coin... Nous y sommes, murmura Ficelle.
Il se gara et entra dans le café, désert à cette heure.
– Salut !
– Je pense qu'on doit m'attendre...
– Ah ! Monsieur Fabre ?

– Oui.
– Venez avec moi, ils sont à côté.

Ficelle suivit le patron dans l'arrière-salle où cinq personnes assises autour d'une table discutaient tranquillement. Il remarqua les verres et la bouteille de vin aux trois quarts vide avant de lancer :

– Ces messieurs...
– Bonjour monsieur Fabre, répondit le maire en se levant pour l'accueillir. Venez, venez, nous vous avons réservé une place.

Il désigna l'assistance et fit les présentations : Teissonnière, mon premier adjoint ; Rocoplan, Testut et Lefebvre, conseillers municipaux ; Fabre, le sourcier dont je vous ai parlé...

On échangea quelques signes de tête entendus :

– Vous boirez bien un petit coup de rouge ?
– Non, non, au retour si vous voulez bien. Je dois garder tous mes moyens...

Déjà, les hommes se levaient. Le maire prit Ficelle par le bras :

– Je n'insiste pas. Vous avez amené ce qu'il vous faut pour travailler ?
– Oui, on y va quand vous voulez.
– Eh bien, partons tout de suite. Je suis très impatient de connaître votre avis sur cette affaire.

Ils sortirent du bistrot et Ficelle proposa :

– Je peux prendre tout le monde si les autres acceptent de monter à l'arrière.

– D'accord, nous n'avons que sept ou huit cents mètres à parcourir. Montez les gars.

Après avoir dépassé la dernière maison du village, ils arrivèrent à destination : un escarpement abrupt où la roche, affleurant de partout, venait buter contre une colline plus douce, plantée d'oliviers. À leur intersection, l'eau de pluie avait creusé une ravine qui dégringolait jusqu'à un étranglement.

Un peu plus bas, contre un rocher qui formait voûte, on avait bâti un bassin assez profond d'environ deux mètres de large sur quatre de long. Le dessus était recouvert de plaques métalliques pour le protéger des impuretés. À sa base, une canalisation, vite enterrée, partait vers le village et une petite tranchée menant jusqu'à la ravine permettait d'évacuer la surverse.

– Notre source, annonça le maire alors qu'ils venaient de descendre du véhicule. C'est un bon filon, vous savez : en été, même par les plus grandes sécheresses, elle ne tarit jamais ! Malheureusement, comme je vous l'ai expliqué, elle suffit à peine aux besoins ménagers du village...

Il souleva une plaque et Ficelle jeta un coup d'œil : la réserve était pleine d'une belle eau claire. Les quatre membres du conseil se tenaient à côté de lui. Teissonnière se tourna vers le village en contrebas et dit :

– Regardez, quelle misère de voir tous ces terrains en friche – il désignait de maigres champs parsemés de ronciers, de cades et d'herbe rase qui entouraient La Vernède ; si on avait assez d'eau, quels beaux jardins on pourrait faire par là !

Ficelle observa longuement la campagne puis se saisit de sa musette qu'il ajusta dans son dos et déclara, optimiste :

– Ne vous inquiétez pas trop. Sans vous le dire, je suis venu plusieurs fois ici tout seul pour étudier le terrain depuis que vous m'avez parlé de cette affaire. Je suis sûr que nous allons arriver à un bon résultat, vous serez surpris...

– Venez, nous allons monter un peu plus haut, cela nous permettra de *couper*[1] le filon.

La petite troupe escalada les rochers à la suite du sourcier qui s'arrêta une trentaine de mètres au-dessus du bassin. Arrivé là, Ficelle annonça :

– Messieurs, le travail va commencer, je vous demanderai un peu de silence s'il vous plaît : il faut que je me concentre...

Les conversations cessèrent aussitôt. Satisfait, Ficelle examina attentivement les lieux avant d'aller se poster près d'un chêne vert tout rabougri ; là, il se recueillit quelques instants, les yeux baissés. On eut dit un barde en prières invoquant quelque

---

1. *Retrouver le cheminement de l'eau à l'aide d'un pendule.*

divinité druidique. Impressionnées, les personnes présentes se taisaient, respectant cette communion avec les forces invisibles et occultes du monde souterrain. Enfin, le sourcier sortit de sa musette une baguette de noisetier taillée en Y. Il prit bien en main les manches du V que formait son bâton, tendit les bras en avant et avança d'un pas hésitant, à la recherche de quelque fluide secret, de vibrations mystérieuses.

Les yeux écarquillés, les témoins retenaient leur souffle. Ficelle déambulait de droite et de gauche, ainsi qu'un aveugle perdu dans la foule en train de chercher son chemin à tâtons. Par moments, il s'arrêtait, hésitait, puis repartait de plus belle de sa drôle de démarche. Tout à coup, arrivé sur un petit tertre où poussaient quelques maigres touffes de thym, il s'immobilisa brusquement, pétrifié, comme s'il avait buté contre un mur invisible. Alors la baguette, sans que l'on puisse distinguer le moindre mouvement de ses mains, commença à se vriller vers le bas, la jambe du Y semblant viser un point précis que lui indiquaient des forces mystérieuses... Peut-être magiques ? Le sourcier restait là, tétanisé, les yeux fixes, le front couvert de sueur. On le sentait manifestement en transe. Personne n'osait bouger, encore moins parler ! Enfin, Ficelle se détendit, rompant le charme, libérant l'assistance. Il s'excusa :

– Il faut que je me repose un peu, ça me fatigue beaucoup. L'eau passe par là, dit-il en pointant son doigt entre ses pieds. J'ai trouvé des petites veines un peu partout, mais ici, c'est le gros filon.

Après quelques instants, personne ne s'étant risqué à faire la moindre remarque, Ficelle reprit sa baguette et se concentra à nouveau. Son corps se raidit... Brusquement, il plia la jambe droite et, levant haut le genou dans un mouvement un peu grotesque, il assena un violent coup de talon sur le sol. Il frappa une fois... deux fois... trois fois... puis sembla écouter, attentif. Ce mouvement surprenant déclencha chez les spectateurs un petit rire nerveux et quelques murmures étonnés, vite étouffés.

– L'eau passe à trois mètres, trois mètres cinquante de profondeur et elle arrive au milieu de la voûte, là-dessous, juste sur le bassin !

Le maire s'agitait, consultant ses collègues du regard.

– Quoi ? dit-il

– La veine passe ici, puis s'engouffre dans une faille à la base de ce rocher, dit Ficelle.

– Donc ce n'est que notre filon ! Il n'y a pas une veine avec un débit plus important ailleurs ? s'inquiéta le maire, déçu.

– On va voir ça, assura Ficelle.

Rangeant sa baguette dans sa musette, il en sortit un oignon qui pendait au bout d'une longue

## Le sourcier dans ses œuvres

chaîne, puis il leva impérativement la main pour faire taire les discussions. Le calme revenu, Ficelle se cala solidement sur ses pieds légèrement écartés, prit délicatement la chaîne entre le pouce et l'index, tendit le bras au-dessus du sol et laissa pendre son instrument. Il se tenait parfaitement immobile.

Pendant une interminable minute, il ne se passa strictement rien, puis la montre bougea. Imperceptiblement d'abord, ensuite un peu plus, enfin elle se mit à tourner lentement au bout de la chaîne ! Pourtant le sourcier était totalement inactif...

Chacun s'interrogeait, se demandant quelle secrète énergie pouvait bien animer le déplacement de cette tocante ! Surtout que le mouvement s'accentuait ! L'oignon commençait à faire des cercles de plus en plus grands, de plus en plus rapides. Ficelle baissa le poignet et stoppa le mouvement. Des soupirs soulagés s'échappèrent de toutes les poitrines, relâchant la tension nerveuse de chacun.

– Co... comment est le filon ? bégaya le maire.

Le sourcier, apparemment indifférent, rangea tranquillement sa montre avant de laisser tomber, péremptoire :

– Comme mon bras ! Avec une énorme réserve, un peu plus haut...

Médusés, les conseillers examinaient les gros biceps du sourcier.

– Vous en êtes sûr ?

Puis il n'y eut qu'un cri :

– Alors comment se fait-il que nous ayons si peu d'eau ?

Ficelle dévisagea ses interlocuteurs. Son expression laissait clairement entendre qu'il ne tolérait pas de voir la parole d'un sourcier de sa classe mise en doute.

– Je suis formel, il y a une grosse veine qui passe sous mes pieds !

– Pourtant, risqua le maire, vous nous affirmez que nous avons un très gros filon tout en sachant qu'il ne nous donne qu'un filet d'eau ! Comment pouvez-vous nous expliquer cette contradiction ?

Le sourcier reprit sa baguette et redescendit vers le bassin, contournant le gros rocher qui l'abritait. De-ci, de-là, il marquait des temps d'arrêt, hésitait, reculait et repartait comme quelqu'un qui a perdu quelque chose de précieux et cherche fébrilement. Les conseillers et le maire le suivaient, attentifs à ne pas faire rouler la moindre pierre. Enfin Ficelle s'arrêta au pied de la réserve.

Après avoir longuement réfléchi, il déclara :

– J'ai tout compris !

– Ah ?

D'un doigt prophétique, il désigna les hauteurs :

Le sourcier dans ses œuvres

– La réserve se trouve dans une colline qui recueille toutes les eaux de la montagne. Elle arrive là où nous étions ; malheureusement, ce rocher – Ficelle désignait la voûte – bloque l'eau comme le ferait le bouchon d'une énorme barrique !

Le sourcier gesticulait. Sûr de lui, il développait sa théorie :

– Une faille laisse passer juste un peu d'eau : c'est elle qui vous alimente ; le reste part de droite et de gauche par des petits filons que j'ai repérés un peu partout. Ça se perd dans le sol. Quel dommage !

– Oh, là, là ! On ne peut pas faire péter ce gros bloc ! dit Teissonnière, effrayé. Comment deviner ce qui se passerait après ?

Ficelle cligna de l'œil, sourit malicieusement en suggéra doucement en montrant la paroi de la petite grotte :

– Votre faille se trouve là. Celui qui serait malin percerait deux trous ici – il désignait deux endroits précis –, il ne lui resterait alors qu'à faire *péter* un coup de mine de ce côté, une demi-charge seulement, et là, un petit quart de charge ; alors l'eau, suffisamment libérée, glisserait sur le rocher comme un pet sur une culotte de soie !

Il s'ensuivit un grand silence.

– Nous n'avons que cette source, insista le maire, vous êtes certain qu'il n'y a pas de risques ?

Ficelle désigna la colline :

– Et toute cette eau, où voulez-vous qu'elle aille ? Il faut bien qu'elle s'écoule quelque part tout de même !

Il ajouta, persuasif :

– Chaque fois que je suis venu seul, j'ai fait les mêmes relevés. Regardez, là, cette touffe de lavande comme elle est haute ! Et cette herbe ici, vous ne la trouvez pas bien verte ? Pourquoi ? Parce que de l'eau passe dessous !

– Euh... marmonna un conseiller dubitatif, s'il arrivait quelque chose !

– Ils nous écharperaient vifs ! affirma lugubrement le maire.

Ficelle s'indigna :

– Il y a trente ans que je trouve de l'eau, je ne suis pas un bleu ! Vous croyez que je vous conseillerais de faire exploser de la dynamite si je n'étais pas certain du résultat ?

Le maire hésita, décida de se mettre un peu à l'écart afin de tenir un mini conseil improvisé. Ficelle, impassible, observait les Vernédois discuter entre eux à voix basse. Le débat fut animé mais bref, puis le maire annonça :

– Eh bien, vous pouvez croire que si c'est comme vous dites, vous serez bien payé ; je vous assure que vous n'aurez pas perdu votre temps ! Quand pouvez-vous venir ?

Ficelle réfléchit :

## Le sourcier dans ses œuvres

– Écoutez, cette semaine ce n'est pas possible. Samedi et dimanche nous faisons la fête votive et je suis un des organisateurs. Le lundi, on fait le repas du village... disons mardi prochain ?
– Il y aura beaucoup de travail ?
– Oh non ! Il faudra faire deux trous au burin dans le rocher pour y loger la dynamite et agrandir la tranchée qui évacue l'eau du trop-plein. Parce qu'avec le débit qu'il va y avoir votre réserve sera beaucoup trop petite ! Il faudra aussi préparer un tas de terre qui servira à protéger le bassin au moment de l'explosion. On la mettra sur deux tôles que j'amènerai ! À ce moment-là, je serai prêt pour mettre mes explosifs...
– D'accord, les jeunes vous donneront un coup de main.
– Dans ce cas, en une heure, une heure et demie, tout sera terminé !
– Toutefois, peut-être pourriez-vous d'abord faire agrandir votre réserve ou construire un château d'eau ? suggéra Ficelle.
Le maire repoussa cette éventualité :
– Nous avons déjà pensé à tous ces problèmes. Pour un château d'eau, il faut d'abord inscrire cette affaire au budget et la voter. Ensuite, demander des subventions ; enfin, faire effectuer les travaux après soumission. Il y en a pour des mois, voire des années ! L'eau tout de suite, nous aviserons après. En attendant, cette semaine, nous

allons réfléchir à un deuxième bassin, un peu en aval, où nous pourrions faire une autre réserve. Je sais que, s'il faut, nous ne manquerons pas de volontaires... Et puis le terrain est communal, nous n'avons pas besoin d'autorisation. D'accord, les gars ?

Aucune objection ne se manifestant, Ficelle proposa :

– Parfait ! Mardi, neuf heures ?

– Marché conclu. Allons boire un coup chez Justin, nous l'avons bien mérité !

Il se tourna vers ses conseillers :

– Nom de Dieu, mardi, nous organisons une petite fête, ce sera le grand jour !


– Bonsoir papa, qu'est-ce que tu apportes là ?

Ficelle posa un sac sur la table et sourit :

– Une surprise !

Il ouvrit le sachet et en sortit tour à tour une bouteille de vin cacheté, de la charcuterie, deux belles tranches de bifteck et un gâteau !

– En quel honneur tu as acheté ce festin ? s'exclama Pierre, étonné.

Ficelle plissa les yeux et leva un doigt prophétique :

– Il se trouve que ton père est un petit génie qui va bientôt réaliser une chose... Une chose grandiose ! Tout le monde s'est foutu de ma gueule quand ma galerie a croulé, surtout le maire ! Eh bien, je vais me venger et leur faire voir de quoi je suis capable... les Saint-Bressonnais seront surpris, je te préviens !

– Qu'est-ce que tu vas faire ?

– Tu verras, tu verras... Je ne voudrai pas exagérer, mais je pense qu'il s'agit d'un exploit dont on parlera longtemps ! J'ai longuement préparé mon affaire...

– C'est pour ça que depuis quelque temps tu disparais avec la camionnette.

Ficelle sourit :

– Oui. Mets la table, j'ai faim. Je vais faire cuire la viande.

Il tomba la veste et se mit en cuisine sans plus d'explications.

Le repas fut gai. Pierre retrouvait enfin son père, rigolard et hâbleur. Toutefois, celui-ci ne voulut rien dévoiler de sa journée et esquiva toutes les questions à ce sujet. Après s'être servi une dernière rasade, il sortit sa pipe, la bourra soigneusement et l'alluma avec une satisfaction évidente. Il se carra confortablement sur une chaise et demanda :

– Tu t'es bien régalé ?

– Excellent, papa, je te souhaite le meilleur succès pour ton entreprise

– Et toi, tu ne m'as rien raconté. Qu'est-ce qu'on t'a dit à la mine ?

– On m'a demandé de reprendre le travail lundi ; on me rendra des congés plus tard. Je m'y attendais, ils ont besoin de personnel en ce moment. Bof, je m'ennuie à ne rien faire pendant que tout le monde travaille...

– Vivement que ton directeur rentre pour qu'on sache à quoi s'en tenir !

– Justement, je suis embêté…

– Pourquoi ?

– Tu sais, suivant comment ça se passe. Enfin, je n'aimerai pas être obligé de partir.

– Nous en avons déjà parlé et je ne te comprends pas ! Tu es jeune, intelligent, dégagé du service militaire et l'avenir t'appartient. Le directeur a de l'estime pour toi ; il ne faut pas laisser passer cette chance, car cela pourrait changer. Tu ne vas pas tout laisser tomber pour une fille, quand même !

– Pas une fille, papa, ma fiancée ! Si je restais ici, je prendrais un peu de galon, je gagnerais ma vie et je serais heureux puisque avec Colette nous nous aimons !

– Vous vous aimez, vous vous aimez ! Tu sais, à ton âge, on croit être sûr et puis on change. À Paris, il n'en manque pas, des femmes !

– Il n'y a que Colette qui m'intéresse, papa !

– Colette, Colette ! Quand on est jeune, on s'emporte, on s'entête. Des demoiselles, tu as le temps d'en connaître une et une autre ! D'abord, tu es un homme, et si tu veux fonder un foyer, il faut que tu te fasses une bonne situation. Pourquoi tu ne demandes pas à Colette de parler à ses parents ? Peut-être qu'ils la laisseraient partir, finalement ?

– En ce moment elle ne peut pas. Après votre dispute...

– Fils, écoute ton père : tout ce que je veux, c'est faire ton bonheur. Moi j'ai quitté le pays pour aller travailler aux chemins de fer au lieu de faire le paysan et je ne l'ai jamais regretté. Et encore, si j'avais eu ton instruction, j'aurais pu arriver plus haut ! Maintenant je vis tranquille, j'ai une bonne retraite qui tombe tous les mois. Les truffes, les sources, c'est pour le plaisir. Je suis envié ! Observe les gens de mon âge, ils sont usés, noués et bossus à force de passer leur vie courbés en deux dans leurs *cantous*. Ce n'est pas avec leur petite retraite agricole qu'ils peuvent s'acheter une camionnette comme moi ! Crois-moi, il ne faut pas hésiter, ne laisse pas passer une chance unique. Ça t'aurait servi à quoi, d'aller à l'école jusqu'à presque vingt ans ?

– De travailler dans les bureaux de la mine ! Les gens n'ont pas l'air malheureux, ici. Ils sont libres, fiers...

– Libres d'être esclaves de leurs maigres lopins, oui ! Ils ne sont pas malheureux ? Tout simplement parce qu'ils ne connaissent rien d'autre ! Au lieu d'aller à l'école, comme toi, ils commencent à garder les brebis à dix ou onze ans ! Fiers ? Tu les as vus venir timidement me trouver à la maison quand ils ont besoin de la camionnette : « *Dis, Ficelle, j'ai acheté cinquante kilos de blé chez Rougé, tu pourrais me les monter le jour où ça ne te dérange pas ?* », « *Bonjour, Ficelle, ma femme est malade, tu ne pourrais pas l'emmener au médecin ?* » Pour moi la liberté, la fierté, c'est d'avoir les moyens de vivre où je veux sans avoir besoin de personne !

Ficelle se tut et ils restèrent longtemps sans parler. Cependant, Pierre s'entêta :

– Pourtant si je travaillais à la mine à Saint-Laurent, je ne serais pas paysan. J'aurais quand même une situation !

– Une petite situation à côté de celle que tu peux avoir si tu pars. Allez, fiston, il est tard, on va aller au lit. J'espère que tu réfléchiras à ce que je t'ai dit et que cela te mettra un peu de plomb dans la cervelle !

Troublé, Pierre alla se coucher avec le sentiment que cette discussion lui compliquait encore les choses. Elle soulevait finalement plus de problèmes qu'elle ne lui offrait de solutions !

## X

## La fête votive

– Eн bien ! Vous ne pouvez pas vous lever le dimanche ? Venez casser la croûte, les gars, dit Émile, le père de Laurent, il ne manquait plus que vous !

Tout ébouriffés et mal réveillés, Alphonse et Antoine venaient d'entrer dans la cuisine, arrivant du pailler.

– Y a une cruche quelque part ? J'ai mal à la tête ! dit Antoine.

– Va à la terrasse, dit Mathilde, tu trouveras tout ce qu'il faut.

– Il fallait boire moins de carthagène, hier soir ! dit Émile en rigolant.

– Je crois que je me suis laissé un peu surprendre, reconnut Antoine.

La famille et les invités étaient réunis autour de la grande table. Les femmes debout, les hommes assis. Pour l'occasion, Mathilde avait sorti tous ses meilleurs produits : jambon cru, saucisson, saucisse sèche ; sans oublier les petits fromages de chèvre de sa fabrication, la *toma*, les frais, et les secs, les *peraoudous*[1].

Tous taillaient allégrement de larges tranches dans de grosses miches de pain. Une bombonne de vin coiffée d'un entonnoir trônait sur le bord de l'évier. Les visages rayonnaient. Mathilde se démenait, encourageant l'un à se resservir, remplissant le verre de l'autre. Laurent s'étira avec un soupir d'aise. Il aimait ces instants de joie partagée, de gaieté communicative. De temps en temps, son esprit s'évadait et il tendait l'oreille. L'impatience le gagnait... « *S'ils commencent par le haut du village, ils ne seront pas ici avant au moins une heure ; s'ils attaquent par le bas, ils ne devraient pas tarder...* » songea-t-il en écoutant d'une oreille distraite son oncle Clovis raconter une histoire de chasse. Soudain, on entendit une cavalcade au-dehors puis des cris, des rires et enfin un grand chambardement dominé par quelques notes de musique.

– Ils sont là !... dit Mathilde.

Laurent ouvrait déjà la porte. Ils étaient bien là, dans une procession joyeuse et désordonnée. Son

---
1. *Fromages de chèvre typiques des Cévennes.*

oncle Benjamin entra le premier, suivi de Ficelle et Portalès. Venaient ensuite les musiciens qui entamèrent une courte, mais bruyante aubade. Le fils Causse, accompagné de ses amis, offrit la fougasse, tandis que les enfants restaient à brailler dehors.

Comme l'exigeait la tradition, Mathilde donna le petit billet, soigneusement préparé à l'avance, pendant que Lucie, la mère de Laurent, remplissait les verres. On trinqua sous les applaudissements. Benjamin se pencha vers Portalès et Ficelle :

– Ne prenons pas la cuite, la tournée sera longue, on a du boulot !

Ficelle venait de reposer discrètement son verre après en avoir avalé une seule petite gorgée. Il remarqua :

– Je ne risque pas de me faire piéger, il va falloir que je conduise. Mais regarde Joseph, il a bu son verre tellement vite qu'on le ressert déjà. S'il dérape, les gens veilleront à ce que son verre ne soit jamais vide !

– Il fait pareil chaque année ! remarqua Portalès. Souhaitons qu'il n'exagère pas trop...

Après avoir bu et échangé quelques paroles, le trompettiste joua une ritournelle pour donner le signal du départ : avec le nombre de familles à visiter, il ne fallait pas trop s'attarder. Tout excité, Laurent suivit ses camarades. De famille en famille, la petite troupe grappillait les enfants de chaque maison, ce qui venait ainsi amplifier le joyeux charivari.

– Combien tu as ? demanda Benjamin.
– Oh, à peu près comme d'habitude. Je n'ai pas eu le temps de compter... dit Portalès.
– On n'a oublié personne ?
– Non, Ficelle vient de partir avec deux ou trois jeunes et les musiciens faire des écarts...
– Bon, va mettre les sous à l'abri chez toi, on regardera ça plus tard. Il est dix heures, il faut que je m'occupe des petits...

Ils avaient fini de porter la fougasse et se trouvaient de retour sur la place où les enfants piaffaient d'impatience, sachant que le moment des jeux était arrivé. Les cris fusaient, l'agitation était à son comble. Benjamin escalada péniblement l'estrade et s'avança en criant :

– Silence !

Une ovation enthousiaste lui répondit

– Du calme, la *flibuste* ça vient à vous.
– Ah !

Benjamin attendit que le vacarme s'apaise puis expliqua :

– On va commencer par la course du sac. Vous avez tous le vôtre ?
– OUI !

## La fête votive

– Après, on fera le jeu de la poêle, le mât de cocagne et on terminera comme d'habitude devant la buvette par le concours de grimaces... Avec une grosse surprise pour le premier prix. On y va...

Tan ta la lan...
Midi. Les premières notes du paso doble éclatèrent, provoquant un grand mouvement de foule. Les jeunes, les vieux, tous s'élancèrent sur la piste. On riait, on chantait, on gigotait comme on pouvait. On se mêlait avec le plaisir simple de se trouver réunis aux sons d'une musique aux notes approximatives, mais au tempo endiablé. Il semblait que chacun n'attendait que ce moment pour se défouler. Peu importait la technique, seul comptait le moment présent. On se bousculait, on se piétinait avec une bonne humeur complice. On s'interpellait joyeusement en se lançant des gaillardises. Les gamins ajoutaient à la confusion en courant entre les danseurs avec des cris d'hirondelles. Dans ce désordre bon enfant, Ficelle passa totalement inaperçu. Il arrivait du jeu de quilles en compagnie d'Henri et de Pierre, balançant à bout de bras un canard qu'il venait de gagner. Il se dirigea vers la buvette :

– Venez, je vous offre à boire.

Malheureusement, il n'arriva ni à se faire entendre, ni à s'approcher. Il y avait trop de soiffards qui se pressaient devant lui. Il se débarrassa de son canard et dit :

– On ne pourra pas se faire servir. Venez, on va guincher !

Pour délimiter la piste et permettre aux gens de s'asseoir, on avait cloué quelques planches sur des billots de bois que l'on avait disposés, en guise de bancs, devant l'estrade. Pierre regarda son père. Celui-ci, à part esquisser quelques pas de bourrée quand il avait trop bu, ne dansait jamais !

Ficelle fronça les sourcils, semblant réfléchir profondément, insensible à l'agitation ambiante et un sourire se dessina lentement sur ses lèvres. Il venait d'apercevoir Élodie, assise sur un banc. Il cracha sa chique, remonta son pantalon et s'avança résolument vers la bergère. Inquiets, Pierre et Henri observaient la scène.

Élodie n'eut pas le temps de réaliser ce qui lui arrivait. En un tour de main, Ficelle la saisit à la taille, la souleva comme une plume et l'entraîna sur la piste sans se préoccuper de ses protestations indignées.

Les cris de la bergère attirèrent l'attention, tout le monde arrêta de se trémousser et on fit cercle.

– Bravo, bravo ! Élodie ! Élodie !...

On acclamait, on hurlait des encouragements. Le spectacle de la bergère, secouée comme un prunier dans les bras de Ficelle, était à la fois comique et grotesque. Les buveurs en désertaient la buvette, se pressant sur les talons des danseurs, les rires fusaient, les applaudissements crépitaient.

Galvanisé par les encouragements, Ficelle portait pratiquement Élodie à bout de bras. La bergère hurlait, menaçait, essayant de se libérer. Rien n'y faisait : son cavalier la tenait solidement, la faisant se déhancher comme un pantin. Elle se dandinait et vacillait au gré de la fantaisie de son partenaire. Elle tenta de donner un coup de canne sur la tête de son cavalier sans y parvenir, celui-ci la tenait trop serrée.

Debout, l'accordéoniste poussait le rythme et Joseph massacrait sa batterie. Plus Élodie protestait, plus les bravos redoublaient. Le couple faisait un triomphe ! Malheureusement, la canne tomba juste entre les jambes de Ficelle qui trébucha et ne put éviter la chute. On releva les danseurs avec inquiétude. Par bonheur, il n'y avait pas de mal. Ficelle s'étouffait de rire tandis que le visage d'Élodie était déformé par la haine. Ses yeux lançaient des éclairs. Elle leva une main aux ongles noirs de crasse vers le cou de Ficelle et hésita puis, faisant demi-tour, s'enfuit en hurlant des imprécations :

– Tu me le paieras, je me vengerai ; tu verras...

Sa canne, qu'on lui avait rendue, tournoyait au-dessus de sa tête en cercles désordonnés et menaçants.

Mathilde et ses invités s'installèrent sur le banc pendant que les musiciens, remontés sur l'estrade pour le bal de l'après-midi, essayaient leurs instruments. Laurent avait suivi sa mère ; il demanda :
– Tu vas rester là tout l'après-midi, maman ?
Lucie tourna la tête et caressa la joue de son fils. C'était une femme de taille moyenne avec une longue chevelure brune et ondulée. Son visage aux traits réguliers, tout en rondeurs, avait le teint blanc des gens fragiles aux assauts du soleil. Ses yeux verts pétillaient de malice.
– Bien sûr ! C'est maintenant que ça va être intéressant...
– Ah bon ? Pourquoi ?
Voyant le regard étonné de Laurent, elle expliqua :
– Cet après-midi, les filles vont faire les coquettes pendant que les garçons tenteront de leur conter fleurette...
Le garçon eut une moue de dédain :
– Bof ! Pour regarder ça !
Lucie rit aux éclats devant l'air déçu de Laurent. Elle le serra affectueusement et lui passa la main dans les cheveux :
– Dis, man, tu me donnes un peu de sous ?
– Demande à ton père !
– Je n'arrive pas à l'approcher : qu'il soit aux quilles ou à la buvette, il est toujours en train de parler avec des collègues !

– Ça ne m'étonne pas de lui ! Tiens, ne dépense pas tout d'un coup...
– Merci, maman.

Muni de son petit pécule, Laurent bondit. Il venait d'apercevoir son copain Gilles en compagnie d'Éric, le chef de bande.

– Salut !
– Salut.
– On regardait les filles, expliqua Éric en gloussant. Regarde ces manières !
– Que des bécasses, murmura Gilles.
– Oui, renchérit Éric, c'est bien la peine d'être grand !

Laurent observait les demoiselles avec curiosité. Elles étaient toutes bien coiffées et avaient l'air de faire des mines dans leurs belles toilettes du dimanche. Certaines se trouvaient près de leurs parents ; d'autres se tenaient en groupe de deux ou trois et poussaient de temps à autre des gloussements pleins de mystères sous l'œil des garçons qui les guignaient à la dérobée. Vaguement troublé, le garçon remarqua :

– Euh... Elles sont quand même bien jolies...

Il proposa :

– On va boire un coup ? J'ai des sous.

Par chance, il aperçut la mince silhouette et les cheveux blonds de son père qui se trouvait à la buvette avec des amis. Il se faufila jusqu'à lui :

– Papa, je suis avec Gilles et Éric. Tu nous payes à boire ?

Émile prit un air faussement scandalisé :

– Comment, vous êtes trois ? Tu veux me ruiner !

Ficelle servait :

– Tiens, donne-moi trois sodas pour de jeunes assoiffés !

Laurent observa l'ennemi de son oncle. Sa démarche lourde et imposante, son petit air content de soi et son regard charbonneux lui étaient antipathiques.

– Merci, dit-il à son père en disparaissant avec ses bouteilles.

Il avisa ses camarades :

– Vous venez ? On va boire tranquilles ; j'aimerais discuter.

Ils allèrent s'asseoir sur les marches de l'église et burent en silence. Laurent hésitait, puis il posa la question qui lui brûlait les lèvres :

– Qu'est-ce que vous pensez de mon oncle Barbaste ?

Éric répondit sans hésitation :

– Il a menacé Ficelle de mort à la buvette, l'autre jour. On ne doit pas dire des choses pareilles !

Laurent s'indigna :

– Ficelle lui avait donné un coup de poing en traître !

Gilles hésitait :

– Ton oncle a *fait* les truffières de mon père, cet hiver. Il était très en colère après lui. Je l'ai entendu dire plusieurs fois : « *Ce Barbaste, on dirait que tous les bois lui appartiennent : c'est un voleur de truffes ! Il emmerde à la fin...* »

– Hé ? Ficelle aussi va ramasser les truffes des autres ! Pourquoi vous ne dites pas pareil de cette grande gueule ? En plus, c'est un vantard !

Il y eut un silence.

– Lui, il va surtout chez ton oncle pour se venger... Moi, je pense qu'ils sont tous les deux un peu maboules ! estima Éric.

– Mon oncle n'est ni un maboule ni un voleur ! protesta Laurent.

Consterné par ce qu'il venait d'entendre, il ramassa sa bouteille et s'éloigna. Il leur cria, par-dessus son épaule :

– Je ne vous paierai plus jamais à boire !

Gilles le rattrapa et s'excusa en le retenant par le bras :

– Je t'ai vexé ? Pourtant, je n'ai dit que la vérité !

Laurent se dégagea d'un geste brusque :

– Il faut que j'aille voir mon père, salut...

Il s'éloigna d'une démarche raide, sans un regard pour son copain.

– Regardez le fils Maffre, ça fait trois fois qu'il danse avec Huguette, dit Lucie.

– C'est normal, expliqua Mathilde, ils se fréquentent...

– Et le fils Causse, il change souvent de cavalière ! remarqua Juliette.

– Oh, lui, c'est un coureur ! s'exclama Mathilde. Il sait parler aux filles. Si elles ne se méfient pas...

– Qui est ce garçon qui danse avec Solange ? Je ne le connais pas, demanda Lucie.

Mathilde, qui connaissait tous les ragots du village et des alentours, dit :

– Il est de Roquedur. Je crois qu'ils se parlent...

Le bal venait de commencer et les jeunes gens profitaient de l'occasion – souvent attendue depuis des mois – de pouvoir s'amuser, danser et flirter un peu, malgré la présence des mères et des grand-mères qui veillaient au grain. Aucun danger qu'une fille s'éclipse en bonne compagnie : cent regards l'épiaient !

Depuis le début, Pierre et Colette ne cessaient de se lancer des regards furtifs qui n'échappaient pas à Béatrice. Toutefois, ils restaient prudents et n'avaient dansé qu'une seule fois ensemble sous le regard soupçonneux de Joseph. L'accordéoniste attaqua un tango, moment privilégié d'une danse rythmée qui permettait de se serrer un peu, de caresser impunément une épaule ronde ou une taille bien tournée. D'oser aussi se parler de près, loin des oreilles indiscrètes...

## La fête votive

Moment d'une tendre angoisse. Celle, pour les jeunes filles, de n'être pas invitées par le garçon souhaité et, pour ceux-ci, de se voir devancés par un concurrent plus rapide. Pierre ne perdit pas de temps : dès la première mesure, il se précipita vers Colette et ils se retrouvèrent les premiers sur la piste.

Sagement, le garçon ne serrait pas trop sa cavalière, mais son parfum de lavande le grisait. Une mèche de cheveux collée à son front, quelques gouttes de sueur sur sa lèvre charnue l'émouvaient profondément. Il la regarda et il lut dans ses yeux la confiance et l'abandon ; un élan de joie longtemps retenu l'emportait brusquement au-delà de la raison. Ému et troublé, il enlaça sa cavalière un peu plus fort.

– Tiens, dit Juliette, Pierre et Colette ont l'air de se parler sérieusement !

– C'est vrai, dit Mathilde, regarde Joseph comme il a l'air en colère ! En plus il a bu un coup de trop et il est fâché avec Ficelle pour une histoire de truffes.

Joseph, le visage enluminé, tapait un peu plus fort sur sa batterie. Il interpella un jeune, près de l'estrade :

– Bernard, va à la buvette et dis-leur de te donner un litre pour moi.

Il n'aimait pas la bière fraîche que le comité offrait à l'orchestre, cela lui empâtait la bouche. La danse se terminait. L'œil mauvais, Joseph regardait sa fille regagner sa place.

Béatrice observait son mari qui venait d'un coup d'avaler une grosse rasade de vin. Il avait déjà beaucoup bu depuis le matin et, quand il était ivre, son mari lui échappait complètement. Lui d'ordinaire si calme et raisonnable, se transformait en homme irascible et violent ! Dans ces moments-là, ses colères devenaient souvent excessives et sa femme les redoutait.

Heureusement, on jouait une valse et Colette ne savait pas la danser. Béatrice en profita et glissa à l'oreille de sa fille :

– Méfie-toi, Colette, ton père achève de se cuiter. Tu sais comment il est dans ces cas-là !...

La valse terminée, l'orchestre jouait maintenant un slow. Pierre fixait Colette qui avançait vers lui. Ils s'étaient invité des yeux, sans se parler. En cet instant, ils étaient seuls au monde. La prudence, les sages conseils de Béatrice, la fureur de Joseph qui perdait la cadence, plus rien n'existait, sauf eux deux, enlacés sur la piste, joue contre joue. Bercés par la musique, ils venaient de se délivrer de leurs incertitudes et de leurs craintes comme on se débarrasse d'un manteau de pluie en le laissant glisser à terre.

– Eh bé ! Maintenant Colette et Pierre font plus que de se parler ! s'exclama Mathilde.

– Oh oui ! renchérirent Lucie et Juliette.

## La fête votive

Elles n'étaient pas les seules à avoir remarqué le couple d'amoureux vers qui tous les regards convergeaient. Joseph ne jouait plus. Le visage cramoisi, il fixait Béatrice d'un air terrible en lui faisant comprendre, par des gestes impérieux, qu'elle devait ramener sa fille à la maison. La batterie muette, une vague tension générale alerta les deux autres musiciens qui, comprenant la situation, se lancèrent soudain dans une bourrée effrénée. Solidaires de Béatrice, rouge de honte, les femmes saisirent le message : la piste se trouva soudain envahie d'une foule exubérante qui fit diversion. Sans comprendre ce qui lui arrivait, Colette se trouva dans les bras de sa mère.

– Partons, dit celle-ci, ton père est fou !

Laissant Pierre ahuri, elle entraîna sa fille à bout de bras comme on traîne derrière soi une marionnette désarticulée. Elles étaient à peine arrivées à la rue du haut que Colette lâcha subitement la main de sa mère et s'enfuit en courant. Béatrice, abasourdie, le souffle coupé et les jambes tremblantes, leva les bras au ciel :

– Colette, mon petit, que fais-tu ? murmura-t-elle, désespérée.

Elle s'appuya contre le mur du vieux cimetière et pleura tout son saoul, imaginant le pire, persuadée de l'imminence d'un grand malheur.

– Je viens de faire deux *rampos*[1] de plus, fils ; ça m'en fait huit pour la *révision*[2], annonça Ficelle en se frottant les mains.

– Qu'est-ce qui se passe ? demanda-t-il soudain alerté par le visage de son fils.

– Pa...

Ficelle comprit tout de suite que c'était grave. Il prit son fils par l'épaule et l'entraîna un peu à l'écart.

– Dis-moi, Pierre ?

Pierre baissa les yeux et expliqua ce qui venait de se passer.

– Ça s'arrangera va, t'inquiètes pas... Joseph a bu un coup de trop... Viens, je vais sortir la camionnette et nous irons nous balader tous les deux. Tu sais, les quilles, le mouton, je m'en fous...

– Non, non, fais ta partie...

– Ému et inquiet, Ficelle observait la mine défaite de son fils. Il s'exclama :

– Eh bien toi, tu es drôlement amoureux ! Je reste avec toi, tu me fais faire du souci...

Pierre s'écarta. Il eut pâle sourire :

– Sois tranquille, papa, je préfère aller marcher un peu tout seul, ça me fera du bien. À tout à l'heure...

---
1. *Deux quilles tombées successivement en lançant deux boules = 1 rampo.*
2. *Finale.*

## La fête votive

Ficelle retourna aux quilles ; mais il n'avait plus la tête au jeu, contrarié qu'il était de voir son fils si malheureux.

Pierre fulminait en gesticulant entre les arbres, on l'aurait pris pour un détraqué. Il n'était pas malheureux ; mais déchaîné. Il en voulait à tout le monde. Pourquoi les choses étaient-elles si compliquées ? se demanda-t-il. Il s'arrêta et dit tout haut :
– Le directeur et mon père veulent m'envoyer à Paris ; mon père se fâche avec Joseph qui ne veut pas de moi et fait honte à sa fille et, pour couronner le tout, Béatrice refuse de nous aider. Ils sont tous contre nous !

Il leva les yeux au ciel :
– Et Toi, que fais-Tu ? Il n'y a pas de justice et Tu ne fais rien ? Nous nous aimons, mais Tu t'en fous ! Pourquoi, on ne nous laisse pas tranquilles ? Je suis dégoûté, Tu entends ? Dégoûté !

En cette minute, la peine et la fureur le faisaient délirer. Il souffrait de son impuissance et de sa peur de se trouver à jamais séparé de celle qu'il aimait.
– Le monde est mal fait ! cria-t-il.

Sans réfléchir, il se retrouva près de leur chêne. Il lui sembla soudain entendre un faible bruit et il s'avança : Colette était là, roulée en boule au pied de l'arbre, comme une chevrette blessée, le corps secoué de sanglots.

– Colette !

Les hoquets redoublèrent.

– Comment es-tu venue jusqu'ici ? Ta mère ?

Au lieu de répondre, Colette enfouit plus profondément la tête entre ses bras. Ému, il s'agenouilla près d'elle et la retourna doucement. Elle le regardait de ses yeux mouillés, par-dessous son coude :

– J'ai honte. Mon père... Devant tout le monde...

– Calme-toi...

Il lui caressa doucement le visage et entreprit de sécher ses larmes.

– Je me suis enfuie, il fallait que je vienne ici ! dit-elle.

– Finalement, nous sommes là tous les deux, bien tranquilles. Au bal, il n'y avait que des imbéciles qui nous surveillaient et nous espionnaient !

Colette continuait de le dévisager. Alors, tendre et toute brûlante, elle s'allongea et l'attira contre elle, dans une étreinte pleine de fièvre et d'abandon. Il la sentait palpiter contre lui et, en cet instant précis, il sut qu'il pouvait tout faire, tout prendre. Un instant, une bouffée de désir le submergea ; mais la crainte de tout gâcher le fit se reprendre aussitôt. Il dénoua le collier de ses bras et prit ses mains. Ils étaient là, allongés l'un sur l'autre, paume contre paume, visage contre visage.

– Chut, murmura-t-il tendrement. On fera... Plus tard... quand tout sera réglé, que nous serons passés devant le maire et que le curé nous aura bénis, tu seras mienne et je serai à toi. Ce sera... Une communion. Comme ça tous les deux, nous saurons toute notre vie qu'il y aura eu un jour avant ce jour-là et un jour après ce jour-là. Cela marquera le vrai début de notre vie et de notre amour. D'accord ? Parce que personne ne pourra nous empêcher de nous marier un jour, je te le promets.

Colette continuait à le fixer intensément. Ses yeux brillaient.

– Je t'aime, dit-elle en l'embrassant.

– Colette ! cria Béatrice dès qu'elle aperçut sa fille.

La jeune fille regarda sa mère, installée sur une chaise devant la porte. Elle devait la guetter et elle venait de se dresser, une main appuyée contre le mur, dans une position mal assurée. Dans son autre main, elle chiffonnait un mouchoir. En voyant sa mère ainsi, Colette pressa le pas.

– Mon Dieu...

Béatrice scrutait intensément le visage de sa fille, remarquait la belle toilette froissée, les cheveux défaits.

– Où étais-tu ?
– Avec Pierre, maman.

– Tu veux donc me faire mourir d'inquiétude et de chagrin ?

– Je voulais être seule... Puis, Pierre est venu me rejoindre.

Béatrice semblait désespérée :

– Est-ce que tu imagines ce que je viens de vivre ?

– Pardonne-moi, maman.

Une certitude accablait Béatrice qui leva les bras :

– Vous avez fait des bêtises !

Colette regarda sa mère bien droit dans les yeux et répondit calmement :

– Non, maman. Pierre n'a pas voulu. Il a dit que nous serions l'un à l'autre lorsque le curé nous aurait bénis. Il m'a promis qu'un jour nous nous marierons, quoi qu'il arrive ! ajouta-t-elle, farouche.

Béatrice, brisée par l'émotion, se cacha le visage et se mit à sangloter. Colette la prit dans ses bras et lui caressa doucement les cheveux.

– Allons, maman, chuchota-t-elle.

Pour une fois, c'était elle qui consolait sa mère !


– Avant de recommencer le bal, il faut ramener Joseph chez lui, dit Benjamin. Ce soir, vous devrez vous débrouiller sans lui.

La nuit venait de tomber et on avait allumé les lampes à carbure pour finir de manger. Ils ne se trouvaient plus que six à la buvette. Benjamin et Portalès, l'accordéoniste, le trompettiste et le fils Causse qui avait dû aider à l'apéritif. Ficelle s'était excusé pour rester avec son fils. Quant à Joseph, terrassé par l'alcool, il ronflait comme un sonneur. On l'avait assis dans un coin, calé par des caisses de bière.

– On va y aller, dit Portalès. Tu as une lampe électrique ?

– Oui. Bien mangé, les gars ?

– Excellent. Ta mère nous a gâtés.

Par tradition, le comité nourrissait les musiciens pendant la durée de la fête. Portalès réfléchit puis dit à Benjamin :

– Donne ta lampe au petit Causse, on va faire un coup !

Il expliqua rapidement ses intentions et, après avoir fermé le portail de la remise, ils s'installèrent à la table pendant que le jeune homme éteignait les lampes. Ils se trouvaient maintenant dans le noir le plus complet.

– Vas-y, dit Portalès, on est prêt.

Causse, à la lueur de la lampe électrique, colla une feuille de papier à cigarette sur la lèvre de Joseph qui ronflait toujours. Puis, avec son briquet, il y mit le feu. La feuille s'enflamma d'un coup, faisant grésiller la moustache du dormeur.

– Au feu, au feu ! cria celui-ci en se réveillant en sursaut.

Dans un fracas de caisses renversées, il frottait violemment sa moustache roussie, hébété de se trouver dans le noir absolu.

– Tiens, cela vient à moi de donner les cartes. Qu'est-ce qui t'arrive, Joseph ? demanda calmement Benjamin.

– Y a le feu ! Vite, vite !

– Tu délires, Joseph. Je tourne du trèfle...

– Je vous dis qu'il y a le feu !

– Tu devrais boire de l'eau, dit l'accordéoniste. Je prends la main...

– Mais j'ai la moustache brûlée !

Personne ne répondit, puis Portalès expliqua :

– Si tu éteignais tes mégots, ils ne te brûleraient pas la moustache ! Cinquante...

– Cinquante aussi ! dit l'accordéoniste. À quelle hauteur est le tien ?

– À la femme.

– Il est bon.

– Je joue pique, dit le trompettiste.

– Mais... vous jouez à la belote ? interrogea Joseph d'une voix angoissée.

– Eh oui, dit Portalès. On fait une petite partie en attendant que les gens arrivent pour danser.

– Comment pouvez-vous jouer à la belote puisqu'on N'Y VOIT RIEN ! s'exclama Joseph.

Portalès sourit. Il laissa tomber en ricanant :

– Je te dis que tu divagues, imbécile ! Si on n'y voyait pas, on ne jouerait pas aux cartes. Tu as bu trop de vin, cela te donne des hallucinations. Je crois qu'on appelle ça du délire très mince !

Ils éclatèrent de rire. Cette réponse émut tellement Joseph qu'il voulut se lever. Dans l'obscurité la plus totale, il trébucha sur une chaise et vint s'affaler sur la table des beloteurs.

– SIE BORGNE DES SOS UELS ?[1] sanglotait-il, BORGNE DE DOS UELS !

Benjamin l'empoigna et, en le redressant, lui mit la main devant les yeux pendant que Portalès ouvrait vite la remise et que Causse allumait rapidement les lampes. Puis, il lâcha Joseph et dit gravement en retirant sa main :

– Portalès a raison, tu délires. À l'avenir, il te faudra faire attention à la bouteille. Allez, on va te ramener chez toi pour que tu te reposes.

– JE VOIS, JE VOIS ! hurla le père Arnaud.

Hébété, il titubait en clignant des yeux.

– Quelle peur j'ai eue ! Je ne boirai plus que de l'eau, plus que de l'eau, j'en fais la promesse !

Ravi que sa blague ait si bien marché, Portalès rigola :

– Serment d'ivrogne, Joseph. Serment d'ivrogne... On va te coucher, demain ça ira mieux. Seulement tu n'es pas sérieux, nous voilà privés de batteur...

---

1. *Je suis borgne des deux yeux.*

Joseph se laissa entraîner sans rien comprendre. Tout en frottant sa moustache roussie, il répétait sans cesse :
– Rien que de l'eau, rien que de l'eau...

# XI

# Des questions sans réponse

— Assass !... tenta de hurler Joseph.
Plaqué sur son lit, il se débattait avec l'énergie du désespoir essayant de se libérer mais il ne pouvait rien faire, ils étaient trop nombreux ! Benjamin et Portalès lui tenaient les bras, le fils Causse les jambes. Derrière lui, quelqu'un lui bouchait le nez d'une main tandis que, de l'autre, il lui versait du vin dans la bouche à pleine bouteille. Privés d'air, ses poumons lui incendiaient la poitrine. Son cerveau lui hurlait d'arrêter de boire afin de respirer et il ne pouvait que répéter : « On m'étouffe, on m'étouffe... » Son impuissance à se délivrer de ses tortionnaires le mettait hors de lui. Dans un ultime effort, il réunit ses forces, banda tout son corps et fit une dernière tentative lorsqu'une gifle monumentale le tira de son horrible cauchemar.

– Tu délires, Joseph, lui dit Béatrice.

Hébété, il observa le visage courroucé de sa femme, penchée au-dessus de lui. Il ne comprenait rien, sauf qu'il respirait normalement et que personne ne le tenait. Brusquement, une grande colère l'envahit ; il se redressa et hurla :

– Je ne veux plus qu'on dise que je délire !

Épuisé, il retomba sur le lit et ferma les yeux. Tout tournait autour de lui !

– Si tu ne délires pas, tu cuves ton vin ! Il y a un quart d'heure que tu cries ! Tu te mets dans de drôles d'état, Joseph !...

Béatrice avait parlé sévèrement. Il patienta quelques instants afin que le tumulte se calme et la mémoire lui revînt d'un coup.

Précautionneusement, il ouvrit les yeux, scruta le visage fermé de sa femme et examina la situation : dans son agitation, il avait dévasté le lit et sa chemise de la veille lui collait à la peau, tant il transpirait. Un tambour résonnait dans sa tête, lui martelant impitoyablement les tempes. « Quelle cuite ! », songea-t-il. Il reconnut piteusement :

– Excuse-moi, Béatrice, je crois que j'ai un peu *glissé*...

– Glissé ? C'est peu dire, ivrogne !

Béatrice tourna les talons et regagna sa cuisine. Penaud, Joseph pensa qu'il allait passer un mauvais moment... Il se leva prudemment, attendit, quittant lentement sa chemise, que le tangage se

# Des questions sans réponse

calme, puis enfila un vieux pantalon qui traînait sur une chaise et chaussa des pantoufles. Torse nu, il traversa la chambre et la cuisine, raflant une cruche d'eau au passage. Dehors, le soleil lui martyrisa les yeux et il eut une brusque nausée. Appuyé d'une main contre le mur, il se versa plusieurs fois de l'eau sur la tête et le buste puis se rinça la bouche. Il se sentait un peu mieux ! Il rentra dans la cuisine et s'assit, posant son coude sur la table pour soutenir sa tête douloureuse.

– Tu veux du café ? demanda sèchement Béatrice.

– S'il te plaît.

Elle fit le service et retourna aussitôt à ses affaires. Elle allait et venait en l'ignorant totalement. Il but son café, les yeux perdus dans le vague.

– Où est Colette ? demanda-t-il au bout d'un moment.

– Au jardin. Elle ne voulait pas te voir ce matin.

– Pourquoi ?

– Pourquoi ? Eh bé, avec la honte que tu nous as faite hier ! Tu nous as humiliées devant tout le monde...

– Colette frottait avec le fils de Ficelle

– Ah oui ? Elle frottait ? Comment tu as pu t'en rendre compte puisqu'il paraît que tu étais devenu aveugle ? Si tu avais moins bu, tu te serais mieux comporté, voilà la vérité !

Prudemment, Joseph resta muet, laissant passer l'orage. Béatrice s'approcha de l'évier, renversa une pile de casseroles qui s'écroulèrent avec vacarme et explosa :

– Ah ! Il rigolait le Portalès quand il me racontait comment tu avais perdu la vue ! Attends, je vais leur dire de se trouver un autre batteur pour la fête, l'an prochain...

– Tu voyais bien que ta fille flirtait avec Pierre devant tout le monde ! répéta-t-il. Cela ne se fait pas. En plus, je suis fâché avec son père...

Le visage empourpré, Béatrice fit face à son mari :

– Fâché avec Ficelle ? Pour cette histoire de truffes ? Ne me fais pas rire...

– Les traditions...

– Je m'en fous, dit violemment Béatrice en lui coupant la parole. Barbaste est un bandit et les traditions, cela ne regarde pas Pierre et Colette ; eux, ils s'aiment !

– Ah ! Voilà qui est clair ! Tu sais que la mine va envoyer Pierre à Paris ? Tu laisseras partir ta fille ? Et la propriété, et nous ? Que ferons-nous en vieillissant ? Il n'y aura personne pour nous soigner...

Subitement calmée, Béatrice s'assit, le visage tourmenté. Lorsqu'elle parla, ce fut d'une voix tranquille où perçait la lassitude :

– Nous... Que veux-tu ? On n'a pas eu une fille pour faire son malheur, tout de même ! La propriété ? Mon pauvre Joseph, on l'exploitera tant qu'on pourra et après... Je suis sûre que, dans vingt ans, plus un jeune ne voudra vivre ici... La vie change ! Regarde, à la foire du Vigan, on commence à voir des motoculteurs, des tracteurs. Bientôt, on n'aura plus besoin de ton mulet pour labourer ni de ta charrette pour transporter...

Joseph, figé sur sa chaise, s'était redressé :

– Comment ? La maison de mes ancêtres déserte ! Les vignes, la luzerne, les bois, tout ça à l'abandon ! Les jardins envahis par les ronces ? Jamais de mon vivant, tu m'entends ?

Il y eut un silence. Joseph réfléchissait, il remarqua :

– Dans nos montagnes, on ne pourra pas labourer avec des tracteurs les traversiers où j'ai du mal à entrer avec Bijou !

– Justement, dans les plaines, ils produiront tellement avec les machines qu'ici les jeunes ne pourront plus vendre une pomme de terre ou un oignon. Ils iront dans les villes travailler à l'usine. Le fils du maire l'a déjà fait. Tu verras, les mas se videront, tomberont en ruine et après, chaque orage, les murailles des *cantous* s'écrouleront un peu plus puisque personne ne les entretiendra ! Ceux qui resteront ici vivront petitement. J'espère que tu ne souhaites pas ça pour ta fille ?

Joseph ne répondit pas. Poing au menton, il avait le visage fermé et le regard fixe de l'homme que la contrariété travaille. Il ne comprenait plus rien. Il voulait rejeter les arguments de sa femme tout en devinant qu'elle avait certainement raison. Alors le découragement voûta ses épaules. Il se sentait soudain vieilli, se demandant avec angoisse de quoi demain serait fait. Il songea à sa vie, simple et heureuse. Il lui suffisait jusque-là de s'agripper à son immense courage et à un sens des valeurs qui, d'après Béatrice, n'existerait bientôt plus, pour être heureux. L'amour qu'il portait à sa terre, transmis par les générations, lui apportait l'entrain et la joie de vivre ; avec l'espoir de voir un jour le mari de Colette reprendre le flambeau. Et si Béatrice voyait juste ? Si une simple amourette de sa fille pouvait autant bouleverser sa vie, à quoi bon continuer !

Curieusement, il pensa à Bijou et un frisson, presque un sanglot, lui secoua les épaules. Ce qui lui plaisait par-dessus tout, c'était labourer, charroyer avec son mulet ; lui parler, le flatter, l'encourager dans le travail commun. Il aimait ces moments où il sentait, à travers sa propre fatigue, celle de Bijou qui, doucement, ralentissait. Alors il s'arrêtait, arrachait une touffe d'herbe qu'il lui faisait manger dans la main et ils restaient là côte à côte, comme deux vieux amis, satisfaits et contents de si bien se comprendre. Cette pensée le ragaillardit, il se redressa, tapa du poing sur la table et conclut :

## Des questions sans réponse

– Tu as peut-être raison, pourtant, ici on mange nos salades, nos lapins et nos poules. On boit notre vin et je n'ai pas de patron, moi ! Nous avons une belle vie. Celui qui ne sait pas se contenter de peu ne sera jamais content de rien !

Lucie embrassa Laurent sur le front et le secoua :
– Il est dix heures, il faut te lever !
Le garçon se frotta les yeux.
– Merci, maman, dit-il en prenant le bol qu'elle lui tendait.
– Ton père et Benjamin vont aller au Vigan avec la camionnette de Ficelle acheter des provisions pour le repas de ce soir. Tu veux aller avec eux ?
– Oh ouais, chouette.
Laurent posa son bol et sauta du lit. Lucie sourit :
– Tu as le temps, ils ne partent que vers onze heures.
Pendant qu'il enfilait son pantalon, le garçon demanda :
– Qu'est-ce que tu penses de ce qui s'est passé au bal, hier soir ?
– Joseph s'est très mal conduit ; il avait bu comme un cochon ! Je plains cette pauvre Béatrice, et aussi Colette.
– Dis, man, Colette et Pierre, ils s'aiment ?
– Euh... On dirait bien que oui...
– C'est mal de s'aimer ?
– Oh non, quelle question !

– Bé, alors, pourquoi Joseph était tellement en colère ?

Lucie hocha la tête :
– Parce qu'il était saoul ! Il arrive aussi que se fréquenter pose des problèmes pour... je ne sais pas. Enfin, Pierre doit partir travailler loin et cela n'arrangerait pas les Arnaud, si leur fille partait avec lui.

Laurent acheva de lacer ses chaussures et affirma :
– Si l'amour c'est aussi compliqué, je resterai célibataire !
– J'espère bien que non, dit Lucie en éclatant de rire.

Laurent embrassa sa grand-mère et demanda :
– Mémé, où est papa ?
– Il aiguise des couteaux sur la terrasse.

Il alla rejoindre son père qui interrompit son travail :
– Tu as bien dormi, Laurent ?
– Oui. Maman m'a dit que je pouvais venir avec toi au Vigan ?
– Si ça te fait plaisir...

Émile reprit son ouvrage. En tenant le couteau des deux mains, il faisait délicatement aller et venir le tranchant de l'instrument sur le cylindre de pierre abrasive. Tandis que son fils l'observait, il demanda négligemment :

# Des questions sans réponse

– Dis-moi, j'ai remarqué que tu ne t'amusais pas avec ton copain Gilles, hier soir ?
– Bé... Nous sommes fâchés, papa.
– Tiens, depuis quand ? Dans l'après-midi tu lui as offert à boire !
– Oui ; mais après on s'est brouillés...
– Explique-moi ça.

Laurent se balançait, indécis.
– Allons, tu sais bien que tu peux tout me dire.
– Eh bien, le père de Gilles raconte que tonton Clovis est un voleur de truffes et Éric pense que lui et Ficelle sont un peu mabouls ! Ils m'ont dit ça pendant qu'on buvait. Alors, je n'ai plus voulu discuter avec eux et je suis parti...

Émile hocha la tête :
– Diable, je pense que...
– Salut les amis ! Qu'est-ce que vous complotez tous les deux ?

La porte de la terrasse venait de s'ouvrir et Barbaste arrivait, tout sourire.
– Tu tombes bien, dit Émile, on parlait de toi !
– Ah ! Je peux savoir ce que vous disiez ?

Rouge comme une tomate, Laurent se taisait. Son père l'encouragea :
– Allez, parle à ton oncle. Quand on se pose des questions, il vaut mieux demander à l'intéressé. Demande-lui, pour les truffes...

Intrigué, Barbaste lui secoua doucement l'épaule :

– Dis-moi, je ne vais pas te manger !

Perplexe, Laurent bafouilla :

– Je disais à Papa... Bon, hier, je me suis fâché avec mon copain Gilles parce que son père dit que tu es un voleur de truffes !

Barbaste fronça les sourcils et s'agita, faisant tourner sa casquette sur sa tête, visiblement contrarié. Il s'exclama :

– Voleur de truffes, moi ? Qui raconte des conneries pareilles ?

Il se tourna et eut un geste large :

– Tu vois toutes ces montagnes ? Elles étaient là il y a des millions, des milliards d'années. Si Dieu le veut, elles y seront encore des milliards d'années après ma mort, celle de ton père et la tienne ! Laurent, au catéchisme on t'apprend que la terre a été créée par le Seigneur, d'accord ? Donc c'est à lui qu'elle appartient ! Dans ces conditions, le premier qui a désigné un endroit en disant : « ici je suis chez moi », il l'a achetée à qui, la terre, au Seigneur ? Qui fait pousser les truffes ? Le Bon Dieu ! Pas le père de Gilles ni personne d'autre. On ne travaille pas le terrain, on ne met pas de fumier, on n'arrose pas : ça vient tout seul. Par exemple, si j'allais prendre des salades plantées et sarclées par le père Arnaud dans son potager, je serais un voleur ; mais dans les bois, sur la terre du Créateur, je suis partout dans mon jardin. Voilà !

Des questions sans réponse

Soufflé par cette surprenante philosophie, Émile hésitait à rire. Il s'écria :
– Oh ! Tu y vas fort ! Tu vas embrouiller le petit avec tes histoires fumeuses.
– C'est vrai que je n'ai pas bien compris, tonton...
– Bon, tu veux un exemple ? Tu me parles des truffes : ces champignons, comment tu crois que ça se reproduit ? Par la graine ! Seulement comment faire puisque la semence se trouvant immobilisée dans le sol ne peut pas se déplacer et aller germer ailleurs. Il lui faut trouver un moyen. Eh bien, elle va trouver quelqu'un qui se bouge pour elle. De quelle façon ? Grâce à son parfum ! Tu vois, tu vois comme elle est maligne la truffe ! Ce sont des choses que je connais bien...

Laurent dodelinait de la tête :
– Je ne comprends rien à ce que tu dis, tonton, avoua-t-il.
– Bon, voilà une truffière. Arrive un sanglier attiré par cette odeur si appétissante. Il est appâté. Il se dit : il me faut manger cette chose qui sent si bon ! Il creuse et dévore la truffe en se léchant les babines, puis, après une petite promenade digestive, il va faire sa crotte un peu plus loin. Avec un peu de chance, les graines qu'il a libérées feront naître une nouvelle truffière. Tu me suis ?
– Heu...

Barbaste balaya d'un geste les incertitudes du gamin :
– À ce moment-là, imagine que le sanglier a mangé une truffe de mon bois et qu'il est allé faire sa crotte chez le père de Gilles.
– Qu'est-ce que tu en penses ?
– Euh...
Barbaste, triomphant, conclut :
– Hé bien la truffe qu'il ramassera m'appartient puisque au départ le sanglier est venu manger la graine chez moi ! Qui est le voleur d'après toi ?
– Tonton, bredouilla Laurent effaré par cette logique, j'essaierai d'expliquer ça à mon copain ; mais ce ne sera pas facile...
Émile se fâcha :
– Tu racontes des couillonnades, Barbaste ! Viens, Laurent, on va voir si Benjamin est prêt à partir. Je t'expliquerai mieux...

– Il faut débarrasser la table, Alice, nous allons avoir la visite de Baptistin. Ce matin, il m'a demandé s'il pouvait venir bavarder avec moi, après le repas.
– Baptistin vient ici, avant la sieste ?
– Oui, à cette heure-ci, il est sûr de ne rencontrer personne dans la rue et il ne doit pas vouloir que l'on sache qu'il vient demander conseil au curé ; un vantard comme lui !
– Tu crois ?

## Des questions sans réponse

– Je ne vois pas d'autre raison. Ce qui s'est passé entre Pierre et Colette doit lui poser des problèmes...

On agitait la clochette, à l'entrée.

– Le voilà ! Je vais l'attendre au salon.

L'instant d'après, Ficelle se tenait devant Alice, sa casquette à la main, visiblement embarrassé.

– Entrez, Baptistin, mon frère vous attend.

– J'espère que je ne dérange pas ?

– Du tout, du tout... Venez.

Le curé s'était levé pour l'accueillir :

– Je t'attendais, Baptistin, vient t'asseoir. Alice, prépare un bon café, s'il te plaît, tu apporteras aussi la bouteille d'eau-de-vie, nous boirons la goutte tout à l'heure.

Ficelle s'installa, triturant sa casquette. Le curé s'exclama :

– Eh bien ! À voir ta tête, on dirait que tu as des soucis ?

Ficelle releva la tête, le regard indécis. Le curé sourit :

– Je parie que tu veux me parler de l'histoire qui s'est passée au bal, hier après-midi ?

Le sourcier écarta les bras en signe de confusion :

– Pierre va me rendre fou ! éclata-t-il. Non seulement il est amoureux de Colette dont il n'arrête pas de me casser les oreilles, mais encore il ne veut plus partir à Paris. Il fait la tête, ne mange plus son pain et voilà que, depuis hier soir, il veut à tout prix aller trouver le père Arnaud, vous vous rendez compte ? Je pense qu'il va le faire, je n'arrive pas à le raisonner. Il faudrait que vous lui parliez...

Les deux hommes se turent. Alice entra, portant sur un plateau les cafés et la bouteille, puis se retira sans bruit. Le curé servit les petits verres et ils burent en silence.

– Je savais qu'ils se fréquentaient un peu...

– Un peu ? Il veut se marier avec elle et serait même prêt à lui sacrifier sa situation !

– Elle est mignonne et sérieuse, cette petite. En plus, ses parents ont un peu de bien, cela ne gâche rien !

– Je suis d'accord avec vous, seulement mon fils doit bientôt partir à Paris et les Arnaud ne laisseront pas leur fille s'en aller si loin ! En plus, je suis fâché avec Joseph !

– Oh ! Une fâcherie pour une petite histoire de terrains à truffes...

– Comment pouvez-vous être au courant de cette affaire ? bredouilla Ficelle, sidéré. Décidément, rien ne vous échappe !

– Le métier, Baptistin, le métier... C'est mon affaire de savoir tout ce qui se passe dans le village.

– Hier, Joseph a fait honte à mon fils devant tout le monde !

– Il a fait honte à Colette et à Béatrice, rectifia le curé, et surtout à lui-même. Il était saoul comme un cochon. Le soir, ils se sont bien moqués de lui à la buvette !

– Admettons ! En tout cas, lorsque Pierre est venu me raconter l'affaire, il était bouleversé. Ça m'a fait de la peine ! Quand je le vois si amoureux, je me demande...

– Tu te demandes si tu ne devrais pas lui laisser mener sa vie à sa guise... Je comprends que tu aies de l'ambition pour ton fils, Baptistin, mais il ne faudrait quand même pas que tu lui fasses rater sa vie d'homme à cause de cela !

Ficelle écarta les bras. Il s'énerva :

– Monsieur le curé, j'ai fait des sacrifices ! J'ai voulu lui donner de l'instruction afin qu'il se fasse une bonne situation. J'aurais fait tout ça en vain ?

– Tu l'as fait pour lui, pas pour toi. Tu ne peux pas réaliser tes ambitions à travers lui...

– Même si c'est pour son bien ?

– Qui peut savoir ce que l'avenir lui réserve ? Tu as déjà vécu ta vie Baptistin, laisse-lui donc vivre la sienne. Il a déjà une meilleure situation que les autres jeunes du village, à la mine ; il travaille dans les bureaux pas au fond ! Il peut sûrement avoir des promotions, même en restant ici...

– À Paris il sera ingénieur ! Et puis des filles, il en trouvera tant qu'il voudra, là-bas. Quant à Colette, elle n'aura aucun mal à se marier au pays. Elle trouvera un garçon qui sera le successeur de Joseph...

– Tu veux tout décider à la place des autres ! Le problème, c'est qu'ils s'aiment, ces petits...

Ficelle se tortillait sur sa chaise. Il dodelina de la tête et dit :

– Vous savez, je connais la vie... Le cœur, c'est comme une tomme de chèvre : quand c'est jeune, c'est gros et tendre, ça s'épanche d'un rien, et au moindre coup de vent, la pâte tourne et s'aigrit. Il lui faut s'endurcir pour se fortifier. Trop de sentiment, ce n'est pas bon quand on veut se construire un avenir...

Le curé leva les bras :

– Allons, allons, tu parles de l'amour comme un vieux crétin. À vingt ans, tu ne pensais sûrement pas comme ça !

– Bah ! Ils sont loin, mes vingt ans !

Le curé se pencha et mit la main sur le bras de Ficelle.

– Écoute, dis à Pierre de venir me voir quand il arrivera du travail, je lui parlerai. Après, je discuterai avec Béatrice et je verrai ce que je peux faire. Tu sais, le directeur de la mine est très ami avec le curé de Saint-Laurent-le-Minier. Je vais demander à mon collègue de m'arranger un rendez-vous, ainsi je saurai s'il n'y a pas d'autres solutions. Avec ton accord, évidemment...

– Je voulais juste que vous calmiez Pierre ; pourquoi aller discuter avec le directeur et Béatrice ? Vous ne voulez pas que mon fils parte ?

## Des questions sans réponse

– J'aimerais simplement rencontrer ce monsieur. Avec lui, j'étudierai le problème dans l'intérêt de ton fils et de Colette. À Paris, on peut y partir à vie ou n'y rester qu'un an ou deux. Pourquoi n'y aurait-il pas d'autres solutions ? Je veux simplement voir si je peux faire quelque chose, ne t'inquiète pas.

– Vous lui direz quoi, au directeur ?

Le curé augmentait la pression de sa main :

– Je vais étudier la situation, pas plus ; pas monter une machination contre toi. Tu me fais confiance quand même ?

Méfiant, Ficelle hésitait :

– Enfin, si vous croyez...

– Sois sans crainte, je ne ferai que me renseigner et je viendrai te rendre compte.

Le curé se leva. Maintenant qu'il avait un semblant d'autorisation, il ne voulait pas laisser à Ficelle le temps de réfléchir. Il le raccompagna jusqu'à la porte et ajouta négligemment, au moment de le quitter :

– Je pensais à autre chose... Si ton fils épouse une Parisienne, il fera sa vie là-haut. Au début, il viendra te voir une fois par an pour ses congés. Habituée à la ville, sa femme ne se plaira pas ici. L'année d'après, il ne viendra que quinze jours et puis seulement une semaine chaque deux ou trois ans ! Tu vieilliras tout seul comme un couillon en attendant le facteur pour savoir s'il y a une lettre de lui...

Il lui mit la main sur l'épaule et conclut en soupirant :

– La vie est comme ça, mon pauvre Baptistin !

L'instant d'après, il refermait doucement la porte sur un Ficelle complètement déboussolé.

## XII

## La fanfaronnade du sourcier

Pierre avala de travers, toussa violemment en se renversant du café sur la main et se leva à moitié. Ayant enfin réussi à respirer, il s'exclama :
– Merde alors, on dirait un *novi*[1] ! Tu te maries, papa ?

Il se laissa retomber sur sa chaise et resta bouche bée en voyant son père sortir de la chambre. Amusé, celui-ci sourit :
– En quelque sorte... Le mariage du fontainier avec sa fontaine ! Je te plais ?
– Bé... Tu vas chercher de l'eau dans cette tenue ? Et de plus un mardi !

Stupéfait, Pierre examinait son père qui avait revêtu sa plus grande tenue : pantalon gris rayé, gilet assorti orné d'une montre à gousset avec

---
1. *Jeune marié.*

chaîne en or, chemise à petits carreaux et veste de velours noir. Pour finir, il s'était coiffé de son plus beau chapeau !

– Habillé comme ça, tu ne pourras pas travailler !

– Aujourd'hui, j'aurai des aides qui exécuteront mes ordres ; moi je me contenterai de commander ! Seulement il s'agit d'un gros filon... Je veux une belle célébration en guise de cérémonie des épousailles ! Tiens, ça me plaît que tu m'aies parlé de mariage...

– Je suis sidéré. Où vas-tu ?

– Chut, je te raconterai tout ce soir...

– Tu vas faire le gros coup dont tu m'as parlé le jour où tu es venu me chercher à la gare ? Ah ! Je comprends pourquoi tu disparaissais des jours entiers depuis quelque temps !

Ficelle acquiesça, la mine réjouie :

– Eh oui, tu as deviné !

– Explique-moi.

– Pas maintenant. Tu as vu le curé, hier soir ?

Le regard de Pierre s'éclaira.

– Merci papa, il doit voir Béatrice aujourd'hui. Il discutera avec elle et ensuite il se débrouillera afin de voir le directeur de la mine.

– Tu n'as pas à me remercier. Je suis allé solliciter l'aide du curé parce que dimanche soir je n'arrivais pas à te calmer. Si tu étais allé voir le père Arnaud, il t'aurait foutu à la porte et cela n'aurait rien arrangé. Seulement le curé en a profité. Il m'a emberlificoté et, maintenant, je ne sais plus si j'ai bien fait. Je ne lui ai pas demandé d'aller voir Béatrice ni d'aller discuter avec le directeur, je voulais juste qu'il te raisonne !

– On peut lui faire confiance !

– Tout juste, tout juste. Cet homme sait tout, voit tout et, s'il a une idée derrière la tête, il t'embrouille vite fait !

Pierre espérait beaucoup de l'initiative du prêtre, aussi jugea-t-il, prudent de mettre fin à cette conversation...

– Laissons faire, on verra bien... Bon, je m'en vais travailler. Je te souhaite bonne chance. À ce soir, tu me raconteras...

– Bonne journée, fils.

Ficelle rafla sa blague à tabac sur la table et en sortit une chique. Tout en mastiquant, il se regarda dans la glace ajusta son chapeau et dit à voix haute :

– Ficelle, le jour de gloire est arrivé ! De la classe, de la technique, du doigté !

Il sortit, referma la porte et, le cœur gonflé d'entrain, envoya un jet de chique à plusieurs mètres. Parvenu au hangar où il rangeait sa camionnette, il vérifia une dernière fois son matériel. Pioches, pelles, massettes, burins, cordeaux, explosifs, ainsi que les deux grandes tôles : rien ne manquait. Il se frotta les mains avec satisfaction, s'installa au volant et démarra.

Le curé sortit de chez lui, son bréviaire à la main, tourna à gauche dans la rue haute avant de redescendre vers le chemin neuf. Après avoir salué de-ci de-là quelques personnes croisées au hasard, il se dirigea vers les Aires. Tout en marchant, il ouvrit son livre de prières et se plongea dans la lecture. Pour tout le monde, monsieur le curé partait faire une petite promenade méditative. En réalité, il se rendait à la Borie par un grand détour afin de faire diversion et, surtout, d'éviter de passer devant la maison d'Élodie la commère...

Quelques minutes plus tard, Béatrice l'accueillait sur le pas de la porte :

– Entrez, monsieur le curé, j'ai préparé un bon café.

– Merci, Béatrice. Vous avez envoyé Colette aider Alice comme je vous l'ai demandé hier ?

– Oui, oui. Je lui ai dit que votre sœur avait besoin d'aide vu le grand ménage de l'église qui l'attend.

– Parfait, et Joseph ? J'ai entendu Bijou dans l'écurie.

– Cette semaine, il doit faucher sa luzerne du bas, vers Coumeirol. Benjamin, Barbaste et Portalès viendront l'aider. Ce matin, il est allé arranger le chemin ; il y a une muraille écroulée qui l'empêche de passer avec la charrette.

– Très bien, nous pouvons discuter tranquillement !

# La fanfaronnade du sourcier

– Installez-vous, je vous sers tout de suite.

Ils burent doucement en bavardant de choses et d'autres avant que le curé ne se décide à satisfaire la curiosité de Béatrice.

– J'aimerai connaître votre opinion sur Pierre ? demanda-t-il à brûle-pourpoint.

Surprise, Béatrice sourit :

– Ah ! Il me plaît ce garçon. D'autant qu'avec Colette, ils se fréquentent en cachette...

– Je suis au courant. Figurez-vous que j'ai eu la visite de Baptistin, hier. Il était embêté parce qu'après l'histoire du bal, dimanche, Pierre voulait à tout prix venir trouver Joseph et lui demander une explication...

– Eh bien ! Ce n'aurait pas été le moment, énervé comme il est ces jours-ci, mon Joseph ! Quand même, ce fanfaron de Ficelle vous a rendu visite ! Donc, il sait que son fils et ma fille...

– Oui et ça lui pose problème. Il venait me demander conseil en ami ; vous savez quand on a fait la guerre ensemble...

– Ah ! Et les petits, qu'est-ce qu'il en dit ?

– Il ne serait pas contre si Pierre ne devait pas partir à Paris à cause de sa situation. S'ils devaient se marier, il est persuadé que vous ne laisseriez pas votre fille s'en aller. Il pense à l'avenir de son fils, ça se comprend.

Béatrice hocha tristement la tête :

– C'est que... Vous vous rendez compte ? Nous n'avons qu'elle !

– Je le comprends. J'ai dit à Ficelle que je viendrai vous voir et que, si vous êtes d'accord, je me débrouillerai pour avoir un rendez-vous avec le directeur de la mine. J'en ai parlé à Pierre et ça l'a calmé.

Béatrice eut un mouvement de tête :

– Et vous avez obtenu l'accord de Ficelle ?

– Euh... Pas vraiment. Il n'a pas dit non et j'ai fait comme si...

Béatrice leva les bras :

– Eh bien ! Je n'aurais jamais cru que Ficelle se laisserait manœuvrer aussi facilement. Depuis qu'il chante partout que son fils va étudier à Paris et finira directeur !

– Disons plutôt qu'il a un problème ; j'essaie de voir si je peux l'aider...

Le curé baissa la voix :

– Ça pourrait arranger les petits par la même occasion... Toutefois, je ne me permettrais pas de demander une entrevue sans avoir au moins votre accord personnel !

Béatrice haussa les épaules :

– Moi, je voudrais bien ; mais Joseph, ça m'étonnerait ! Nous avons discuté hier... Je lui ai dit que, dans quelques années, les jeunes partiraient gagner leur vie ailleurs parce qu'ils souhaitent une vie plus facile. Mais comment voulez-vous qu'il accepte cette idée, le pauvre homme ; il aimerait un gendre qui reprenne les terres. À l'idée de voir sa maison abandonnée, il devient fou. Et la brouille dont je vous ai parlé n'arrange rien !

– Oh ! Cette histoire de terrains à truffes, je m'en charge. Dites-moi Béatrice, vous laisseriez partir votre fille, vous ?

Le regard perdu dans le vide, Béatrice hésitait :

– Cela me ferait beaucoup de peine. Malgré tout, cela ne m'empêche pas de souhaiter son bonheur. C'est bien difficile !

Le curé réfléchissait. Il remarqua :

– Finalement, on ne sait pas pendant combien de temps Pierre doit partir. Admettons qu'il puisse revenir ici ?

Béatrice prit un air désabusé :

– Je ne le crois pas. Si la mine dépense de l'argent dans le but de former ses agents, c'est sûrement en vue de les envoyer un peu partout en France. Peut-être plus loin encore !

– Bon, nous verrons. Je vais m'arranger afin d'obtenir ce fameux rendez-vous, ça me permettra de me faire une idée. Quant à Joseph, j'aimerais bien parler avec lui au sujet de sa fille. Par la même occasion, je pourrais aussi essayer de la réconcilier avec Baptistin...

– Ça, c'est bien facile. Voulez-vous venir manger un soir avec Alice ? Cela vous laissera le temps de discuter tranquillement avec mon mari.

Le curé hocha la tête, se leva et prit congé :
– Très bien, j'en parlerai à Alice. Au revoir, Béatrice, ne vous faites pas de souci. Je vous ferai savoir ce que m'aura dit le directeur.

Ficelle ralentit et se gara devant le Bon Coin. Le bar était fermé ! Surpris, il consulta sa montre : neuf heures moins le quart.
– Parfait, murmura-t-il, je ne suis pas en retard ! Ils doivent se trouver sur les lieux...

Il redémarra et s'étonna : le village semblait désert ! Personne sur la place, pas un chat dans les rues, épicerie fermée. « Étonnant, étonnant », songea-t-il.

Quelques instants plus tard, il s'engagea dans le chemin de terre qui menait à la source, stoppa son véhicule et resta bouche bée : tout le village se trouvait là, les jeunes, les vieux, les femmes ! Assis en famille, certains avaient étalé une serviette sur l'herbe et cassaient joyeusement la croûte ; d'autres discutaient par groupes. On s'interpellait, on trinquait avec entrain dans une ambiance champêtre ! Au premier rang de cette foule se tenait le conseil municipal au grand complet. Un peu à l'écart, Ficelle vit le curé, en compagnie de deux ou trois personnes. Plus loin, bien à l'abri des chutes de pierres, on avait installé une table avec des bouteilles et des verres.

## La fanfaronnade du sourcier

– *Miladiou*, une kermesse ! laissa échapper le sourcier entre ses dents.

Il resta quelques instants immobile, les mains sur le volant. Depuis quelques jours, il rêvait de cette journée, mais jamais il n'aurait imaginé se trouver en présence d'un tel spectacle ! Il se pencha sur le volant et regarda le ciel, d'un bleu infini. Le soleil, déjà vertical, illuminait la campagne : tout lui parlait de réussite. Une joie, un optimiste irrésistible s'emparèrent de lui. Il murmura une nouvelle fois :

– Ficelle, le jour de gloire est arrivé. De la classe, de la technique, du doigté !

Après quoi, il ouvrit la portière, sauta à terre et, soulevant son chapeau, salua la foule d'un geste large. Les trois coups étaient donnés, la représentation pouvait commencer !

– Vous êtes exact au rendez-vous, remarqua le maire en s'avançant. Vous allez bien ?

– Bonjour à tous. C'est la moindre des choses d'être à l'heure quand on a un tel comité d'accueil !

– Que voulez-vous, personne n'a voulu manquer l'événement !

– Vous avez même prévu une buvette ? Je suis épaté !

Tout en examinant Ficelle, le maire expliqua :

– Nous avons préparé une cruche, ainsi nous récupérerons la première eau qui jaillira. Quand le curé l'aura bénie, nous boirons le pastis tous ensemble. Ce sera un présage de prospérité et de bonheur pour le village. Cela me rassure que le prêtre soit là, comme ça le Bon Dieu est avec nous ! Euh... Vous m'étonnez aussi, monsieur Fabre, quelle élégance !

– Merci. À grande occasion, grande tenue !

Le maire prit Ficelle par le bras et l'entraîna vers le curé qui le salua plutôt froidement en l'examinant d'un œil suspicieux.

– Venez voir, poursuivit le maire sans s'attarder, je vais vous montrer la réserve supplémentaire que nous avons construite en un temps record.

D'un geste suffisant, il indiquait un bassin flambant neuf, construit un peu en aval du premier, juste à côté de la ravine. Un gros tuyau reliait les deux réservoirs. Ficelle apprécia :

– Vous avez bien travaillé ! En si peu de temps...

– Le village s'est mobilisé. Chacun a donné un coup de main, dit fièrement le maire. Vous comprenez pourquoi tout le monde voulait se trouver présent ici, aujourd'hui ?

– Parfait, maintenant, j'ai du travail avant que nous buvions le pastis !

– Organisez-vous. Voyez, les sept ou huit jeunes qui sont là-bas attendent vos ordres. S'il vous en faut d'autres...

– Cela suffira largement.

Il fit un signe du bras :

– Venez, les gars...

## La fanfaronnade du sourcier

En un rien de temps, la camionnette fut déchargée et Ficelle expliqua à deux volontaires :

– Prenez chacun une massette et un burin. Il vous faire deux trous ; un ici et un là. Il suffit qu'ils soient profonds d'environ quarante centimètres et pas trop grands. À peu près comme pour y loger une grosse bougie. Ce ne sera pas très difficile, la roche est tendre.

Il se tourna vers les autres :

– Quand vos copains auront terminé et avant que je fasse exploser la dynamite, vous poserez les deux tôles sur le bassin et vous mettrez de la terre dessus, ce qui le protégera bien de l'explosion. Préparez-en un tas de la valeur de cinq à six brouettes. Au travail !

Ficelle regarda en arrière. La foule, maintenant silencieuse, s'était rapprochée et l'observait avec curiosité. Le maire et son conseil discutaient à voix basse tandis que le curé, toujours à l'écart, ne le quittait pas des yeux.

Le sourcier ignora son regard hostile. Il se sentait fier de l'autorité incontestable que lui conférait son rôle d'expert et savait que sa belle tenue impressionnait. Sans forcer sa nature, il faisait un grand numéro. Il prit un sac qu'il alla déposer derrière un gros marronnier. L'arbre lui servirait d'abri. Il voulait tout de même savoir de combien de temps il disposerait pour se mettre hors de danger et mesura la distance approximative qui le séparait du bassin, en comptant les pas. Il surveilla ensuite l'avance des trous, la hauteur de la terre, fit quelques recommandations et retourna à la camionnette. Il allait, venait, saluant le maire au passage, ayant un sourire aimable à l'adresse du conseil, guettant le public, négligeant le curé. Il retourna à l'arbre, prit son sac et en sortit de la mèche noire et du cordeau détonant qu'il vint déposer près du bassin.

– Regardez si les trous vous conviennent, demanda un jeune.

Ficelle observa le travail.

– Très bien, ça suffit. Mettez les tôles dessus, maintenant.

En attendant l'exécution de ses ordres, Ficelle retourna à son véhicule et le gara en lieu sûr. Il revint avec deux bâtons de dynamite et deux détonateurs. Le moment décisif approchait. Attentive, la foule ne le quittait pas des yeux... Le travail des volontaires terminé, Ficelle put constater que le bassin était bien protégé.

– Ça va, leur dit-il, à présent je n'ai plus besoin de vous.

Avec précaution, il coupa un morceau de mèche noire et de cordeau détonant. Il relia les deux, prit un détonateur qu'il fixa au bout de la mèche et l'introduisit dans le bâton de dynamite.

– Reculez-vous, ça pourrait péter ; il y a du danger, dit-il, faussement excédé.

# La fanfaronnade du sourcier

Les spectateurs reculèrent précipitamment de quelques mètres. Satisfait de son petit effet, le sourcier logea doucement l'explosif et le détonateur dans le trou correspondant, avant de reboucher soigneusement la brèche avec de la terre pour la rendre complètement étanche. Il ne lui restait plus qu'à recommencer l'opération à côté. Il vérifia une dernière fois son travail : tout était parfait. Content de lui, il se retourna lentement et parcourut la foule des yeux. On l'épiait avec la plus grande attention et même, lui sembla-t-il, de l'admiration ! Il annonça d'une voix de stentor :

– Tout est prêt. Attention, il faut vous éloigner d'au moins cinquante mètres et bien vous cacher parce que les pierres vont pleuvoir partout. Ne cherchez pas à regarder, vous pourriez être atteints par un éclat. Surtout pas d'imprudence ; dans un quart d'heure, on boit le pastis...

Pendant que les spectateurs partaient se mettre à l'abri dans une joyeuse pagaille, Ficelle s'offrit une chique. La tension montait... Lorsqu'il ne vit plus personne, il cria très fort :

– Tout le monde est à l'abri ? Attention, bouchez-vous les oreilles...

Le sourcier se baissa, saisit les deux mèches et craqua une allumette. D'un geste décidé, il alluma les cordeaux avant de les reposer au sol. « Les jeux sont faits ! se dit-il. Il courut à son arbre et croisa les doigts en regardant les deux petites flammes qui couraient joyeusement dans l'herbe. Quand elles arrivèrent au rocher, il se fit tout petit derrière le tronc, les mains plaquées aux oreilles.

Deux formidables explosions retentirent presque simultanément et une pluie de cailloux s'abattit alentour... Avant même que les dernières pierres ne soient tombées, bravant l'interdit, chacun se précipita vers le lieu de l'explosion. Ficelle était déjà là, figé devant le bassin ; il entendait derrière la bousculade et les respirations haletantes. Il devinait les regards ahuris, pressentait le calme menaçant qui précède les grandes tempêtes. Plus aucune goutte d'eau ne s'écoulait de l'endroit où, pendant des siècles, une belle petite source avait fait entendre sa douce mélodie !

Le sourcier s'approcha du rocher : il lui était difficile d'apprécier la situation. Il fallait dégager les gravats, réfléchir où placer une nouvelle charge plus forte. Seulement comment raisonner calmement avec cette foule dans son dos qui se rapprochait, qui se faisait – il le devinait – de plus en plus menaçante ? Pourtant, il lui fallait réagir, trouver immédiatement une solution. Il se décida à prendre une pioche, mais déjà quelqu'un lui frappait l'épaule en l'interpellant durement :

– Oh ! Le sourcier... Explique-nous ce qui se passe ?

– On va lui arranger son beau costume, à cet imbécile ! cria un autre.

# La fanfaronnade du sourcier

Le danger se précisait. Ficelle devait prendre une décision sur-le-champ malgré la panique incontrôlable qui l'envahissait. Il restait cloué au sol, les genoux tremblants, alors qu'il aurait fallu se démener, expliquer, donner des ordres...

Heureusement, ce moment de faiblesse ne dura pas. Il fit volte-face, leva les bras et intima le silence. Il était ramassé sur lui-même, le regard droit ! Il lança d'une voix ferme, sans hésitation :

– Ce n'est rien ! Par précaution, je n'ai fait exploser qu'un demi-bâton de dynamite, la charge n'a pas été assez forte. Je vais mettre un bâton entier. Reculez d'au moins cent mètres, cette fois ça va péter fort !

Le maire ne tenait plus en place. Il demanda :
– Vous êtes sûr que ce soit la bonne solution ?
Ficelle le toisa :
– Certain !

Il y eut un moment de flottement puis un murmure réprobateur monta de la foule.

– *Cré Diou*, hurla quelqu'un, *es un escrocaïre*[1] !
– N'auriez-vous pas commis le péché de présomption ? demanda le curé en le fusillant du regard.

La rumeur devenait grondement. On poussait en voulant se rapprocher. Il fallait que le sourcier réagisse dans l'instant, sinon il était perdu.

---

1. *C'est un escroc !*

– Nom de Dieu ! s'écria Ficelle, laissez-moi finir le travail. Reculez, je vais chercher de l'explosif.

Il écarta les bras et repoussa sans ménagements le premier rang des spectateurs. Son visage dur, sa fermeté et son sang-froid apparent en imposaient. Le maire, très soucieux pour lui-même, vint à son secours :

– Laissons-le terminer ce qu'il a commencé ! On verra après...

Son intervention fut décisive. Lentement, en se marchant un peu sur les pieds, les gens reculèrent et allèrent se remettre en lieu sûr.

Ficelle attendit patiemment que toutes les personnes se soient suffisamment éloignées. Quelques-unes restaient trop près à son goût :

– Plus loin ! hurla-t-il.

Lorsqu'il ne vit plus personne, il poussa enfin un soupir de soulagement et s'essuya le front d'un revers de main. Il savait que le répit serait de courte durée. Il revint vers la camionnette, fouilla dans le sac, sortit deux nouveaux bâtons de dynamite et s'immobilisa. Une lassitude infinie, aussi soudaine qu'imprévisible venait de le frapper comme un coup de poignard dans le dos.

Est-ce l'effort qu'il avait fait pour garder son sang-froid et éloigner la foule ou la certitude de se faire écharper en cas d'échec qui le paralysait ? Il s'appuya contre le véhicule, découragé, vaincu, un goût amer à la bouche. Avec une grande lucidité,

## La fanfaronnade du sourcier

il se vit comme un vieux clown face à cette meute vigilante, prête à bondir sur lui... Il voulait se ressaisir et n'y arrivait pas ! Brusquement, sans vraiment réaliser ce qu'il faisait, il se retrouva assis au volant du véhicule, la main sur la clef de contact !

Il manquait d'air : son cœur cognait dur dans sa poitrine et il avait du mal à coordonner ses mouvements. Il entendait déjà des cris, des exclamations : la supercherie serait vite découverte ! Le moteur ronfla enfin tandis que les hurlements s'amplifiaient. Ses mains tremblaient si fort qu'il faisait craquer les vitesses sans pouvoir démarrer ! Maintenant, il devinait, avec une cruelle lucidité, que les gens fonçaient sur lui à toute allure. Il tourna la tête et vit avec horreur les premiers jeunes qui déboulaient ! La panique le submergeait lorsque, comme un miracle, le levier s'enclencha. Il emballa le moteur, priant Dieu de ne pas caler et démarra dans un hurlement de mécanique malmenée. Déjà, les premières pierres s'abattaient sur la carrosserie et sur la bâche.

Les mains crispées sur le volant et le pied écrasant l'accélérateur, Ficelle ne respirait plus. « S'ils m'attrapent, je suis un homme mort », songea-t-il, désespéré. Heureusement, il prenait de la vitesse, gagnait du terrain. Il ne savait pas comment il avait réussi à passer la seconde ! Au détour du chemin, comme dans un rêve, il vit dans son rétroviseur tout le village qui courait vainement après lui.

– Attrapez-le, attrapez-le ! vociférait la foule.

Trop tard, la tête bourdonnante, les yeux hagards et les muscles tétanisés, Ficelle s'éloignait vers un salut immédiat et... un avenir rempli d'angoisses et de remords.

– Papa, comme tu n'étais pas là quand je suis arrivé du travail, je suis allé voir Colette pour lui parler de ta visite au curé. Elle était déjà au courant...

Pierre s'interrompit, la main sur la poignée de la porte d'entrée. Son père était assis à la table de la cuisine, le dos rond, la tête baissée, dans une attitude d'abattement total ! Il leva sur son fils un regard hébété et resta silencieux. Pierre referma doucement et s'approcha, interdit :

– Qu'est-ce que tu as ?

Pierre dévisageait son père. Il le connaissait coléreux, violent, insupportable, autoritaire, surtout vantard ; mais ne l'avait jamais vu dans un état de prostration pareil ! Désemparé, il demanda :

– Je mets la table ?

– Pas pour moi, je n'ai pas faim...

Le silence retomba. Gêné, Pierre fouilla dans le placard mural à la recherche du saucisson et d'un morceau de fromage afin de se donner une occupation. Il se demandait ce qui avait bien pu se passer pour que son père soit dans un tel état après

## La fanfaronnade du sourcier

être parti tout guilleret le matin même. Ce mutisme était insupportable, il s'écria :

– Tu as eu un accident ? Quelqu'un est mort ? Dis quelque chose, enfin !

Ficelle leva la tête et regarda son fils comme s'il ne le reconnaissait pas. Pierre s'assit face à lui, mit la main sur son bras et insista doucement :

– Dis-moi ce qui se passe, je t'en prie !

– Il se passe que ton père est déshonoré, fini, détruit !

Ficelle avait parlé presque malgré lui.

– C'est si grave que ça ?

Le sourcier hésita puis releva la tête. La mine inquiète et chaleureuse de son fils l'encouragea. Il n'en pouvait plus. Ne sachant que faire ni où aller, se reprochant sans cesse son attitude, il avait erré sans but tout l'après-midi. Il décida de parler, s'expliquer le soulagerait. À qui d'autre pourrait-il se confier, à part à Pierre ?

Il raconta tout : sa rencontre avec le maire de La Vernède, les discussions, ses recherches sur le terrain, ses certitudes quant à la présence d'un important filon. Surtout il relata sa désastreuse journée sans omettre le moindre détail.

– Si tu avais vu ça, Pierre ! Peut-être plus de cent personnes assistaient à l'événement. Tout allait comme sur des roulettes. On m'admirait, les jeunes se bousculaient pour exécuter mes ordres !

– Quand même ! Tu étais si sûr que ça qu'il y avait beaucoup d'eau ?

– L'eau ? Mon pauvre ami, je la flairais, j'avais l'impression de la sentir couler dans mes veines ! Seulement le terrain est calcaire, la roche friable. Par malchance, les dégradations ont dû provoquer une faille où l'eau a momentanément disparu ! Un coup de mine de plus et le filon se libérait !

Ficelle se prit la tête dans les mains et continua d'une voix désabusée :

– Malheureusement, j'étais paralysé, je n'arrivais pas à me concentrer calmement. Cette pression... L'agressivité des gens... J'ai entendu des menaces ! Pourtant, j'avais déjà la dynamite dans les mains...

Pierre écoutait, n'osant interrompre son père qui continuait :

– Je t'assure. S'il n'y avait pas eu tous ces gens, j'aurais tranquillement arrangé le coup et maintenant l'eau coulerait à flots ! Je suis vraiment guignard avec les sources, en ce moment !... Si cet imbécile de maire n'avait pas eu l'idée d'organiser une fête champêtre, tout se serait bien passé !

– Il te fallait prévenir les gens avant d'agir et leur expliquer ce qui pouvait se produire. Ils...

– Il fallait, il fallait... Il est trop tard maintenant pour penser à la façon dont j'aurais dû m'y prendre. Je n'ai pas eu de la chance ! C'est un coup malheureux...

Ficelle baissa les épaules et dit, la voix brisée :

– Qu'est-ce que je raconte ? Je me suis dégonflé ! Je devais me faire tuer sur place au lieu de m'enfuir... Je me le reprocherai toute ma vie !

Pierre tenta de rassurer son père :

– Je suis sûr que l'eau est revenue un moment plus tard, elle n'a pas pu disparaître !

– Bof, quoi qu'il en soit, tôt ou tard les gens de Saint-Bresson apprendront ce qui s'est passé. La honte et le ridicule seront sur moi... Quel con ! J'ai été trop orgueilleux, trop ambitieux. Cela ne suffisait pas que je fasse une grosse couillonnade, il a fallu en plus que je perde mon sang-froid ! Je suis foutu... Je te le dis, je n'irai plus jamais m'asseoir sur la place pour discuter ; on se foutrait trop de moi.

Ému par la détresse de son père, Pierre tenta de le tranquilliser :

– Cela passera, papa, tout s'oublie...

– Oh non ! Un jour ou l'autre...

Il poussa un gros soupir.

– Quand ils sauront, Barbaste et Élodie ne me manqueront pas !... Té, je ferais mieux de me foutre un coup de fusil et on n'en parlerait plus !

– Ne dis pas des choses pareilles ! Je t'en prie, tu me fais faire trop de souci !

Ficelle, visage figé, resta longtemps silencieux, puis il dit d'un ton amer :

– Tu vois, Pierre, l'homme est tellement peu fait pour le malheur que, le plus souvent, il ne le voit pas venir. Il vit tranquille, se prélasse dans ses certitudes et ses petites habitudes. Survient alors une catastrophe qui le réveille en sursaut. C'est à ce moment-là qu'il réalise combien il a lui-même préparé sa propre ruine. Je parle de malchance et de fatalité, alors que j'ai moi-même provoqué le drame qui m'anéantit !

– Tu broies du noir, ne sois pas si pessimiste !

– Si, si, regarde : je pourrais vivre tranquille, me promener, planter quelques pieds de tomate et un carré de salades ce qui m'occuperait. Au lieu de cela, il faut toujours que je me trouve des défis à relever... Un moyen de me vanter, de faire le malin...

– Moi, je t'aime comme ça. Au moins tu ne vis pas comme un vieux !

– Non ! Je suis une grande gueule, je veux embêter Élodie, emmerder Barbaste, jouer les matadors ! À La Vernède, j'ai entrepris un chantier que j'aurais dû laisser à une entreprise qualifiée. À l'Olivette, je n'avais pas étayé... Pour briller et fanfaronner sur la place à midi, je fais des conneries énormes. Je me comporte comme un crétin et je parle de déveine ; je suis un incapable !

– Tu as souvent réussi à trouver de l'eau et j'en ai vu beaucoup te remercier !

Ficelle se leva péniblement et dit tristement, comme s'il n'avait pas entendu :

## La fanfaronnade du sourcier

– Si j'étais raisonnable, je n'en serais pas là... Je vais me coucher, fils, débrouille-toi si tu as faim...
– Euh... Tâche de dormir un peu, bredouilla Pierre.
Ficelle avait déjà fermé la porte de la chambre.

# XIII

## Une mauvaise rencontre
## Les faucheurs de l'œuvre

Le jour se levait à peine. Barbaste posa son sac à terre dans le hangar des Cournier, appuya sa faux contre le mur et s'assit sur un billot en attendant Benjamin et Portalès. Il se roulait une cigarette lorsqu'il entendit un faible bruit. Quelqu'un arrivait...

Intrigué, il tourna la tête et se pencha en avant. Son visage se fendit d'un sourire féroce. Élodie, qui habitait peu après le hangar, passait sur le chemin, allant vider son pot de chambre ! Bien que cette apparition fût inattendue, l'occasion offerte à Barbaste de se venger de la fois où elle l'avait surpris au retour de son braconnage était exceptionnelle.

La bergère venait vers lui à petits pas silencieux. Silhouette fantomatique se détachant dans le clair-obscur du jour naissant, elle ressemblait vraiment à une sorcière avec ses cheveux ébouriffés, sa chemise de nuit crasseuse flottant sur ses mollets décharnés et ses savates trouées. Pour mieux la surprendre, Barbaste attendit qu'elle lui tourne le dos avant de l'interpeller d'une voix moqueuse :

– Té, Élodie, tu vas jeter ta parfumerie ?

La bergère sursauta si fort qu'elle faillit lâcher son vase de nuit.

Barbaste rigola :

– Ah ! Tu es belle comme ça, on dirait une vieille haridelle !

Changée en statue, Élodie ne bougeait toujours pas. Brusquement, elle fit volte-face, le visage crispé par un méchant rictus et resta plantée là, toute tremblante de colère, sans dire mot. Le braconnier secoua la main et dit :

– Il doit y avoir de drôles de choses dans ce pot, pour que tu ailles le vider en cachette à la pointe du jour !

Bien que toujours muette, Élodie suffoquait de rage et de haine. Son visage blafard s'était empourpré. En trois pas, elle fut face à Barbaste et eut un geste du coude comme lui lancer au visage le contenu du pot de chambre.

– *Saupras lo dire, ço que li a dedins*[1] !

---

1. *Tu sauras le dire, ce qu'il y a là-dedans !*

Une mauvaise rencontre

Une expression de folie dans le regard de la bergère inquiéta Barbaste qui fit un bond en arrière en brandissant sa faux.

– Si tu fais ça, je te casse ta tête avec le manche de la faux ! menaça-t-il d'une voix étranglée.

– *Bogre de porcas*[1] *!* siffla Élodie.

– Au large, diablesse !

Les yeux d'Élodie jetaient des éclairs :

– Tu es mort de peur, je le vois !

– Fais un geste et je t'assomme, dit Barbaste, l'œil bigleux révulsé par le dégoût.

Les deux ennemis, dressés face à face, s'observaient férocement

– Attends, un jour nous réglerons tous nos comptes ! cria Élodie. Tu verras...

Sans un mot de plus, la bergère fit demi-tour et s'éloigna, son ustensile à la main, marmonnant les pires menaces. Barbaste souffla lentement en reprenant ses esprits. Un frisson le secoua à l'idée de ce qui aurait pu lui couler sur la tête, si Élodie avait mis sa menace à exécution !

– *Miladiou de miladiou !* s'exclama-t-il, la faux m'a sauvé !

Il transpirait et s'aperçut que dans sa hâte à saisir son outil il avait renversé son paquet de gris sur le sol. En fulminant, il s'agenouilla et récupéra tant bien que mal son précieux tabac.

---

1. *Espèce de cochon !*

Pour le troisième jour d'affilée, Ficelle se leva dès l'aube après une nuit peuplée de cauchemars. Il ne dormait pratiquement plus depuis sa mésaventure, remâchant sans cesse les événements du mardi. Il se levait, le corps harassé par épuisement des nerfs brisés, des désirs déçus et des sombres pressentiments. Il s'habillait, se lavait rapidement puis, prenant à peine le temps de boire un café, partait jusqu'au soir avec sa camionnette. Il ne voulait plus se montrer au village.

Durant la journée, il allait voir d'anciens chantiers, rendait visite à quelques connaissances et prenait ses repas dans des gargotes, au hasard de ses déplacements. Le soir, en revenant, il traînait un peu dans le village, constatant, surpris, que personne ne lui faisait la moindre remarque. Perplexe, il rentrait chez lui et faisait sa cuisine. Perdu dans ses pensées, il restait taciturne avec Pierre lorsque celui-ci rentrait.

Cependant, il se reprenait à espérer chaque jour davantage. Dans les bourgs où il s'arrêtait pour manger ou faire quelques commissions, il n'entendait parler de rien ! Aussi finissait-il par se persuader, après mille suppositions, que la seule raison valable de cette tranquillité ne pouvait avoir qu'une explication : après son départ précipité, l'eau, dégagée par quelques rochers, s'était mise à couler à flots, comblant les vœux des Vernédois !

## Une mauvaise rencontre

Plus les jours passaient, plus il s'accrochait à ce fol espoir et son moral s'améliorait.

Il sortit de chez lui et, comme tous les jours, longea la place pour aller pisser contre le noyer qui se dressait devant la maison de Fernand Randon. Il allait repartir vers son garage lorsqu'il entendit des éclats de voix. Se dissimulant derrière l'arbre, il risqua un œil et vit passer Benjamin et Portalès, la faux sur l'épaule. Il resta caché, attendant qu'ils s'éloignent. Il ne voulait parler à personne et surtout pas à ces deux grandes gueules !

– Qu'est-ce qui t'arrive, Barbaste, tu me parais bizarre ? remarqua Portalès.
– *Dé diou,* il vient de m'en arriver une !
– À voir ta tête, on dirait que tu as rencontré un fantôme !
– Pire que ça ! Je viens de me trouver nez à nez avec Élodie qui allait vider son pot de chambre !
– Ah ? s'exclamèrent Benjamin et Portalès.

L'éclat de rire qui s'échappa de leurs gorges déployées lorsque Barbaste eut raconté sa malencontreuse confrontation arriva jusqu'aux oreilles du père Arnaud ! Le braconnier râla jusqu'à la Borie. Agacé par les grasses plaisanteries de ses compagnons, il ne cessait de répéter :
– J'aurais aimé vous y voir ! Si je n'avais pas eu la faux, sûr qu'elle me balançait tout son merdier sur la tête !

Cela continua de plus belle lorsqu'ils eurent rejoint Joseph. La journée commençait mal pour Barbaste !

– Il est revenu le diable... Saloperie !

Laurent, les yeux encore tout bouffis de sommeil, contemplait sa grand-mère tourner fébrilement autour de la table en divaguant.

– Mémé... dit-il, effaré.

– Je le savais, le bougre... Il fait dire des messes noires, il manigance... *Miladiou !*

Laurent ne comprenait pas. Il regarda la pendule : dix heures ! Il savait que les hommes étaient partis à l'aube, qu'est-ce qui avait bien pu mettre sa grand-mère dans cet état.

– Mémé, répéta-t-il, inquiet.

Tout à son délire, Mathilde l'ignorait, s'agitait, levait les bras. Laurent s'avança et s'assit timidement à table, malheureux de voir sa grand-mère ainsi.

– Ils se conduisent mal et c'est à moi qu'on en veut... On me jette des sorts !

Tout en marmonnant, elle mit machinalement un bol devant Laurent, le remplit de vin rouge et rajouta trois sucres. Le garçon pleurnicha :

– Mémé, tu as mis du vin dans mon bol ! Pourquoi tu es comme ça ?

– Eh bé, puisque c'est comme ça, je vais foutre le camp d'ici...

## Une mauvaise rencontre

– Si tu pars, je m'en vais aussi !

Le garçon avait parlé d'une voix si désespérée que Mathilde reprit ses esprits :

– Ah ! Mon pauvre petit, je ne sais plus ce que je fais...

– Ne t'énerve pas, je t'en prie !

– Ça va, ne t'inquiète plus...

Mathilde renifla. Elle sortit un mouchoir tout chiffonné et s'essuya les yeux avant de dire tristement :

– Que veux-tu, ils me rendent folle avec leurs histoires. Tiens, regarde...

Elle tendait à Laurent une enveloppe bleue quelle venait de prendre sur le buffet.

– Lis, dit-elle.

La lettre était décachetée. Les doigts tremblants, Laurent sortit une feuille de papier à l'en-tête de la République française. Le texte était bref. Il lut à voix haute :

– Tribunal de première instance. Le Vigan, Gard. Monsieur Randon Clovis. Vous êtes convoqué sans faute à la séance du tribunal qui aura lieu le mardi vingt-six juillet à quatorze heures précises... Le greffier...

– Un gendarme l'a apportée ce matin, expliqua Mathilde.

– Oh, mon Dieu ! Que vont dire les gens ?... Ça va jaser dans toutes les maisons !

Mathilde hocha la tête d'un air accablé.

– Quand tu auras pris ton petit déjeuner, tu iras la lui porter ça, comme ça au moins il sera contrarié lui aussi !

Le garçon se leva d'un bond :

– J'y vais tout de suite !

– Viens boire ton café d'abord !

– Non, tonton Clovis... Il est méchant !...

Avant que Mathilde ne puisse répondre, Laurent avait disparu. Il ne voulait pas montrer à sa grand-mère qu'il pleurait.

Le curé s'installa à la fenêtre de la cuisine qui donnait sur la place pour prendre le petit déjeuner qu'Alice venait de lui servir. Il s'étonna :

– Tiens, où va le petit Laurent en courant si vite !

Alice se pencha au-dessus de lui :

– Regarde, il a une enveloppe bleue à la main !

Déjà, le gamin avait disparu de leur vue. Pensif, le curé grimaça :

– Aie, aie, aie... Je crois deviner. Barbaste ne s'est pas présenté aux gendarmes ; il doit avoir reçu une convocation du juge et Laurent va la lui porter. Eh bien, Mathilde doit être dans un drôle d'état !

– Dans ce cas, tu devrais lui rendre visite. Pauvre femme !...

– Tu sais, quand elle est partie dans ses divagations, il vaut mieux la laisser tranquille. J'irai la voir de retour de la Borie. Il faut que je dise à Béatrice que le curé de Saint-Laurent s'occupe de mon rendez-vous. Le directeur va rentrer...

Le curé termina son café et se leva :

– Au fait, cela fait trois jours que je ne vois plus Baptistin. J'entends démarrer sa camionnette de très bon matin et il ne revient que tard le soir. Je me demande bien ce qu'il doit faire, toute la journée ?

– Oh ! Il doit chercher de l'eau ici ou là...

– De l'aurore à la nuit tombée ? Ça m'étonnerait, Alice ! Je me renseignerai. Bon, je te quitte, il faut que j'aille voir la femme du maire pour le baptême de son petit-fils.

– Voilà Laurent qui vient nous voir ! dit gaiement Benjamin.

Le garçon restait immobile, les mains dans le dos. Tout le long du chemin, il avait pensé faire des reproches à son oncle, lui dire que ce n'était pas bien de faire inquiéter sa grand-mère et, maintenant, il restait planté là, se demandant comment allait réagir Clovis quand il verrait la lettre.

Les hommes étaient assis à l'ombre sous le couvert des chênes. Entre leurs jambes écartées, ils avaient planté l'*aireta*, la petite enclume sur laquelle ils avaient placé la lame démanchée. À l'aide d'un marteau lourd et plat de chaque côté, ils *piquaient le dahla,* la faux, pour lui rendre tout son tranchant ébréché par les pierres et les inégalités du terrain. Intrigués, ils avaient interrompu leur besogne et dévisageaient le gamin.

– Qu'est-ce qui t'arrive, dit Barbaste. Tu as avalé ta langue ?

Indécis, Laurent regardait son oncle. Soudain, il montra la lettre et débita tout d'une traite :

– Mémé m'a dit de te porter ça. Un gendarme l'a apportée ce matin. Tu es convoqué chez le juge !

– Merde !

Barbaste s'était levé d'un bond. Après avoir lu la missive qu'il avait arrachée des mains de Laurent, il lâcha :

– Cette fois je suis fait !

– Tu croyais que les gendarmes allaient te laisser tranquille ? fulmina Benjamin. Si tu étais allé les voir, cela aurait peut-être pu s'arranger, mais à force de faire le con...

Barbaste se rebella :

– Ce salaud de Pialot, je pensais qu'il m'arrangerait le coup !...

– Ah oui ? Même en sachant qu'il avait refusé ton lièvre ?

Le visage rembruni, Barbaste baissait la tête. Gênés, Joseph et Portalès avaient repris leur lame et agitaient leur marteau, très attentifs à leur travail.

– Comment est ta grand-mère ? demanda Benjamin.

Laurent agita la main :

– Oh, là là !

Il se tourna vers son frère et l'avertit, d'un ton sans réplique :

– À partir d'aujourd'hui, tu te débrouilles. Tu te feras définitivement envoyer ton courrier où tu veux, mais pas chez notre mère, d'accord ?

– Oh ! Ce n'est pas moi qui ai dit au gendarme d'aller chez la mère. Il sait où j'habite.

– En attendant, ça fait la deuxième fois que les pandores viennent à la maison, je ne veux pas que cela se reproduise. Que je n'ai pas à te le redire.

Désemparé par la dispute entre ses deux oncles, Laurent constatait que Benjamin engueulait Clovis et que celui-ci n'en menait pas large. Lui qui, d'ordinaire, s'énervait et criait pour un rien se tenait manifestement sur la défensive. Il maugréait, mais ne disait rien. Pourtant, Benjamin ne criait pas. Intrigué, le gamin le regardait avec des yeux nouveaux. Celui-ci se leva, le visage soucieux.

– Laurent ?

– Oui, tonton.

– Tu vas rentrer à la maison et rester avec ta grand-mère. Sois gentil avec elle, hein ?

Laurent acquiesça, fier de la responsabilité que lui confiait son oncle. Celui-ci ajouta, à l'intention de Barbaste :

– Tu es vraiment un emmerdeur ! Avec toi, on ne peut pas être tranquille...

Le braconnier protesta :

– Oh, c'est quand même moi qui risque d'aller en prison !...

– Prison ou non, je ne veux pas que notre mère devienne folle à cause de toi !

Joseph observait les deux frères. Il fit diversion pour mettre fin à la querelle :

– Hé, les gars, on a du boulot ! Si on allait faire quelques rangées de plus ?

Déjà, les hommes *manchaient*[1] leur faux. Barbaste eut du mal à ajuster la sienne !

Laurent observa un instant les hommes qui recommençaient à faucher, puis partit vite rejoindre sa grand-mère.

– Encore du pâté, maman ? Jamais ils ne mangeront tout ça !

– Tant pis, dit Béatrice. Il vaut mieux qu'il y en ait trop que pas assez. Tu sais, pour tenir le coup à faucher toute la journée, il faut se caler solidement l'estomac !

Elle noua la dernière serviette.

– Maman ?

– Oui ?

– Tu crois que le curé a déjà fait quelque chose ?

– Comment veux-tu que je le sache ? De toute façon, le directeur est encore en congés...

– Oh, celui-là, il pourrait bien revenir !

---

1. *Remettre la lame sur le manche.*

Les faucheurs de l'œuvre

– Ma fille, même les patrons ont des vacances.

D'un geste machinal, Béatrice lissa son tablier. Depuis quelques jours, une question lancinante la tourmentait. Elle prit sa fille aux épaules et lui demanda, les yeux dans les yeux :

– Colette, suppose... Suppose que ton père et moi te laissions le choix. Tu partirais à Paris ?

Le regard de Colette se voila et elle enlaça sa mère. Elles étaient là, se soutenant l'une l'autre, toutes deux envahies par le doute.

– Je ne sais pas, maman. J'ai du mal à l'imaginer et je n'arrive pas à me faire à cette idée... Je me dis que papa ne voudra jamais... Moi, j'aimerais que Pierre reste ici !

– Tu sais, en ce qui concerne ton père, cela dépendra beaucoup de moi... Mais toi ? insista doucement Béatrice.

Une larme glissa sur la joue et se perdit dans les cheveux de sa mère.

– Je ne suis sûre de rien, maman. Tout ça, c'est bien compliqué, dit-elle avec une petite voix. Je l'aime...

– Bon, faisons confiance à monsieur le curé. Nous verrons bien ce qu'il dira, soupira Béatrice.

Elle tapota l'épaule de sa fille et ajouta, avec un faible sourire :

– Maintenant, pars vite.

– Allez Perlette, régale-toi tant que tu peux. Cette herbe est bien bonne, tu ne trouves pas ? C'est celle des Randon. !

Perlette, qui broutait tranquillement, releva la tête et bêla faiblement en secouant sa barbichette comme pour approuver sa patronne.

Élodie jubilait. Après la honte d'avoir été surprise en si fâcheuse posture par Barbaste, elle avait tourné en rond dans sa cuisine, incapable de faire quoi que ce soit tant la rage l'étouffait. Finalement, une idée lui était venue : les Randon possédaient un pré dans la vallée, vers le Mas : y aller faire paître Perlette la soulagerait un peu de sa colère.

– Sois tranquille, va, Benjamin et Barbaste ne risquent pas de nous déranger aujourd'hui !

Perlette fixa sa patronne d'un œil rond et perplexe.

– Ah le salaud ! jura Élodie. J'aurais dû le lui jeter à la tête, mon pot de chambre ! Il ne s'en serait pas vanté, va...

La chèvre n'écoutait plus ; repue, elle regardait au loin, dans la combe. Élodie lui caressa la tête :

– Tu en as assez, ma chevrette ? Viens, on va se promener, la marche nous fera du bien et il faut que je réfléchisse comment me venger de Barbaste et de Ficelle...

L'une suivant l'autre, les deux amies prirent le chemin du retour ; Élodie soliloquant, Perlette hochant la tête comme si elle comprenait tout ce que lui racontait sa maîtresse.

Le sentier traversait un espace dégagé et, de là où elle se trouvait, Colette apercevait les hommes au travail. Saisie par la beauté du spectacle, elle posa son panier et s'assit pour l'admirer.

Dans le grand pré qui barrait la colline, Portalès, faucheur hors pair, donnait la cadence. Il se tenait en avant et les autres, en ligne, décalés de trois ou quatre mètres, se réglaient sur son rythme. De son observatoire, la jeune fille entendait parfaitement le chant des lames mordant l'herbe grasse, et c'était merveilleux d'écouter cet orchestre si bien dirigé par le meneur. Bien planté sur ses jambes, une ceinture de flanelle enroulée autour de la taille, les manches retroussées, Portalès se courbait sur sa faux avec application. Le grand mouchoir à carreaux qu'il avait coincé sous son béret pour mieux se protéger la nuque du soleil brûlant lui donnait un air de chef berbère. Les hommes progressaient sur le côté, en crabe, d'un même balancement sans fin, faisant corps avec leur instrument. À chaque mouvement de faux, geste élégant, souple et circulaire, le pied gauche avançait, le droit prenait automatiquement sa place. Et les rangées tombaient, l'une après l'autre, régulièrement. Colette appréciait la besogne :

derrière les faucheurs, on aurait dit qu'on avait passé un rasoir !

Soudain, Portalès s'arrêta et, d'un ample mouvement, renversa sa faux, aussitôt imité par les deux autres. Les hommes coincèrent la lame sous le bras gauche et sortirent la pierre du *goudjal*, cet étui de bois pendu à la ceinture où ils mettaient de l'eau et de la paille pour maintenir l'humidité. Alors, ils firent chanter l'acier par le va-et-vient de la pierre sur le métal. Exercice délicat de virtuose.

Quelques coups en avant, quelques coups en arrière suffirent ; du même geste du pouce, les faucheurs tâtèrent délicatement le fil, comme un musicien gratte les cordes de son violon pour l'accorder. Enfin, Portalès se pencha, avança le pied gauche et la symphonie reprit.

Colette ferma les yeux et se laissa bercer par cette mélodie. Elle gonfla ses poumons des odeurs musquées que dégageaient l'aspic, la farigoule et les cades touffus. Il régnait une douceur impalpable qu'accentuaient, par moments, de petits souffles d'air qui lui caressaient le visage, lui apportant comme une promesse. Elle secoua enfin sa rêverie et se leva. Les hommes devaient l'attendre avec impatience...

## XIV

## Un marchand ambulant trop bavard...

Q̇UI POURRA JAMAIS DIRE LA FOLIE des hommes ? Qui aurait pu croire qu'un village peuplé de braves gens, honnêtes, travailleurs et bons chrétiens, soit soudain secoué par un accès de fièvre aussi brutal qu'incontournable ? Certainement pas le Gisclet – marchand ambulant de son état –, qui, comme tous les samedis matin, installait sa marchandise sur la place de Saint-Bresson.

Petit, noir de peau et de poil, une tête d'oiseau toujours coiffée d'un béret soigneusement cassé en deux sur le sommet du crâne, le Gisclet ressemblait à un vieux chef gaulois avec ses grosses moustaches qui lui encadraient le menton. Le regard pétillant masqué par des sourcils incroyablement broussailleux trahissait sa nature : c'était malin. Sans en avoir l'air, il savait démontrer à un indécis l'impérieux besoin qu'il avait de faire emplette d'une *talhola*, la ceinture de flanelle qui protégeait les reins, ou convaincre une femme d'acheter de la laine l'été parce qu'elle était moins chère qu'en hiver. Toutefois, il vendait des articles de qualité : habits de travail pour les hommes, robes noires ou grises, avec tabliers assortis, pour les femmes. Et puis du tissu, des rideaux et tous les petits articles de mercerie si nécessaires aux ménagères.

Son étalage terminé, le marchand monta dans son fourgon et klaxonna longuement afin d'annoncer sa présence à la population ; après quoi, il alla s'asseoir sur le banc pour attendre les premiers clients.

Le Gisclet fit la grimace en voyant approcher Antonia, une brave femme d'une soixantaine d'années qui se déplaçait difficilement à cause de son obésité. Ce n'était pas que sa compagnie fût désagréable, mais il se dégageait de son opulente personne une odeur insoutenable. Il faut dire qu'elle portait, été, comme hiver, plusieurs robes enfilées l'une sur l'autre, déchirées, usées jusqu'à l'extrême limite et dont les trous se contrariaient l'un l'autre. Lorsqu'elle estimait la dernière trop abîmée, elle venait voir le Gisclet et en achetait une nouvelle qu'elle mettait par-dessus les autres. Comme Antonia détestait l'eau, il était difficile de résister longtemps aux émanations qu'elle répandait quand elle voulait faire la causette ! On n'osait

## Un marchand ambulant trop bavard...

imaginer ce qui devait se passer sous cet amas de vieilles hardes que la crasse raidissait et rendait luisantes comme des toiles cirées ! Aussi le marchand ne sautait-il pas de joie à l'idée de se retrouver en tête à tête avec elle !

– Alors, Antonia, on vient renouveler sa garde-robe ?

Antonia examinait l'étalage.

– Ah ! Que veux-tu, tes robes ne valent pas grand-chose. Regarde celle que je porte, elle est toute trouée !

– Oh ! Il me semble qu'il y a déjà bien longtemps que je te l'ai vendue !

– N'empêche, avant-guerre, les habits duraient plus que maintenant, té !

– Ah ! Il faut bien faire marcher le commerce !

– Tu auras ma taille, au moins ?

– Oui, oui ; tu la veux noire, comme d'habitude ? Je te sers tout de suite, dit le Gisclet, pressé de se débarrasser de sa cliente.

Antonia, elle, prenait son temps, n'en finissant plus de fouiller, de toucher, de comparer. Le marchand grimaça, songeant qu'il lui faudrait supporter l'odeur de sa cliente plus longtemps que prévu. Curieux, il demanda :

– Ficelle va bien, après ses émotions de mardi ?

L'œil soudain éveillé, Antonia interrompit ses recherches et dévisagea le marchand.

– De quoi tu me parles, Ficelle a eu des émotions ? Tiens... Justement, cela me fait penser qu'on ne l'a pas vu de toute la semaine !

Incrédule, le Gisclet s'exclama :

– Comment ? Personne ne vous a parlé de son histoire ?

Antonia s'approcha doucement et demanda :

– Quelle histoire ?

Le marchand regretta son bavardage. Il lâcha négligemment :

– Bof, une bricole...

Il était surpris que la mésaventure de Ficelle ne soit pas encore parvenue aux oreilles des Saint-Bressonnais. Toutefois, il jugeait plus prudent de se taire afin de ne pas perdre un bon client. Malheureusement, Antonia ne l'entendait pas de cette oreille ; elle se pencha dangereusement sur l'étalage, menaçant de renverser les tréteaux, et demanda avec impatience :

– Gisclet, tu as trop parlé, je veux savoir ce qu'a fait Ficelle !

– Rien d'important... Alors, cette robe ?

Antonia pointa un doigt accusateur sur le forain et remarqua, doucereuse :

– Cela doit être bien grave pour tu me fasses des cachotteries pareilles... Eh bien, je resterai tant que tu ne m'auras pas tout dit, voilà !

Le Gisclet observa les deux griffes de moustache accrochées au coin des lèvres d'Antonia, son visage

# Un marchand ambulant trop bavard...

mafflu, son regard avide de curiosité et se sentit pris au piège de ses propres papotages : il aurait du mal à se débarrasser de cette commère ! Incommodé par les remugles qui émanaient des jupes de la vieille, il hésita encore un peu, puis, espérant s'en débarrasser au plus vite, expliqua :

– Le jeudi, je fais La Vernède, sur la route de Nîmes. Tout le monde n'y parlait que de la source du village : elle s'est tarie ce mardi après que Ficelle eut fait péter des coups de mine pour essayer d'en augmenter le débit...

Antonia ouvrit des yeux ronds et demanda, incrédule :

– Alors, ils n'ont plus d'eau, là-bas ?

Le Gisclet plissa les yeux :

– Heureusement que si ; mais ils ont eu chaud ! Il leur a fallu tout déblayer autour de la source avec les outils que Ficelle avait laissés sur place et creuser. Petit à petit, l'eau a recommencé à couler, seulement le temps leur a paru long !

– Ficelle avait abandonné ses outils ?

Le Gisclet, emporté par ses confidences, baissa la voix et dit :

– Il a foutu le camp ! Il a demandé à tout le monde de s'éloigner et de se mettre à l'abri, en faisant croire qu'il allait chercher de la dynamite. Au lieu de ça, il a sauté au volant de sa camionnette et décampé dans demander son reste !

– Je ne le crois pas

– Eh oui !
– Pas possible !
– Eh si...
– Ils n'ont pas pu l'attraper ?
– Il est parti trop vite ! En plus, à La Vernède, personne n'a de voiture !

Il y eut un silence. Antonia réfléchissait, assimilant toutes ces informations. Soudain, sans dire mot, elle tourna les talons en direction de la rue du Haut, plantant là le Gisclet éberlué. Il la vit démarrer lentement, prendre peu à peu de la vitesse pour finir, une fois lancée, par se déplacer à l'allure d'un mastodonte en fureur, ses fesses éléphantesques battant une infernale cadence. Jamais il n'aurait cru Antonia capable d'atteindre une telle vélocité !

– Et ta robe ? cria-t-il.

Antonia n'entendait plus. Elle fonçait Dieu sait où, comme si elle avait le diable à ses trousses !

– Qu'est-ce que vous avez dit à Antonia pour qu'elle parte si vite ? demanda Agnès Portalès qui venait d'arriver.

Médusé, le Gisclet expliqua distraitement :

– Je lui ai parlé des ennuis de Ficelle !

– Ficelle a des ennuis ?

– Eh bien, l'autre jour, à La Vernède... commença le Gisclet.

Il n'eut pas le temps de tout raconter : dès qu'Agnès estima en savoir assez, elle s'éclipsa encore plus vite qu'Antonia !

Un marchand ambulant trop bavard...

– J'ai les rideaux que vous m'avez commandés... cria le marchand.
– Tout à l'heure, tout à l'heure, je reviens... répondit Agnès en agitant les bras.

Vexé et inquiet de la tournure que prenaient les événements, le Gisclet regretta, pour une fois, d'avoir eu la langue trop bien pendue. Déjà, il entendait Agnès clamer la nouvelle sous les fenêtres d'une voisine qui, elle-même, la répercuterait un peu plus loin. Sans parler de ce que devait raconter Antonia... Les événements se précipitaient : une tempête semblait se préparer à troubler la quiétude du village. Il songea, amer, que ce n'était pas bon pour le commerce !

Ficelle aussi sentait arriver la tourmente. Dissimulé derrière les rideaux de sa cuisine, il observait la scène depuis le début. Ce samedi, il avait eu la mauvaise idée de rester chez lui au lieu d'aller se promener !

– Élodie, Élodie !
– *Dé qué li a*, Antonia ? demanda la bergère en sortant de chez elle.

Antonia, au bord de l'apoplexie, ses grosses mamelles tressautant sur sa poitrine, se tenait appuyée contre le mur de la maison sans pouvoir dire un mot. Elle essayait péniblement de retrouver son souffle après la course folle qu'elle venait d'accomplir. Enfin, elle respira un grand coup et lâcha d'une seule traite :

– Y a qu'à La Vernède, ils avaient pas assez d'eau, que Ficelle a fait péter des coups de mine, qu'après l'eau ne coulait plus du tout et qu'il a foutu le camp en les laissant dans la merde !...

– *Quau t'a dit aquo*[1] *?*

– *Lou Gisclet !*

Exténuée, Antonia repéra une chaise, se laissa choir dessus et ne bougea plus. Sans un regard pour elle, Élodie prit sa canne et partit immédiatement vers la place du village.

La nouvelle se propagea à une vitesse folle. Peu à peu, les gens sortaient des maisons, interpellaient les voisins, demandaient ce qui se passait et hasardaient des hypothèses plus ou moins farfelues. Ensuite, tout ce petit monde se dirigea vers la place pour aller aux nouvelles. Parce que la seule certitude, dans toute cette agitation, était que Ficelle avait fait une connerie en cherchant de l'eau et que le Gisclet – gazette du pays – connaissait la vérité.

– Si vous ne reculez pas, je ne dirai rien du tout !

Le Gisclet agitait les bras. On se bousculait pour l'approcher. On le coinçait contre son fourgon : il

---

1. *Qui t'as dit ça ?*

## Un marchand ambulant trop bavard...

étouffait. Il jeta un coup d'œil vers son étalage et constata, navré, que dans la cohue un tréteau s'était renversé ; on piétinait ses chemises et ses pantalons !

– Ma marchandise ! cria-t-il, outré.

Un léger flottement se produisit. Comme il fallait le laisser respirer, on recula un peu sans cesser de marcher sur ses articles, ce qui lui fit amèrement regretter de ne pas les avoir remballés plut tôt. Alors, impatient de se débarrasser de cette meute et de quitter ce village en folie, le Gisclet raconta la mésaventure de Ficelle. Sous la pression, il dut donner tous les détails : le costume, la foule, le curé prêt à bénir l'eau, les coups de mine et surtout, surtout, la fuite éperdue du sourcier sous les jets de pierre de ses poursuivants. Les rires fusaient, il se formait de petits groupes, on commentait, on s'excitait sans retenue. La tension montait...

Petit à petit, une foule hilare se massa sous les fenêtres du malheureux.

– Oh, Ficelle, ils te cherchent à La Vernède. L'autre jour, tu es parti tellement vite qu'ils n'ont pas eu le temps de te payer ! cria Barbaste.

– Ils t'attendent pour boire le pastis, renchérit Portalès. Tu amèneras un peu d'eau avec toi ; ils sont un peu à sec en ce moment, là-bas !

Le père Causse, planté face à la foule, singeait Ficelle avec sa baguette. Avançant, reculant, faisant mine d'envoyer des jets de chique de droite et de gauche. Et tout le monde de s'esclaffer à perdre haleine. Élodie, elle, ne s'amusait pas. Un peu en avant de la foule, elle se déchaînait, vociférant furieusement toute sa haine :

– Tu as eu peur Ficelle ? Tu la ramenais pas là-bas, trouillard !

Allié de circonstance, Barbaste l'encourageait :

– C'est un dégonflé, Élodie !

– Tu as fait dans ton froc, Ficelle. Si un jour les Vernédois te coincent, ils te le feront danser, le tango, eux ; mais ce sera pas la même musique qu'avec moi !...

Le maire, voyant la situation dégénérer, vint à son tour se poster sous la fenêtre de Ficelle, désireux de ramener le calme dans les esprits.

– Les amis, les amis, ça suffit ! cria-t-il.

En vain ; la frénésie s'emparait de la foule, on ne l'écoutait pas !...

C'est à ce moment que, par pure coïncidence, arrivèrent en même temps Pierre et le curé. Pierre, ne travaillant pas le samedi après-midi, revenait de la mine. Le jeune homme se débarrassa au plus vite de son vélo, observa rapidement la scène et comprit tout de suite la situation. D'un bond, il fut chez lui et resta interdit sur le pas de la porte : son père, assis contre la table, raide, le regard fixant la fenêtre, tenait son fusil en travers des genoux. Un

# Un marchand ambulant trop bavard...

filet de chique jaunâtre lui coulait sur le menton. Bouleversé, Pierre ne put que dire :
– Papa, qu'est-ce que tu fais ?

Sans un mot, Ficelle tourna la tête vers son fils :
– Papa, donne-moi ce fusil, s'il te plaît, dit Pierre, implorant.

Ficelle semblait ne pas avoir entendu, comme s'il concentrait toute son attention sur les cris parvenant du dehors.

– Papa, donne-moi ce fusil ! répéta Pierre avec insistance.

Ficelle marmonna, d'une voix que son fils ne reconnut pas :
– Si ça ne s'arrête pas bientôt, j'ouvre la fenêtre et je tire deux cartouches en l'air ! Après nous verrons... Laisse-moi, va-t'en.

Épouvanté, Pierre se demanda si la foule hurlante, les nuits sans sommeil et les remords qui assaillaient sans cesse son père depuis quelques jours ne l'avaient pas fait sombrer dans la folie ! Pris de panique, il sortit en courant, chercha le curé des yeux, fonça sur lui et expliqua ce qui se passait.

– Sacré fou ! jura le curé qui essayait vainement d'aider le maire à faire cesser le tumulte.

La situation échappait aux deux hommes. La population, excitée par Élodie et Barbaste, était prise dans une espèce de folie collective ! Le curé dit à Pierre :

– J'arrive du Vigan. Si j'avais été là... Que faire maintenant ? Ils sont tous devenus hystériques. Martin ! lança-t-il au maire, qui se retourna :

– Pierre me dit que Baptistin a son fusil à la main !

– Merde ! dit le maire. Il faut faire quelque chose...

Il hésita puis entraîna les deux hommes un peu à l'écart. Il sortit son briquet de sa poche et prit Pierre par le bras :

– Devant la maison d'Élodie, sous le chemin, il y un gros roncier. Tu le vois ?

– Oui.

– Bon, cours vite à la remise des Cournier, tu y trouveras des fagots de bois bien sec. Tu en prends un, tu sautes dans le *cantou* et tu te dépêches de mettre le feu au roncier... Monsieur le curé, allez sonner l'angélus ! On va les calmer, ces détraqués...

– Vous pensez que... s'exclama Pierre interloqué.

– On n'a pas le choix, va.

Hésitant, Pierre insista :

– Son noyer risque de prendre le feu !

Le curé observait la foule qui hurlait et il hocha la tête en voyant le Gisclet ramasser ses frusques. Il n'y avait plus de temps à perdre, sa décision prise, il dit fermement :

– Ça suffit comme cela ! Le feu ne pourra pas aller bien loin, pars !

Pierre tourna les talons et s'élança.

# Un marchand ambulant trop bavard...

– Au feu ! hurla le curé en sortant de l'église.

Au premier tintement de cloche, il s'était fait tout à coup un grand silence, la rigolade laissant brusquement la place à l'inquiétude. On se tourna vers l'église. Du haut du perron, le curé, l'air préoccupé et le visage fermé, cria :

– Il y a le feu !
– Où, OÙ ?
– Vous ne voyez pas ?
– NON !
– Chez Élodie ! Regardez, dit-il en tendant le bras.

Toutes les têtes se tournèrent vers la direction indiquée : effectivement, les premières volutes de fumée apparaissaient déjà au-dessus des toits !

Il s'ensuivit une invraisemblable débandade. En un instant, la place fut déserte ! Au milieu des cris, des exclamations, chacun courait chez soi prendre des seaux, un balai, une fourche, n'importe quoi qui permette de lutter contre le feu, le fléau le plus redouté. Agitant sa canne, Élodie se pressait vers sa maison en criant :

– Au secours, vite, vite !...

Cette pagaille réjouit le maire qui, pour une fois, restait en retrait. Satisfait de son initiative, il suivait la foule sans se presser.

– Fais quand même attention ! lui cria le curé.

Il se retourna et sourit :

– Ne vous en faites pas. Comptez sur moi, je vais les retenir là-bas un bon moment !

– Le feu a pris facilement ?

Essoufflé, Pierre venait de rejoindre le curé en ayant fait un grand détour, évitant ainsi la foule.

– Oh oui ! Il m'a suffi d'enflammer quelques touffes d'herbe sèche et le fagot s'est allumé d'un coup !

– Ça ne brûlait pas trop ?

– Je ne sais pas. Avec un grand bâton, j'ai éparpillé les branches pour activer les flammes et je suis vite parti. Vous vous rendez compte, si quelqu'un m'avait vu ! J'espère que le noyer ne prendra pas feu, sinon les maisons...

Rassurant, le curé balaya cette éventualité de la main :

– Que veux-tu que ça risque ? Je suis sûr qu'ils ont déjà tout éteint et Élodie en sera quitte pour une belle peur, elle ne l'a pas volé !

– Viens, on va voir ton père...

Ficelle n'avait pas bougé. Mâchoires soudées, regard absent et fusil toujours posé sur les genoux, son immobilité faisait peur !

Le curé s'avança rapidement et le débarrassa de l'arme sans que le sourcier esquisse le moindre geste.

– Il n'est pas chargé, dit-il d'un ton las.

## Un marchand ambulant trop bavard...

Le curé vérifia et donna l'arme à Pierre.

– Range ça au râtelier et sors la bouteille de gnôle avec trois verres...

Il prit une chaise et s'assit à côté de Ficelle.

– Alors, grand couillon ! Tu crois qu'on n'en a pas assez vécu des carnages, du côté de Verdun ?

Ficelle baissa la tête et murmura :

– Je n'en pouvais plus ! Ces cris, ces injures, ces rires...

– Je le comprends, vieux compagnon ; enfin... tu te mets dans des états !

– Je voulais juste ouvrir la fenêtre et leur montrer le fusil pour leur faire peur...

– Je te crois. Seulement, quand on a une arme entre les mains... Bon, n'en parlons plus. Tiens, prends ça, dit-il en lui tendant un verre que Pierre venait de remplir. On va trinquer à la santé des anciens combattants.

Les hommes burent en silence. Soulagé, Pierre se taisait, trop heureux de voir la tension retomber. Les yeux dans le vague, le curé dit, pensif :

– Je ne sais pas pourquoi ; mais je me rappelle cette batterie de 77 à Douaumont qui nous guettait, prête à nous tirer dessus dès qu'on montait à l'assaut ! Tu t'en souviens ?

Ficelle hocha la tête en grimaçant :

– Vous pensez si je m'en souviens ! Elle faisait quand même moins de dégâts que les obus de 150 qui nous tombaient sur le coin de la gueule. Il nous en a fallu de la chance pour revenir vivants de là-bas !

– La chance, Baptistin ! Ou la volonté divine...

Les deux hommes, rapprochés par ces souvenirs communs, se turent un moment puis le curé demanda :

– Et l'ordre d'offensive générale du 5 septembre, tu t'en souviens ?

– Ce sont des choses que l'on n'oublie pas : *le moment n'est plus de regarder en arrière. Une troupe qui ne peut plus avancer devra, coûte que coûte, garder le terrain conquis et se faire tuer sur place plutôt que de reculer... Aucune défaillance ne peut être tolérée... Joffre* », récita Ficelle.

– Eh oui, mon pauvre Baptistin, nous étions de la chair à canon à cette époque... Pierre remplis nos verres, on va boire à la mémoire de ceux qui ne sont pas revenus...

Ficelle se détendait. Le curé en profita :

– Figurez-vous qu'en échange d'un petit service on m'a offert une poule bien dodue ! Avec Alice, nous hésitons à la tuer. Une poule pour deux ça fait beaucoup ! Nous la mangerons ensemble ce soir. Vous viendrez vers sept heures, comme ça nous aurons le temps de bavarder...

– On ne va pas... voulut protester Ficelle.

– Oui, oui. Je vais de ce pas prévenir Alice, dit-il en se levant. Nous nous rappellerons nos souvenirs, Baptistin, ça nous rajeunira !

# Un marchand ambulant trop bavard...

Ficelle capitula, secrètement ravi :
– Bon, j'ai deux bouteilles de cacheté à la cave ; je les apporterai.
– À la bonne heure ! Allez, je m'en vais, à ce soir !
Comme il arrivait à la porte, le curé se retourna brusquement, paraissant avoir oublié quelque chose.
– Baptistin, tu ne devrais pas rester enfermé toute la journée à ruminer, cela ne sert à rien ! En tout cas, je compte sur ta présence demain, à la messe...
– J'y serai, monsieur le curé, comptez sur moi.
– Eh bien alors à tout à l'heure, conclut le curé en sortant.
Il voulut quand même s'assurer, avant de rentrer chez lui, que l'incendie était bien éteint !

## XV

## Le procès de Barbaste

EN CE TEMPS-LÀ, Jésus disait à ses disciples : « *Je suis le bon berger. Le bon berger donne sa vie pour ses brebis...* »

Du haut de la chaire, le curé hésitait. De façon tout à fait exceptionnelle, l'office s'était déroulé dans le recueillement le plus complet. Pas un mot à la tribune où se tenaient Ficelle et Pierre, le dos raide, le regard droit. Pas une fausse note dans le chœur ni dans la nef... À croire que seuls des saints et des saintes assistaient à l'office ! Tous avaient repris les cantiques avec force et récité les prières d'une seule voix. Bien qu'il ne fût pas dupe, cette ferveur religieuse inhabituelle comblait le curé : fallait-il admonester sévèrement ses fidèles ou faire preuve d'indulgence ? Il reprit d'une voix douce :

– « *Mais ceux qui ne sont pas de bons pasteurs... ou les mercenaires... mènent paître le troupeau sur des terres incultes que fréquente le loup... Alors, le loup ravit les brebis et disperse le troupeau qu'il précipite dans l'abîme du péché, de l'intolérance, de la raillerie et du manque d'amour de son prochain !...* »

Le prêtre s'interrompit et parcourut l'assistance d'un regard satisfait : il savait que, pour une fois, on l'écoutait attentivement et les têtes se courbaient.

– « *Je suis le bon berger, je connais mes brebis et mes brebis me connaissent, comme mon Père me connaît et comme je connais mon Père* » répéta-t-il...

Le prêtre chercha Barbaste des yeux et eut de la peine à l'apercevoir, tellement il se faisait petit derrière Benjamin et Portalès. Quant à Élodie et Antonia, leur attitude prostrée exprimait la plus totale humilité.

– Seigneur, ne nous traitez pas d'après l'énormité de mes offenses ; mais selon la grandeur de Votre clémence. Prions ensemble...

– Je confesse à Dieu tout-puissant, et à vous aussi, mes frères...

Dans un même élan, l'assemblée reprit la prière avec ardeur après quoi le curé conclut :

## Le procès de Barbaste

– Je confesserai vendredi de neuf à onze heures pour les personnes qui n'ont pas l'âme en paix et celles qui se sont mal comportées, amen.

Le délire collectif du samedi et le sermon du dimanche laissèrent quelques traces dans les consciences, aussi, pendant quelques jours, un calme absolu régna-t-il dans le village. Même le banc de la place fut déserté ! À la pause de midi, les hommes rentraient directement chez eux et ceux qui se croisaient sur la placette abrégeaient les discussions.

Ficelle restait invisible. Pour passer le temps, il nettoyait ses quelques *cantous* de l'Olivette qu'il ne travaillerait sûrement jamais. Barbaste, absorbé par des activités occultes et peu avouables, ou soucieux de sa convocation, disparut plusieurs jours. Élodie réservait ses confidences à Perlette, Antonia se faisait rare. Le village somnolait dans le train-train quotidien... Pourtant, cette quiétude apparente cachait bien des craintes ou des impatiences secrètes. Quoique tenaillé par les regrets, Ficelle ruminait maintenant des idées de vengeance. Antonia et surtout Élodie attendaient le vendredi avec appréhension, redoutant à l'avance la leçon de morale qui ne manquerait pas de leur faire le curé.

Pierre et Colette rongeaient leur frein dans l'espoir d'une bonne nouvelle de la part du prêtre.

Celui-ci observait discrètement les uns et les autres. Sans en avoir l'air, il prenait garde à ce qu'aucun incident ne vienne troubler la sérénité ambiante. Il se faisait du souci en vue du samedi suivant, jour sacré du repas annuel des anciens combattants au Vigan. Il avait à résoudre un problème difficile, voire insoluble : comment réconcilier en si peu de temps Ficelle et Barbaste, Ficelle et Arnaud, tous trois anciens combattants et convaincre Ficelle de transporter ses ennemis dans sa camionnette ?

L'absence éventuelle de la section Saint-Bressonnaise des anciens combattants au banquet lui paraissait désastreuse pour l'image du village.

Tous, enfin, navrés que cette malheureuse affaire ait bouleversé l'harmonie quotidienne, souhaitaient ardemment que l'entente et la bonne humeur reviennent le plus vite possible. Même les enfants, devinant le malaise, prenaient soin d'organiser leurs jeux à l'écart du village ! Et chacun espérait une initiative du curé, expert en réconciliation et fraternité...

Arnal examina Barbaste. Le braconnier avait fait un effort de toilette. Son bleu de travail et sa chemise étaient propres et fraîchement repassés ; son béret paraissait neuf ! Toutefois, il avait mal rasé sa moustache, et sa mine sombre, ses gestes brusques disaient assez dans quel état d'agitation il se trouvait.

– Tu as mangé un morceau ?

Le braconnier secoua la tête :

– Je n'ai rien pu avaler, ça ne passait pas... *Noun de Diou !*

– Tu aurais dû insister, on se sent mieux quand l'estomac est bien calé.

Arnal regarda sa montre : une heure. Il décolla sa moto du mur et dit :

– On va y aller. Il vaut mieux partir en avance, ça nous laissera le temps d'aller boire un coup tranquille. Tu en as besoin !

Il enjamba son engin et le fit pétarader.

– Monte !

Barbaste s'installa à l'arrière en grimaçant. Il se demandait avec angoisse si son ami le ramènerait au village le soir même...


– Miladiou, qu'est-ce qu'il fout ? Il m'a oublié !

– Calme-toi, Barbaste. On t'a convoqué, ton tour va venir. Tu vois bien que vous êtes au moins sept ou huit à passer !

– Ce juge me paraît vache. Je coucherai en prison ce soir, va ! dit Barbaste d'une voix étranglée.

Arnal se tourna vers le braconnier et observa son visage crispé : la sueur dégoulinait sur ses tempes et il clignait sans cesse la paupière de son œil bigleux. Les lèvres serrées, les cheveux en bataille, il s'agitait, complètement désemparé ! Il songea que le comportement de son ami ressemblait plus à celui d'un animal traqué qu'à celui du fier coureur des bois qu'il connaissait. Aujourd'hui, le gibier c'était Barbaste ! Il tenta de le rassurer :

– Ne sois pas si pessimiste...

– On voit bien que ce n'est pas toi qui te trouves dans le coup !

Ils étaient assis au fond de la pièce où ils avaient eu du mal à trouver une place. Comme chaque fois, la séance du tribunal de première instance faisait salle comble. Le juge, un homme au visage carré, les cheveux poivre et sel coupés très court et à la contenance sévère, avait déjà traité plusieurs affaires : celle d'un homme responsable d'une rixe en état d'ivresse, celle d'un paysan ayant détruit la clôture de son voisin pour une histoire compliquée de droit de passage et enfin celle d'un mari violent qui tabassait régulièrement sa femme.

Effaré, Barbaste avait vu l'assistance se tordre de rire aux explications embarrassées des prévenus, malgré les rappels sévères du juge qui tentait à ramener le calme. De plus, Dubois, assis dans les premiers rangs, se retournait de temps à autre et le regard que lui lançait le garde à ce moment-là augmentait son malaise.

– Monsieur Randon Clovis...

L'air ahuri, Barbaste s'avança vers la barre d'une démarche hésitante. Il avait la vague impression qu'une autre personne que lui-même marchait à sa place et les railleries que provoqua son prénom finirent de l'affoler.

Imperturbable, le juge commença l'interrogatoire :

– Votre adresse, monsieur Randon ?

– J'habite chez monsieur et madame Villaret, mas du Ponteil, à Saint-Bresson, monsieur le juge...

– D'après les gendarmes, vous n'y êtes pas souvent ! Profession ?

– Euh... Bûcheron... Je fais des piquets de vigne.

– Ah oui ? Vous en faites beaucoup ?

– Eh bien, ça dépend des commandes... Quand j'ai le temps...

Une voix cria :

– Fainéant !

Le juge agita frénétiquement son marteau. Barbaste se retourna, il ne savait plus où il en était !

– Et quand vous n'avez pas le temps, vous faites le braconnier ?

– Je... Non, monsieur le juge ! J'aide ma famille au travail de la petite propriété...

– J'ai de la peine à vous croire.

Le magistrat consulta négligemment quelques papiers.

– Le dossier que m'a transmis la gendarmerie à votre sujet fait état de nombreux procès : cela va du défaut de plaque de vélo et d'éclairage, à la chasse en période prohibée, au cavage des truffes chez autrui, etc. Vous êtes braconnier professionnel, Randon !

– Excusez-moi, monsieur le juge ?

– Vous vivez en marge de la loi !...

– Euh... Je fais mon travail comme je peux, je ne fais de mal à personne...

– Sauf quand vous allez ramasser la récolte d'autrui ! dit le juge, la mine sévère.

– Voleur, dit la même voix.

Le juge foudroya le perturbateur du regard et lui cria :

– Taisez-vous ; la prochaine fois, je vous fais expulser...

Puis, il se tourna vers Barbaste :

– Savez-vous, monsieur Randon, que vous êtes l'objet d'une plainte pour coups et blessures sur un garde fédéral dans l'exercice de ses fonctions ?

Il semblait à Barbaste que le regard de Dubois lui transperçait le dos. Il protesta :

– Oh ! Monsieur le juge... Ce n'était pas moi... Il n'y a pas eu de constat !

Dubois se dressa :

– C'était lui ! Je le pistais.

– Asseyez-vous, monsieur Dubois. C'est moi qui procède à l'interrogatoire !

Le juge fixa Barbaste droit dans les yeux :

– La gendarmerie vous a fait parvenir une convocation. Si vous aviez la conscience tranquille, pourquoi ne vous êtes-vous pas présenté à la brigade pour vous expliquer ?

– Euh...

– J'attends.

Il y eut des ricanements dans le public. Au supplice, Barbaste sentait bien que plus il s'enfonçait, plus les gens s'amusaient. Il marmonna vaguement, d'une petite voix qui ne couvrit pas les sarcasmes de la foule :

– Je n'ai pas eu le temps... J'allais venir...

– Décidément, vous êtes un homme très occupé. Vous aviez des commandes à satisfaire ?

– C'est ça, j'avais du retard...

– Des piquets ! Autre chose, reconnaissez-vous avoir livré plusieurs kilos d'écrevisses en trois fois, début juillet, aux restaurants du Commerce et du Cheval Blanc ?

– Moi ?

– Oui, vous ! Alertée par monsieur Dubois, la gendarmerie a effectué des contrôles dans ces établissements. Il y avait des écrevisses au menu et elles n'étaient pas d'élevage...

– Je... Je ne comprends pas...

– Bon, je vais vous expliquer : les restaurateurs ont préféré payer une amende réduite contre le nom de leurs fournisseurs : vous et un nommé Finiels !

– Oh ! Alors moi, juste un petit peu monsieur le juge...

Rouge comme une tomate, Barbaste bafouillait pendant que l'assistance s'esclaffait :

– Vous me fatiguez, Randon : vous en avez vendu plusieurs kilos !

– Ah ? Je ne pensais pas autant ! C'était juste pour dépanner...

Le juge se pencha en avant et dit :

– Savez-vous que j'ai bien envie de vous envoyer en prison ?

Barbaste leva les bras devant lui comme pour se protéger pendant que l'assistance se faisait silencieuse. Il bégaya :

– C'est... pas possible, monsieur le juge, s'il vous plaît !

– Oh si, c'est possible ! Vous êtes un récidiviste impénitent et vos piètres mensonges me lassent...

Le juge se tourna vers son huissier et délibéra quelques instants à voix basse avec lui, avant d'annoncer d'un ton ferme :

– Vous êtes condamné à un mois de prison...

Le magistrat s'interrompit, fit semblant de chercher un papier sur son bureau pendant que Barbaste le fixait, incrédule, et s'affaissait sur la barre qu'il cramponnait de toutes ses forces.

– ... Avec sursis, et une amende de 10 000 francs[1]. Vous vous en tirez bien, Randon. Pour cette fois...

---

1. *Environ 15 jours du salaire d'un ouvrier de l'époque.*

## Le procès de Barbaste

Je vous préviens qu'en cas de récidive je ne ferai pas preuve de clémence !

Le juge assena un dernier coup de marteau et conclut :

– Vous pouvez disposer.

Barbaste hésita. La tête à l'envers, il ne comprenait plus rien à rien et ne savait pas s'il pouvait vraiment partir. Il lui semblait juste comprendre qu'il ne coucherait pas en prison le soir même. Le magistrat le remballa :

– Disparaissez, Randon, sinon je vais changer d'avis, pour le sursis.

Le braconnier prit son béret à deux mains et, comme dans un rêve, s'entendit dire à deux reprises :

– Merci, monsieur le juge, merci bien !

– Cette fois, j'ai bien cru que j'y avais droit, Arnal. Je peux te dire que je ne me la ramenais pas. Passer un mois en prison !...

– Tu as intérêt à rester tranquille un bon moment, Barbaste. Parce que maintenant, si tu te fais choper en infraction, tu n'y couperas pas !...

– Comment veux-tu que je me calme avec l'amende que j'ai à payer !

– J'espère avoir des délais et que la prochaine saison de truffes sera bonne...

Les deux hommes s'étaient installés devant un verre à la terrasse du Siècle, le temps que Barbaste se remette de ses émotions.
– Tu te rends compte ? Le Commerce et le Cheval Blanc m'ont dénoncé !
– Ma foi, on leur a diminué leur amende et ils savent que, si tu veux vendre, tu seras obligé de t'adresser à eux. Pourquoi veux-tu qu'ils se gênent ?
– Les salauds ! Je les fournis en truffes, en gibier et voilà la récompense !

Barbaste commanda une autre tournée et reprit, indigné :
– Je n'arrive pas à le croire : les gens viennent au tribunal pour s'amuser et se foutre de la gueule des autres ! J'avais l'impression de me trouver au cirque !

Arnal haussa les épaules et répondit avec philosophie :
– C'est bien connu, le malheur des uns...
– Quand même ! Le juge te parle, les autres rigolent, tu ne sais plus que dire et le temps te paraît interminable. J'espère bien que je ne reviendrai plus !
– Alors, fais gaffe à Dubois et aux gendarmes.

Barbaste ne répondit pas. Le regard perdu dans le vague, il dit, après un long silence :
– Je vais t'en raconter une : un jour, je passe près du mas de Serles quand j'entends gémir. Je m'approche et qu'est-ce que je vois ? Une chienne toute

galeuse, pleine de croûtes et maigre à faire peur. À force de tirer sur la corde qui la retenait au cou, elle s'est blessée profondément. Cette chienne, Arnal, cette chienne vit sur un tas de fumier et me regarde d'un œil suppliant !

Ému, le braconnier se racla la gorge. Quand il reprit la parole, Arnal constata, étonné, que la voix de son ami tremblait :

– Je connais bien cette bête, c'est moi qui l'ai vendue à ce salaud de Vacquier ; une excellente truffeuse ! Quelle brute, quel con ce type ! En dehors de la saison, il s'en débarrasse comme ça ! Ah, si j'avais su que je la confiais à un tel sadique !

– Qu'est-ce que tu as fait ?

– Je voulais rentrer casser la gueule à Vacquier ; mais cela n'aurait pas arrangé la situation de cette bête. Pourtant, la voir aussi malheureuse me rendait malade et j'étais tellement bouleversé que je suis vite parti ; ce spectacle m'était insupportable. Tu ne vas pas me croire, Arnal... À peine éloigné, j'ai pleuré comme un enfant. Hé oui, son regard m'avait tout retourné ! Ça t'étonne ? Alors, je suis revenu et, d'un coup de couteau, j'ai coupé la corde. J'aurais voulu garder la chienne pour la soigner, mais elle avait perdu confiance en l'homme. À peine libérée, elle a fui ! Au moins, je lui ai rendu la liberté... Peut-être qu'elle aura fini par trouver un bon maître, cette pauvre Mirka !

– J'ai l'impression que tu es plus sensible avec les bêtes qu'envers les personnes, Barbaste ! Pourquoi me racontes-tu ça maintenant ?

– Parce que c'est à cela que je pensais quand ce con de juge a dit :

– « je vous condamne à un mois de prison... » Je me suis vu dans le même état que Mirka, après quelques semaines de cellule ! Seulement moi, on ne serait pas venu couper ma corde et j'en aurais pété sans que personne ne me regrette !

– Qu'est-ce que tu racontes, et moi ? Je ne suis plus ton ami ? Allons, ce n'est plus qu'un mauvais souvenir, n'y pense plus.

Barbaste se leva, le visage sombre :

– C'est vrai que tu es mon ami. Ma mère aussi aurait de la peine s'il m'arrivait quelque chose... Mais à part vous, on ne ferait guère de prières pour moi, va...

– Allons, allons, je te trouve bien sombre. Considère que tu t'en tires bien !

Silencieux, les deux hommes se dirigèrent vers l'endroit où ils avaient laissé la moto. Au moment de démarrer, Arnal se tourna vers Barbaste et dit, sentencieux :

– Je suis surpris, Barbaste. Je te vois faire : toujours énervé, grande gueule et prêt à chercher noise pour un rien. Je ne te croyais pas capable de t'apitoyer à en pleurer, même pour un chien. Cela m'a fait plaisir de t'entendre parler comme ça !

## Le procès de Barbaste

Barbaste haussa les bras :
– Cette pauvre bête, Arnal ! Et ses yeux... Té, j'en pleurerais encore !
– C'est bien, parce que, finalement, je me demande... Comment dire... Je me demande si un homme n'est pas plus estimable et attachant quand il montre sa fragilité plutôt que sa force. Ça prouve qu'on a tous nos faiblesses et que, sous la couenne la plus épaisse, il y a quand même du bon. D'ailleurs, même les ronces donnent des fruits ! Je suis content de t'avoir pour ami, Barbaste !

Soufflé, le braconnier regardait Arnal sans comprendre.
– C'est bien compliqué ce que tu me racontes, finit-il par dire ! Saleté de vie... Rentrons, il faut que j'aille respirer l'air de mes bois, ça me fera du bien !

# XVI

## L'obstination du sourcier

– Bonsoir, papa, qu'est-ce que tu fais ?
Assis à la table, son père compulsait de grands livres, manifestement très vieux, aux couvertures noircies et écornées. Il marmonna distraitement :
– Bof ! Je regarde quelque chose...

Pierre l'embrassa, intrigué de le voir déchiffrer aussi attentivement les pages qu'il tournait avec beaucoup de précautions. Habituellement, les lectures de son père se limitaient au catalogue de la Manufacture de Saint-Étienne !
– Tu lis quoi ?
– Je consulte des registres.

Pierre se pencha. Les feuilles, plus ou moins détachées, étaient jaunies et l'encre fanée. Les indications complexes qui y figuraient montraient qu'il s'agissait de terrains et de propriétés...

– Je ne comprends rien à ce qui est écrit !
– Ce sont de vieux relevés cadastraux...
– Ah ! Que fais-tu avec ça
– Je cherche !
– Quoi ?
– Je te le dirai si je trouve ! Tu n'as rien d'autre à faire que de rester dans mes pattes ?

Pierre ne tint pas compte de la remarque !
– Dis-moi... Ces documents viennent de la mairie ?
– Eh oui...
– Tu as le droit de les avoir ici ?
– Normalement non...
– Alors, comment tu t'es débrouillé par te les procurer ?

Excédé, Ficelle se tourna vers son fils :
– Je me les suis fait prêter par quelqu'un à qui j'ai rendu de nombreux services avec la camionnette ; je ne les ai pas volés ! Laisse-moi travailler tranquillement, il faut que je réfléchisse.

Vexé par cette sortie, Pierre s'en alla en se demandant ce que tramait encore son père. « Pourvu qu'il n'imagine pas une autre combine ! » pensa-t-il.

Ficelle se redressa sur son lit et écouta : dans la chambre voisine, Pierre dormait profondément. Il jeta un coup d'œil aux aiguilles fluorescentes du réveil : minuit trente, l'heure idéale pour partir...

# L'obstination du sourcier

Il eut vite fait de s'habiller, ayant pris soin, en se couchant, de préparer ses affaires de façon à les retrouver facilement dans le noir absolu. À pas de loup, il se dirigea vers la cuisine, se saisit de sa musette et de sa lampe électrique accrochées à côté de la porte et sortit sans avoir fait le moindre bruit.

Une fois dehors, il hésita, puis décida de passer par le sentier qui prolongeait la rue du haut, afin d'éviter au maximum le risque de faire aboyer un chien. La nuit était claire et il connaissait si bien le chemin qu'à aucun moment il n'eut besoin de la lampe. Le temps de parcourir trois à quatre cents mètres, il foulait l'herbe des Mourets ; deux *cantous* abandonnés dominant le chemin de la Borie, à un jet de pierre de la maison d'Élodie.

Ficelle posa sa musette au pied d'un immense châtaignier qui avait poussé là par on ne sait quel hasard et observa attentivement le terrain. Son examen terminé, il se pencha, prit sa baguette et se concentra longuement, avant de commencer à se déplacer lentement de long en large, à tous petits pas, attentif au moindre tressautement de son instrument. Il arpenta soigneusement les deux traversiers et finit par constater que, le long d'une ligne passant près de l'arbre, son instrument vibrait... Il marcha plusieurs fois le long de cette ligne, sautant d'un traversier à l'autre ; la baguette ne bougeait guère, pourtant le doute n'était pas permis : de l'eau passait sous ses pieds. Il ne s'agissait pas d'un gros filon, mais qu'importe...

Il s'arrêta, prit une chique et contempla longuement les alentours. Après une profonde réflexion, il se saisit de son oignon et tendit le bras. La montre tourna faiblement. Il essaya encore : les indications que lui donnait le mouvement du pendule n'étaient pas très claires :

– Normal, murmura-t-il, je suis sur le rocher, il faudra miner...

Il rangea son matériel et rentra se coucher aussi silencieusement qu'il était sorti. Son visage, éclairé par un rayon de lune, exprimait une grande satisfaction.

– Bonjour, Pierre ; j'ai préparé ton petit déjeuner...

– Merci, papa.

Malgré sa nuit blanche, Ficelle allait, venait, le sourire aux lèvres et la mine enjouée. Pierre s'étonna :

– Tiens... Cela faisait longtemps que je ne t'avais pas vu aussi joyeux ! Hier soir, tu m'as encore houspillé !

– Mais non ! Je faisais des recherches. Je ne voulais pas être distrait et tu n'arrêtais pas de me poser des questions.

– À voir ton air réjoui, tu as trouvé ce que tu cherchais ! Je peux savoir

# L'obstination du sourcier

– Assieds-toi ; je vais te montrer quelque chose pendant que tu bois ton café, je ne veux pas te retarder...

Ficelle prit une des feuilles qu'il consultait la veille et la déplia avec beaucoup de ménagements. Il chercha le bon endroit, mit son doigt à un emplacement précis et expliqua :

– C'est un vieux relevé cadastral pour la période de 1870 à 1880. Qu'est-ce que tu lis, là ?

Intrigué, Pierre suivit le doigt qui avançait lentement pendant qu'il lisait :

– Section B, numéro du plan 448, code voie ou lieu-dit : B 067, les Mourets, contenance deux ares, seize centiares, culture spéciale ; jardin revenu : 9 francs.

– Qu'est-ce que cela veut dire, à ton avis ?

– Je n'en sais rien ! Il s'agit du terrain qui se trouve pas loin de chez Élodie ?

– Oui, cela fait deux traversiers abandonnés depuis longtemps.

– Ils ne sont pas abandonnés, le nom du propriétaire est indiqué en haut de la page : Passet !

Ficelle balaya l'objection :

– Il n'y a pas de famille de ce nom, ici ; ces gens n'ont pas eu d'héritier. Cependant, à cette époque, ces terrains étaient désignés comme jardins ! Les livres ne mentent pas, ils nous indiquent même le revenu estimé : 9 francs.

– Tu en déduis quoi ?

– J'en déduis que si vers 1870 on plantait là des salades et des tomates il fallait arroser. Si on pouvait arroser, il y avait de l'eau. Si de l'eau coulait par là il y a quatre-vingts ans, elle y coule toujours maintenant ! D'ailleurs, ajouta-t-il en se frottant les mains, je suis allé vérifier cette nuit !

– Cette nuit !

– Oui, dans la journée, je ne peux pas ; surtout avec Élodie à côté...

– Papa, tu ne vas rien faire, au moins ?

– Comment ? Ce terrain n'appartient à personne, j'ai la certitude d'y trouver de l'eau et tu voudrais que je reste sans rien faire ? J'attaque le chantier tout de suite ! Ils se sont foutus de ma gueule ? Je vais leur montrer ce que Ficelle est capable de faire !

– Ah non, papa ! dit Pierre, effaré. Après ce qui vient de se passer, il vaut mieux rester tranquille quelque temps !

– Attendre, mon fils ? Alors que je tiens ma revanche ! Je vais t'expliquer ce qui va arriver : ils vont tous croire que je suis devenu fou, que je creuse pour rien. Je laisserai dire ; mais quand j'aurai trouvé l'eau, je planterai des tomates que je ferai grimper bien haut sur des tuteurs, ainsi elles se verront de loin. Ensuite, je m'assoirai et je regarderai passer les gens en leur criant de loin : « oh ! Tu veux des tomates pour ta salade ? Regarde comme elles sont belles ! »

## L'obstination du sourcier

Pierre hochait la tête. La nouvelle fantaisie de son père le contrariait beaucoup.

– Je suis sûr que le curé ne sera pas content !

– Je ne me fais pas de souci ; on a fait la guerre ensemble, je m'arrangerai avec lui...

– Mais à cet endroit, il n'y que du rocher, rien n'y pousse à part le chiendent et les ronces !

– Et un énorme châtaigner !

– Cela ne prouve rien. D'ailleurs, il a pu y avoir une erreur au cadastre ?

Ficelle éclata de rire et tapota le registre :

– Une erreur ? Je ne peux pas croire que les propriétaires d'alors aient payé des impôts pour rien !

– Mais s'il y avait de l'eau, ce terrain ne serait pas délaissé ! Si près du village...

– Il a appartenu à des gens sans descendance puisqu'il n'y a pas de Passet dans le coin. Sans travail, il est tombé en friche et l'eau a repris son cours souterrain, voilà !

– Tu me fais faire beaucoup de souci...

Ficelle l'interrompit :

– Fils, j'ai du boulot et, toi, tu vas te mettre en retard. Ne sois pas inquiet, je sais ce que je fais !

Très contrarié, Pierre se leva pour partir. Il songeait qu'encore une fois la folie de son père allait perturber la tranquillité du village à peine restaurée. Arrivé à la porte, il fit demi-tour, revint à la table et insista, le visage grave :

– Excuse-moi, ton entreprise me tracasse vraiment. Attends au moins l'automne que les choses se soient un peu tassées...

Ficelle fronça les sourcils :

– Je te dis que je commence ce matin !

– Je ne comprends pas ton entêtement !

Il y eut un silence, puis Ficelle parla calmement :

– Fils, tu es un garçon intelligent, tu as fait des études ; pourtant tu ne connais encore rien de la vie. Tu veux que je t'explique pourquoi il faut que j'attaque tout de suite ce chantier ?

Pierre écarta les bras, résigné :

– J'aimerai bien...

– Avec les deux coups durs qui me sont arrivés, il faut que tu saches que ton père est triste et misérable. Pierre, être heureux c'est s'aimer soi-même et je ne me plais pas beaucoup en ce moment ; j'ai des remords, je me fais des reproches. Quand je croise les gens, je les entends se foutre de moi dès que j'ai tourné le dos. Or, il se trouve qu'une chance inespérée se présente de faire une chose qui va me permettre de retrouver ma propre estime : trouver de l'eau là où personne ne pense qu'il puisse y en avoir ! Et tu voudrais que j'attende l'automne ?

Pierre capitula :

– Bon, puisque tu ne veux pas changer d'avis... N'empêche, ça va faire des histoires, j'en suis sûr !

## L'obstination du sourcier

Rien ne pouvait entamer l'optimiste de Ficelle qui se leva et lança, tout souriant :

– La vie est courte, fiston ! Il faut vivre sans se préoccuper des autres et, quelquefois, savoir prendre des risques ! Bon, je m'en vais, il y a du boulot qui m'attend !

L'instant d'après, Ficelle sortait en sifflotant, son inséparable musette autour du cou. Perplexe et soucieux, Pierre songea avec regret que rien ni personne ne pouvait empêcher le sourcier de reprendre du service ! Et il le regrettait...

Grâce à Élodie, alertée par l'agitation du sourcier, la nouvelle se propagea comme l'éclair. En un clin d'œil, elle se communiqua d'un passant à l'autre, se diffusa de cuisine en cuisine, parvint au terrain de jeu des gamins et franchit même les serres pour atteindre les jardins les plus reculés. Les hommes cessèrent le travail séance tenante et se regroupèrent, les femmes abandonnèrent leurs fourneaux et s'interpellèrent d'une porte à l'autre, les enfants interrompirent leurs jeux. L'événement se commentait en tout lieu : s'agissait-il d'un canular ? D'une provocation ? D'une ruse ?

Pourquoi le sourcier, muni de tout le nécessaire qu'exigeait sa tâche, creusait-il un trou aux Mourets ? Dans quel but, sinon pour y chercher un filon ?

Or de mémoire d'homme, personne n'avait jamais vu couler une goutte d'eau à cet endroit, hormis les jours de pluie. On se demanda alors gravement si Ficelle, perturbé par ses récentes mésaventures, ne perdait pas la raison !

Prévenu, le curé se fâcha tout rouge et partit sans tarder admonester d'importance son incorrigible paroissien. Tout essoufflé, il arriva sur le chantier en criant de loin :

– Baptistin, que fais-tu ?

Ficelle essuya son front, s'appuya sur son outil et se retourna lentement :

– Eh ! Je creuse un trou, monsieur le curé...

– Pour quoi faire ?

Le sourcier se dandina d'un pied sur l'autre :

– Oh, je pense qu'il y a un petit filet d'eau par ici. Le terrain n'appartient à personne, alors j'en profite ; je pioche un peu. Juste comme ça...

Le curé devint écarlate ; il éclata :

– Dis-moi, Baptistin, tu ne penses pas que tu as assez fait de bêtises ces derniers temps ? Il y a à peine une semaine que le calme est revenu. À quel prix ! J'ai dû faire la morale à tout le village au moment du prêche, chapitrer Élodie et Antonia à confesse et même..., avoua-t-il, donner mon accord à un incendie ordonné par le maire et allumé par ton propre fils ! Je ne crois pas que tu réalises tout ça... Es-tu inconscient ?

– Eh bien...

# L'obstination du sourcier

– Eh bien, la première chose que tu trouves à faire pour me remercier de t'avoir tiré de ce mauvais pas, c'est de chercher de l'eau au seul endroit de la commune où il ne risque pas d'y en avoir une goutte ! Sais-tu ce qui va se passer, Baptistin, le sais-tu ? Tu vas mettre la révolution dans le village et tout le monde se foutra encore de toi parce que tu ne trouveras rien !

Ficelle baissait la tête. Il plaida :

– Ma baguette me dit qu'il y a de l'eau et j'ai des documents anciens qui le prouvent...

– Des documents ? Laisse-moi rire, j'aimerais bien les voir ! Est-ce que tu as une idée de l'ambiance qui règne au village, en ce moment ?

– Euh...

– Les gens rigolent déjà en parlant de ce fada de Ficelle qui s'est mis en tête de trouver de l'eau aux Mourets ! Comme toujours, tu sèmes le désordre, le trouble et la confusion ; tu me fatigues !

Le sourcier tapa du pied :

– Je veux leur en boucher un coin à tous et, après tout, je ne fais rien de mal ; je m'amuse à terrasser sur un terrain abandonné !

– Eh bien ! Moi tes amusements ne me font pas rire ! Tu verras ce qui se passera lorsque tu te rendras compte de ton erreur... Trouver de l'eau sur cette caillasse ? C'est insensé, tu as perdu la raison !

– Justement, c'est parce que personne ne peut croire qu'il y a de l'eau ici que le défi est intéressant...

Le curé observa attentivement Ficelle et crut deviner un brin d'ironie dans son regard. Ce qui l'exaspéra. Le sourcier se moquait-il de lui ? D'une voix tremblante de colère, il lâcha :

– Tu te fous de moi, Baptistin ? Je te préviens : si tu échoues, tu te débrouilleras tout seul ! Ne compte plus sur moi pour arranger tes gaffes ! Tu m'as bien entendu ?

Sur ce, il tourna les talons et partit à grandes enjambées. Postée devant sa porte, Élodie buvait du petit-lait...

Lorsque le curé sortit de chez lui, à l'heure de l'angélus, il y avait presque autant de monde sur la place qu'à l'office du dimanche et ça discutait ferme ! Il se hâta d'aller sonner les cloches et revient vite se mêler à la foule. Il écoutait le maire expliquer à Portalès qu'effectivement il n'y avait pas de propriétaire connu des Mourets, lorsque les conversations baissèrent d'un ton : Ficelle arrivait, la démarche tranquille, le regard patelin...

– Qu'est-ce qui se passe ? Il y a bien du monde ici, aujourd'hui ! dit-il innocemment.

La surprise fut telle que personne ne songea à lui répondre. Cela ne le troubla pas. Indifférent aux regards curieux, il traversa la place d'un air dégagé

## L'obstination du sourcier

et alla s'asseoir tranquillement au beau milieu du banc. Portalès s'approcha, suivi de Causse et de Barbaste. Il demanda :

– Tu vas bien Ficelle ?

– Très bien, et toi ?

Causse remarqua :

– Eh, ça faisait quelque temps que l'on ne te voyait plus !

– Cela ne t'a pas coupé l'appétit, au moins ?

Ayant dit cela, Ficelle, d'un mouvement vif et précis de la bouche, envoya un jet de salive jaunâtre en direction des pieds de Causse qui, vexé, dut faire un léger saut en arrière pour ne pas être atteint. L'avertissement était clair : Ficelle avait récupéré toute sa combativité. Barbaste rigola :

– Té, il se reposait pardi, toujours par monts et par vaux... Pourtant, il y aurait du travail à faire, avec la sécheresse !

Le curé ne laissa pas s'éterniser le silence gêné qui s'établit :

– Plutôt que de dire des bêtises, tu ferais mieux de te taire, Clovis !

Puis, afin de bien signifier que, cette fois, il ne laisserait pas les choses dégénérer, le curé vint s'installer à côté du sourcier. Celui-ci semblait serein. Les attaques, les sous-entendus le laissaient visiblement indifférent. Il lança :

– Au fait, comment ça se passe pour toi, Barbaste ? Ce mois de prison, on va t'obliger à le faire ? Tu dois être en souci maintenant. La prochaine fois...

– Baptistin ! protesta le curé.

Petit à petit, on s'approchait, un cercle se formait ; Ficelle croisa les bras et son regard parcourut l'assistance :

– J'ai envie de m'amuser un peu, si on faisait un pari ?

– Baptistin ! répéta le curé, excédé.

– Quel pari ?

– Un pari qui vaille la peine...

– Explique-toi ! dit Portalès.

Ficelle baissait la tête et restait silencieux. Causse insista :

– Suivant de quoi il s'agit, tu auras peut-être des clients. Parle...

Le sourcier se gratta la nuque, sembla réfléchir, puis se levant brusquement il tendit un doigt vers le ciel et déclara en défiant l'assistance du regard :

– Qui veut parier avec moi que je trouverai de l'eau aux Mourets ?

– Tu galèjes, Ficelle, dit Barbaste, ou tu es devenu cinglé !

– Alors profite du coup ! Je te parie une barrique de deux cents litres de vin que je trouverai de l'eau. Si je me trompe, tu pourras boire à ma santé une bonne partie de l'année, tu te rends compte !

# L'obstination du sourcier

– Eh bien moi, ce pari ne me convient pas du tout et j'aimerais bien que personne ne le relève, prévint fermement le curé.

On s'arrêta net ; d'autant que deux cents litres de vin, cela représentait beaucoup d'argent ! Trop pour faire l'objet d'un enjeu stupide. Ficelle le savait bien. Il se rassit, l'air satisfait d'avoir cloué le bec de ses détracteurs.

– Ficelle, tu es vraiment insupportable ! Finalement, je préférais quand tu disparaissais toute la journée, au moins il n'y avait pas d'histoires ! s'exclama le curé.

Les risques de dérapage que représentaient les projets du sourcier le tracassaient. Soudain, il aperçut Joseph Arnaud dans l'assistance ce qui lui donna l'idée de changer de conversation tout en profitant de l'opportunité inespérée qui lui était offerte de parler de l'affaire qui le tracassait. Tous les participants habituels au banquet des anciens combattants se trouvant réunis sur place.

– Bon, et samedi ? Nous partons à quelle heure à notre banquet ?

Il avait dit cela d'un ton qui ne permettait pas de chercher la moindre excuse pour se défiler. D'ailleurs, un événement d'une telle importance justifiait que l'on enterrât la hache de guerre ! Toutefois, Ficelle se taisait, Barbaste baissait les yeux et Joseph se faisait tout petit. Sans se démonter, le curé proposa :

– Il faudrait partir vers neuf heures afin d'avoir le temps d'aller boire un verre tous ensemble, comme d'habitude. Qu'est-ce que vous en pensez ?

Gênés, les intéressés ne pipaient mot. Benjamin, qui avait la chance de n'être fâché avec personne, s'empressa de venir au secours du curé :

– D'accord ; moi je serai prêt à neuf heures pétantes et, cette année, c'est moi qui porterai le drapeau à la cérémonie du monument aux morts...

Le curé lui lança un regard reconnaissant :

– Parfait Benjamin.

Il se tourna vers Ficelle :

– Nous partons avec ta camionnette comme les autres années ?

– Euh... Bien sûr !

– Bon, Joseph, Barbaste, vous avez entendu ? Départ à neuf heures, ici, samedi.

– D'accord, d'accord...

Satisfait d'avoir réglé au mieux cette histoire délicate et ne voulant surtout pas laisser le temps aux intéressés de réfléchir, le curé se leva :

– Bon, il se fait tard ; je crois qu'il est temps d'aller manger la soupe !

Content de lui, le prêtre salua l'assistance et regagna la cure. Une vague inquiétude le tenaillait, pourtant : il savait que désormais, à midi, le centre d'intérêt se déplacerait jusqu'au trou où les

## L'obstination du sourcier

hommes ne manqueraient pas d'aller apprécier l'avancement des travaux. Et si Ficelle échouait, comme il lui semblait probable !

# XVII

# Le banquet des anciens combattants

– Quelle distinction, monsieur le curé, on dirait un évêque ! s'exclama le maire.
– Allons, allons... dit le curé, flatté ; je suis coiffé de noir, pas de violet !

Ils étaient venus nombreux assister au départ des anciens combattants endimanchés. Il faut dire que le spectacle en valait la peine. Ficelle resplendissait dans son pantalon rayé et sa veste de velours. Pourtant, la palme de l'élégance revenait sans conteste au curé : soutane impeccable sur un col blanc glacé, magnifique barrette noire à trois cornes sur la tête, chaussures noires, brillantes comme un miroir ! Alice avait veillé à tout avec un soin extrême.

Les autres étaient beaucoup moins pimpants... Béatrice avait sorti de l'armoire le costume bleu marine du mariage, précieusement conservé et dans lequel Joseph semblait avoir beaucoup de mal à respirer. Après le départ, il s'empresserait de déboutonner chemise et pantalon, ayant besoin d'aisance. Le drapeau au pied, Benjamin portait, fier comme Artaban, un complet trop grand acheté à la dernière foire. Les cheveux brillantinés à l'excès, il souriait avantageusement aux remarques admiratives des femmes. Barbaste ne tenait plus en place, esquivant comme il pouvait les compliments ironiques. C'est qu'il n'avait rien d'un dandy : pantalon trop court et tire-bouchonné, veste dépareillée et cravate mal nouée, chaussures non cirées. Seule touche de netteté dans cet ensemble négligé, la chemise, lavée et repassée par Mathilde. Tous arboraient fièrement leurs décorations et affichaient l'expression réjouie de gens qui partent faire la fête...

Portalès tapa sur l'épaule de Barbaste et le félicita :
– *Sies polit comme un ase*[1] !
– *Es leu tu que te marides*[2] ? reprit Causse.
Joseph cligna de l'œil :
– Il est plus à l'aise en bleu de travail ; mais ne vous faites pas de souci, cela ne l'empêchera pas de bien se tenir à table !

---
1. *Tu es beau comme un astre !*
2. *C'est bientôt que tu te maries ?*

## Le banquet des anciens combattants

– C'est surtout son verre qu'il tiendra bien, oui ! s'exclama Portalès.
– Il ne sera pas le seul ! ajouta Causse. Je suis sûr que, ce soir, il y aura du vent dans les voiles...

Agnès félicitait Benjamin, gêné parce que Louise, sa belle-sœur, lui refaisait son nœud de cravate devant tout le monde.

– Tu ferais encore un bon parti, Benjamin, remarqua-t-elle. Je connais une amie...
– Laisse ta copine tranquille et moi aussi, protesta Benjamin.

Tous ces commentaires amusés finissaient par agacer Barbaste. Il regarda du côté des enfants, goguenards et persifleurs, et s'aperçut qu'ils se moquaient de lui en le montrant du doigt.

– Allez, partons, dit-il. On va finir par être en retard et on n'aura même pas le temps d'aller boire un coup !

Ce fut le signal. Ils embarquèrent joyeusement ; le curé, assis à côté du chauffeur, les autres à l'arrière sur un banc calé contre la cabine. La camionnette démarra sous les applaudissements des spectateurs et Ficelle bloqua son klaxon jusqu'à ce que, ayant tourné aux Aires, le véhicule disparaisse dans la descente.

Béatrice ouvrit la porte du buffet et en sortit un carton soigneusement ficelé qu'elle tendit à Colette en souriant tendrement :

– Tiens, je vous ai fait une tarte aux prunes. Vous la partagerez... Pose-la sur le dessus du panier pour ne pas l'écraser !

– Merci, maman. Tu ne te feras pas de souci, au moins ?

– Non, non... Si ton père savait que je te laisse partir toute la journée ! Enfin, soupira-t-elle, descends par le raccourci et fais bien attention de ne pas être vue...

– Ne t'inquiète pas !

Colette eut un geste spontané et se jeta dans les bras de sa mère qu'elle étreignit de toutes ses forces.

– Merci, maman. C'est un grand cadeau que tu me fais aujourd'hui !

Béatrice repoussa doucement sa fille et lui caressa la joue.

– Pars maintenant ; ne te mets pas en retard...

Elle sortit sur le pas de la porte et regarda sa fille s'éloigner. « Ah ! Je voudrais bien avoir vingt ans ! » songea-t-elle avec un soupir.

– Colette ! dit Pierre en sursautant.

Perdu dans ses pensées, il ne l'avait pas entendue venir. Ravie, Colette retira les mains qu'elle avait posées sur les yeux.

– Je t'ai surpris ! s'exclama-t-elle.

Il se leva pour l'embrasser.

– Que tu es belle !

## Le banquet des anciens combattants

– Chut, partons, il ne faut pas que l'on nous voie, je ne veux pas que maman soit embêtée !

Pierre avait déjà sa musette autour du cou ; il prit le panier de Colette, puis, la main dans la main, ils s'engagèrent dans le bois, en direction du ruisseau.

Abrités des regards par le couvert des arbres, ils descendirent le chemin en plaisantant joyeusement, accompagnés par le pépiement des oiseaux dans les hautes branches. Marchant d'un bon pas, ils eurent tôt fait d'arriver au pied du vieux moulin où ils posèrent leurs victuailles. Aussitôt, Pierre prit Colette par la main et entreprit de lui faire faire le tour du bâtiment pour qu'elle puisse le découvrir. Les pieds dans l'eau, ses vieilles pierres inondées de soleil, le moulin semblait faire le beau dans son écrin de verdure, comme s'il savait qu'une jolie fille le regardait !

– Viens voir à l'intérieur c'est sombre et humide... dit Pierre.

– Tout à l'heure... Laisse-moi d'abord chercher où nous installer.

Elle choisit un endroit juste en face de la bâtisse, où un petit gué permettait de traverser à pied sec. Une touffe de noisetiers y répandait une ombre propice. Elle examina les lieux, les mains sur les hanches puis, déjà maîtresse, déclara :

– Il me faut trois grosses pierres et aussi du bois sec. J'ai des choses à faire réchauffer...

Pierre se précipita pendant qu'elle déballait les provisions. Quand tout fut installé, ils s'aperçurent, en éclatant de rire, que chacun avait emmené de quoi nourrir au moins trois personnes ! Pierre regarda Colette allumer le feu, émerveillé de voir qu'elle savait bien s'y prendre. Pensif, il dit d'une voix grave :

– C'est peut-être ça qu'on appelle fonder un foyer !

Colette lui jeta un regard troublé et, pendant qu'elle s'affairait, Pierre alla lui ramasser un bouquet de fleurs sauvages. Un peu plus tard, quand elle l'appela, il tendit la main dans laquelle il cachait un minuscule paquet.

– Je voulais te faire un cadeau...

Comme elle ne bougeait pas, il insista :

– Allez, prends !

Timidement, elle saisit le paquet et bientôt, au bout de ses doigts tremblants, dansa une médaille de la Vierge suspendue à une fine chaîne d'argent. La gorge nouée, elle resta silencieuse ; deux grosses larmes coulaient lentement le long de ses joues.

– Elle est belle ? s'inquiéta-t-il.

Elle se laissa aller contre lui :

– Très belle, seulement... Je ne pourrai pas la mettre à cause de mon père...

– Je sais, je sais ; tu la garderas avec toi ?

– Oh oui ! s'exclama-t-elle en serrant la médaille dans sa main. Et la nuit, je la mettrai autour de mon cou.

Ils restèrent longtemps enlacés, puis Colette eut un geste qui le bouleversa. Elle s'écarta, se déchaussa et demanda :

– Fais comme moi !

Surpris, Pierre s'exécuta... Elle lui prit la main et lui dit :

– Ferme les yeux, laisse-toi aller... Est-ce que tu réalises comme nous sommes enracinés dans cette terre ? Elle nous a vus naître, elle nous a nourris comme elle a nourri nos parents, nos grands-parents et tous nos ancêtres. Pierre, comme j'aimerais que nos enfants naissent ici !

Il la regardait intensément, ne sachant que répondre. Voulant rompre l'émotion qui les étreignait, elle dit gaiement :

– Allez, il faut manger maintenant !

Ils s'assirent autour du torchon qu'elle avait joliment disposé en guise de table. À cet instant, ils savaient qu'ils allaient partager un vrai repas de fiançailles !

– Viens, Perlette, on va profiter que Ficelle n'est pas là pour aller voir ce qu'il fait, avant d'aller garder.

L'une suivant l'autre, elles montèrent l'escalier escarpé qui conduisait aux Mourets.

– Eh bé ! s'exclama Élodie.

Elle examinait le trou, déjà assez profond, le tas de remblai et tous les outils soigneusement rangés. Contre une murette, le sourcier avait empilé des planches et des chevrons :

– Cette fois, il a prévu d'étayer comme il faut ! remarqua-t-elle.

Perlette tourna la tête et fixa sa maîtresse, puis se remit tranquillement à brouter. Élodie réfléchissait. Elle regardait sa maison, la fontaine où l'on venait chercher de l'eau fraîche et, au beau milieu, les marches menant au *cantou*. Elle ricana :

– On s'en va, Perlette, j'en ai assez vu ; maintenant, il faut aller garder...

La bergère partit en direction du village récupérer son troupeau. Toujours docile, la chèvre suivait.

– Vous avez déjà vu un orage comme ça, monsieur le curé ?

– Aussi fort, oui ; aussi longtemps, non. Fais attention, on n'y voit rien !

Le ciel lézardé craquait de tous côtés. Les arbres gémissaient en se couchant sous l'étreinte d'un vent violent qui brisait des branches alourdies de pluie et les emportait comme fétus de paille. Aux éclairs succédait le tonnerre qui tirait des tombereaux de boulets. Par moments, la route ressemblait à une rivière en crue.

## Le banquet des anciens combattants

Avec la nuit qui était tombée, noire et épaisse, le retour des anciens combattants devenait un calvaire pour Ficelle qui avait bien du mal à conduire sa camionnette. Par contre, à l'arrière, personne ne se faisait de souci. Par moments, les ronflements de Barbaste et de Joseph, ivres morts, parvenaient même à dominer le vacarme ; Benjamin ne valait guère mieux... Le curé s'agita :

– Baptistin, essaie de rouler à gauche, du côté du talus...

Penché sur son volant, Ficelle répondit :

– On a passé le virage du Casquou. Dans cinq minutes, nous serons tous au sec à la maison !

À ce moment, un éclair fulgurant illumina les ténèbres et Ficelle se rendit compte qu'il roulait dangereusement sur le bas-côté, tout près du ravin.

– Attention ! cria le curé.

Ficelle donna un coup de volant et le véhicule tangua, en roulant sur des branches cassées dans un bruit infernal.

– C'est dantesque ! murmura-t-il. Gaston, on se croirait à Verdun au moment d'un assaut, ça pète aussi fort !

Sans y prendre garde, il avait appelé le curé par son prénom comme au temps de la guerre. Le curé ne songea pas à s'en offusquer ; il hurla :

– Baptistin, arrête-toi !

– Non, il faut continuer. On ne peut pas rester plantés au milieu de la route avec cette tempête !

Les essuie-glaces ne servaient à rien : on aurait dit qu'une chute d'eau ininterrompue se déversait sur le pare-brise. Quant aux phares, ils étaient trop faibles pour trouer efficacement le mur opaque qui se dressait devant le véhicule. Un coup de tonnerre d'une violence inouïe éclata si près que Ficelle, surpris, fit une embardée.

– Je te dis qu'il faut s'arrêter et attendre que ça se calme, répéta le curé d'une voix angoissée.

Un nouvel éclair illumina la route ; Ficelle se pencha un peu plus en avant et jubila :

– On voit les Aires, on arrive !

C'est à quelques mètres à peine du croisement qui menait au village que la foudre s'abattit sur un énorme chêne, au bord de la route. L'arbre se fendit en deux comme une allumette dans un craquement d'apocalypse. Abasourdi par la déflagration, Ficelle lâcha son volant. La roue avant droite patina sur l'herbe mouillée et roula dans le fossé, déséquilibrant le véhicule qui bascula contre le talus avec un grand bruit de ridelles cassées et de frottement de tôles. Il s'ensuivit un silence étonnant, troublé seulement par le bruit de l'eau sur le métal. Le moteur ne tournait plus ; mais les phares éclairaient toujours le rideau de pluie, en projetant une lumière glauque.

# Le banquet des anciens combattants

– Tu m'écrases, je ne peux plus respirer ! protesta le curé.

Ficelle, qui avait glissé sur le prêtre, agrippa le volant et se hissa tant bien que mal jusqu'à la portière qu'il ouvrit avec beaucoup de difficultés vu l'inclinaison du véhicule. En rampant, il réussit peu à peu à s'extraire de sa camionnette avant d'aider le curé à sortir à son tour. Benjamin arrivait de l'arrière :

– Nom de Dieu... Excusez-moi, monsieur le curé, on a eu un accident ?

Ahuri, Ficelle contemplait l'arbre déchiqueté :

– On se serait cru à la guerre ! s'exclama-t-il.

– Je n'ai rien entendu, je dormais ! dit Joseph qui s'approchait à son tour.

La pluie battante le dégrisait et il cherchait à comprendre ce qui s'était passé.

– Vous n'avez rien ? demanda le curé.

– Rien, rien, répondirent les autres en se tâtant.

Ficelle avait coupé le contact et éteint les phares. Il essayait maintenant d'évaluer les dégâts :

– On dirait que la camionnette n'a pas grand-chose, à part la ridelle et la bâche...

– Et Barbaste ! s'exclama soudain le curé.

Ils se précipitèrent et tirèrent hors du véhicule un Barbaste groggy, à demi inconscient. Ils furent obligés de le soutenir pour qu'il tienne debout !

– Qu'est-ce que tu as ? demanda le curé.

– Ma tête, ma tête... Oh là là !

– Quoi, ta tête ? Où as-tu mal ?

Ficelle s'inquiétait, il secouait Barbaste par le bras pendant que les autres essayaient d'examiner le crâne du blessé sans pouvoir distinguer quoi que ce soit dans cette obscurité et sous un pareil déluge !

– Aie, aie… cria Barbaste, ne me touchez plus ! C'est là, derrière le crâne. Je dormais, quelque chose m'a frappé, je ne sais plus…

Le curé demanda, soupçonneux :

– Tu es dessoûlé au moins ?

– Oui, j'ai mal, ça ne va pas, gémit le braconnier. Allez chercher du secours. Je crois que je vais m'évanouir…

– Il faut vite l'amener au village, décréta Ficelle. On va le soutenir à deux, il n'est pas si lourd !

Il saisit Barbaste à la taille, se cala contre lui, mettant le bras du blessé sur ses épaules. Joseph se mit de l'autre côté et ils démarrèrent en tanguant, supportant Barbaste qui laissait traîner les pieds. Le curé, qui avait récupéré un vieux parapluie sous le siège du conducteur, marchait à leur hauteur, protégeant la tête du blessé du mieux qu'il pouvait. Benjamin suivait péniblement en boitillant. Sous l'averse, dans cette nuit de cauchemar illuminée d'éclairs étincelants, avec le bruit du tonnerre qui n'en finissait pas de rebondir contre les flancs des serres, cet équipage débraillé, avançant en titubant sur une route inondée, semblait irréel. On eût dit une troupe de croque-mitaines dépenaillés emportant péniblement le fruit de quelque sombre larcin...

– Comment ça va ? demanda Benjamin.

– Pas bien, gémit Barbaste.

– Il n'est pas bien, répétèrent les autres, affolés.

– J'ai mal à la tête...

– Il a mal à la tête...

À chaque plainte, Ficelle et Joseph pressaient l'allure et, parfois, le cortège se déséquilibrait, menaçant de s'effondrer lorsque l'un des porteurs avançait plus vite que l'autre...

– *Cresi que vau crebat aici...*

– Il croit qu'il va crever ici ! s'exclama le chœur.

– *Nin pode pa pus...*

– Il n'en peux plus. !

Cahin-caha, la bande progressait malgré tout ; mais Barbaste se faisait plus lourd. Il geignit :

– Par moments, ça me pisse dru dans le cou... Je dois perdre tout mon sang !

– Il perd tout son sang ! se lamentèrent les autres.

– Joseph, laisse-moi ta place, je le porterai, décida Benjamin. Toi tu as de bonnes jambes, cours à la maison et dis à ma mère de préparer un lit, du linge... Tout ce qu'il faut pour soigner un blessé ! Après, on verra s'il y a lieu de faire venir le médecin...

Joseph se précipita. Quand il fit irruption chez Mathilde, celle-ci tisonnait le feu au coin de la cheminée, Laurent à ses côtés. Elle se dressa d'un coup et s'écria en levant les bras au ciel :

– Il est arrivé malheur !

– Non, non, juste un petit accident aux Aires. Barbaste a mal à la tête... On le ramène ici... Ce n'est rien, ne vous inquiétez pas... bredouilla Joseph.

– Laurent, va à leur rencontre avec la lampe électrique, tu les éclaireras ; moi, je vais faire chauffer de l'eau et préparer un lit... Sainte mère de Dieu, je savais que ça arriverait un jour. À force de boire comme des trous !

Laurent bondit. Ils étaient arrivés à la place lorsque le garçon les rejoignit.

– Regarde vite sa tête, derrière, là... dit le curé.

– *Lo sang me raja dins lo col gros comme lo det*[1], gémit Barbaste.

Laurent tâta doucement le crâne de son oncle.

– Il a une grosse bosse, dit-il.

La voix du curé chevrota :

– Mais le sang, le sang, ça coule beaucoup ?

Étonné, Laurent regarda le cou, la chemise ; il ne vit pas la moindre trace rouge ! Il recula un peu et examina la situation : Barbaste, les deux bras écartés sur les épaules de Ficelle et Benjamin, avait

---

1. *Le sang me coule dans le cou comme le doigt.*

le col de sa chemise qui bâillait en arrière. Il avisa le parapluie que tenait le curé et, soudain, éclata d'un rire nerveux qui n'en finissait plus. Plié en deux, il pleurait et riait à la fois, libérant d'un coup toute l'angoisse qui l'avait tenaillé.

– Qu'est-ce qui t'arrive, imbécile ? gronda Benjamin.

– Le parapluie ! hoqueta Laurent.

– Quoi, le parapluie ?

– Il a une baleine cassée ! Selon comme est placé monsieur le curé, cela fait une gouttière et toute l'eau coule dans le cou de tonton ; ça ne saigne pas !

– Pute de Barbaste, dit hargneusement Ficelle. Il nous a couillonnés !

Il se débarrassa si brusquement du « blessé » que celui-ci faillit tomber.

– *Miladiou* ! Je suis à moitié mort et tu m'as donné un coup en me lâchant !

Vexé, il aurait voulu en découdre si les hommes ne s'étaient pas mis en colère ; à commencer par le curé :

– Comment, tu n'as qu'une grosse bosse et tu nous fais croire que tu es mourant ? C'est honteux !

– C'est à regretter de ne pas lui avoir fait un peu plus mal, dit Ficelle avec rage.

– Mathilde doit être dans tous ses états, avec tes conneries. *Noum dé diou* ! Viens, Laurent, on va la rassurer ; bonne nuit à tout le monde...

C'est ainsi que, trop épuisé et mouillé pour prolonger la discussion, chacun rentra chez lui laissant Barbaste, dépité, tout seul sur la place à se tâter la bosse en maudissant Ficelle.

## XVIII

## Le curé mène le jeu

Ficelle réfléchissait profondément lorsqu'une voix l'interpella :
– Oh ! Tu travailles même le dimanche maintenant ?

L'appel venait du chemin. Le sourcier se retourna et s'exclama, surpris :
– Tiens, monsieur le maire en personne ! Tu viens vérifier si j'étaye ?

Martin venait de rejoindre Ficelle.
– Non, je passais et j'ai été surpris de te voir au travail un dimanche après-midi !
– Que veux-tu, hier j'ai fait la bringue, aujourd'hui j'élimine ! Cela me fait du bien de bouger un peu...
– Ce matin, je n'ai pas pu venir avec les autres donner un coup de main pour relever ta camionnette, j'étais à la mairie. Excuse-moi.

– Bof, nous étions nombreux et ça leur faisait tellement plaisir de se foutre de notre gueule ! Pourtant, je peux t'assurer que je n'étais pas pompette comme ils le disent. J'aurais aimé les voir à ma place, à conduire sous un déluge pareil...

– C'est vrai, quel orage ! On m'a dit que tu n'avais pas trop de dégâts ?

– Bé, l'aile est un peu froissée ; mais je peux rouler. La ridelle, je la réparerai moi-même ce qui fait qu'il n'y a que la bâche à recoudre. Le bourrelier m'arrangera ça... Finalement, je m'en tire bien !

– Qu'est-ce que tu calculais, Ficelle ?

– Eh bien, tu vois : je suis arrivé à un mètre cinquante de profondeur sans trop de problèmes. Maintenant, je vais bientôt parvenir au bloc rocheux et il me faudra miner. Je pensais agrandir un peu le trou afin d'être plus à l'aise dans mon travail.

– Cette terre me paraît bien sèche ! Tu crois vraiment que tu vas trouver de l'eau là-dessous ?

Ficelle songea aux relevés cadastraux et s'exclama :

– Eh comment ! Tu crois que je me crèverai pour rien ?

Embarrassé, Martin se dandinait d'un pied sur l'autre. Il finit par dire :

## Le curé mène le jeu

– Je ne suis pas tranquille, Baptistin. Tu as lancé un défi à tout le village, si tu ne trouves pas de l'eau...

Le sourcier fronça les sourcils et demanda, soupçonneux :

– Allez, vide ton sac, Ernest ; tu voulais me voir en tête à tête !

– Baptistin, écoute-moi. Il y a à peine huit jours, tu as mis une pagaille terrible dans le village avec cette histoire de La Vernède. J'ai même eu peur que ça finisse mal. Je sais que tu avais décroché le fusil...

Ficelle supporta le regard inquisiteur du maire et répliqua sans sourciller :

– Les gens racontent des conneries !

– C'est Pierre qui est venu nous le dire pendant que j'essayais de calmer la foule avec le curé ! Heureusement qu'un incendie providentiel a calmé les esprits ! Un feu que j'ai fait allumer par ton propre fils ; le curé te l'a expliqué ? À présent, si tu échouais ici !...

Muet, Ficelle fixait attentivement le maire. Celui-ci poursuivit :

– Et puis, il y a Barbaste. Il paraît que vous vous êtes encore attrapés, hier ?

– On s'était crevés à le traîner des Aires au village en croyant qu'il allait mourir, que le sang lui coulait dans le cou gros comme le doigt et il n'avait qu'une bosse de rien du tout ! Quand même, il n'y a rien eu de grave...

Le maire fit une grimace :

– À force de vous chercher, tous les deux... Enfin, maintenant ça va être le défilé pour venir voir ton trou, à midi. On va galéjer et, si on t'asticote un peu, il y aura des histoires ! Je te connais...

Le sourcier leva les bras :

– Tu te fais trop de souci, Ernest. Je ne veux de querelle avec personne, je cherche tranquillement un filon, histoire de m'amuser !

Martin se frottait le menton. Il dit tranquillement :

– En tant que maire, je peux prendre un arrêté municipal qui t'empêche de creuser avant que le notaire ne recherche sérieusement un éventuel héritier. L'ancien propriétaire s'appelait Passet. S'il y a des histoires...

Outré, Ficelle s'écria :

– Tu ne ferais pas ça ? Ce terrain est abandonné !

– Il a appartenu à quelqu'un ; il y a donc une possibilité de trouver des ayants droit ! S'il n'y a pas de dispute, je ne ferai rien, sinon...

Ficelle protesta :

– Tu exagères, Ernest !

– Je l'espère, Baptistin, je l'espère ; mais je voulais te prévenir. Bon, il se fait tard, je vais arroser. Au revoir.

– Au revoir, monsieur le maire, grogna Ficelle.

## Le curé mène le jeu

– Entrez, entrez, monsieur le curé. Bonsoir, Alice, je suis bien contente de vous recevoir...

Souriante, Béatrice accueillait ses invités, s'écartant pour les laisser passer. Un peu emprunté, Joseph se tenait debout la main sur une chaise, pendant que Colette faisait semblant d'arranger des couverts parfaitement disposés. La pièce sentait bon la cire d'abeille et une marmite fumait sur le potager, répandant une odeur agréable.

Colette s'approcha :

– Monsieur le curé, Alice...

– Nous avons tué un canard, je crois qu'il sera tendre... dit Béatrice.

Alice, remarquant la vaisselle des grandes occasions, reprocha gentiment :

– Il ne fallait pas déranger comme ça !

– Du tout, du tout, protesta Béatrice, ravie. Ce n'est pas tous les dimanches que nous avons le plaisir de vous recevoir. Colette nous a fait un gâteau qui sera un délice, je crois. Elle les réussit très bien.

– Comment, elle est déjà bonne pâtissière cette petite ? s'exclama Alice. Eh bien, elle sera une parfaite maîtresse de maison !

Confuse, Colette bégaya des remerciements pendant que le curé saluait Joseph.

– Tu as récupéré, après nos émotions d'hier ? Une vraie nuit d'apocalypse ! Ah, ce sacré Barbaste quand même, il peut se vanter de nous avoir foutu une belle trouille avec son histoire de crâne fendu ! Asseyez-vous, nous allons boire l'apéritif.

La soirée fut joyeuse et animée, le repas excellent. Quand on arriva aux gâteaux, Joseph alla chercher une bouteille de carthagène qu'il posa fièrement sur la table.
– Vous me donnez des nouvelles de celle-là ! s'écria-t-il.
Béatrice en profita pour entraîner Alice et Colette près de la cheminée où elles s'installèrent afin de laisser les hommes un peu tranquilles. Ils commencèrent à se raconter leur journée de la veille, s'esclaffant sans cesse, avant que le curé ne fasse semblant de s'étonner :
– Au fait, hier au banquet, Baptistin et toi étiez assis côte à côte. Il n'y a plus de fâcherie entre vous, alors ?
– Euh...
Joseph, qui se sentait un peu gêné, jeta un regard furtif vers Béatrice ; les femmes faisaient semblant d'ignorer les hommes. Il expliqua vaguement :
– Bof... Il s'agissait d'une histoire de truffes, je me suis peu emporté...
– Ah ! Je suis content que tu prennes les choses comme ça !
Le curé laissa passer un moment puis demanda doucement :
– Dis-moi, que penses-tu de Pierre ?

# Le curé mène le jeu

Un peu estomaqué, Joseph hésita :

– C'est un brave garçon. Il a l'air calme et réfléchi. Je trouve même qu'il ne *tient* pas du tout de son père !

– Je pense comme toi...

Le curé faisait tourner doucement son verre du bout des doigts. Il lâcha négligemment :

– Tu sais qu'il fréquente un peu Colette ?

Un profond silence s'installa dans la pièce. Joseph, surpris par cette attaque directe, s'agita. Il siffla une large rasade de carthagène pendant que Colette, rouge comme une tomate, se recroquevillait sur sa chaise.

– Pas qu'un peu, monsieur le curé, je m'en rends bien compte. Ici, on me considère comme un imbécile ; il se passe des choses dans mon dos... D'ailleurs, ma femme est complice !

– Qu'est-ce que tu racontes, Joseph ? protesta Béatrice.

– Je sais ce que je dis. Tu laisses faire et même vous vous entendez bien pour me couillonner, ta fille et toi !

– Allons, allons, dit le curé. Ils sont jeunes et ils s'aiment. Tu te débrouillais comment quand tu donnais des rendez-vous à Béatrice ?

Alice intervint avec conviction :

– C'est un jeune homme bien élevé, poli, tranquille. C'est vrai que l'on ne devinerait jamais qu'il est le fils de Baptistin...

Elle hésita, puis ajouta doucement en fixant Colette, cramoisie :

– Et puis, il est beau garçon, il vous ferait de beaux petits-enfants !

Venant d'Alice, toujours discrète, le compliment surprenait ; mais n'en avait que plus de poids. Son frère ne laissa pas à Joseph le temps de réfléchir.

– Que lui reproches-tu, à ce petit ?

Joseph dévisagea lentement tout le monde et lâcha, énervé :

– Je me demande s'il n'y a pas un complot contre moi, ici ! Ce que je lui reproche ? De partir à Paris ! S'il épouse ma fille, mes petits-enfants seront peut-être beaux seulement ils ne sauteront pas souvent sur mes genoux !

Il hocha la tête, les yeux perdus dans le vague et ajouta d'une voix désabusée :

– Qui s'occupera des terres quand je ne pourrai plus travailler ? Elles seront à l'abandon ! Comme Béatrice et moi, d'ailleurs... Nous n'aurons plus personne pour nous soigner.

Le curé mit la main sur le bras de Joseph :

– Nous n'en sommes pas là ! Je veux simplement t'expliquer une chose : je sais, par mon collègue le curé de Saint-Laurent, que le directeur de la mine rentre de congé demain et il peut m'arranger un rendez-vous avec lui dans la semaine. Pour l'instant, personne ne connaît ses intentions au sujet de Pierre, sauf celle de vouloir l'envoyer étudier à

## Le curé mène le jeu

Paris. Alors, si tu me donnes ton accord, j'ai déjà celui de Baptistin, je le rencontrerai et je verrai si on ne peut pas tenter d'arranger les choses avec lui. Imaginons que nous trouvions une solution qui arrange tout le monde ? Par exemple, si Pierre ne partait qu'un an ou deux, ce ne serait pas si terrible ?

Joseph resta silencieux, finalement il s'écria :

– Vous aussi conspirez contre moi, monsieur le curé !

Le curé serra le bras de Joseph et dit d'une voix ferme :

– Allons, allons, fais-moi confiance ! Je veux essayer, si possible, de trouver une solution qui assurerait le bonheur des petits, c'est tout. Quand j'aurai vu le directeur, je viendrai vous rendre compte. À ce moment-là, Béatrice et toi déciderez ce que vous voudrez...

De guerre lasse, Joseph capitula :

– Faites comme vous l'entendez, monsieur le curé. Puisque vous dites que c'est dans l'intérêt de ma fille !

Ficelle s'essuya les mains à son pantalon et alla s'asseoir au pied du châtaignier. Après avoir bu une bonne gorgée de vin au goulot de sa *fouillette*[1] et s'être calé une grosse chique au coin de la joue,

---
1. *Bouteille d'un demi-litre.*

il se laissa aller contre le tronc de l'arbre, le regard perdu au loin. Il aimait s'accorder de longs moments de repos, en laissant vagabonder ses pensées. Ces instants de rêverie détendaient ses muscles endoloris et lui procuraient un grand bonheur.

– Tu fais une pause, Baptistin ?

Ficelle sursauta, il n'avait pas entendu le curé et fit mine de se lever :

– Reste assis, je jette juste un coup d'œil, dit le prêtre en regardant autour de lui.

– Je ne m'attendais pas à votre visite !

Le curé hochait la tête d'un air dubitatif.

– Quelle peine tu te donnes ! Je me demande... Enfin, il faut que je discute un peu avec toi, Baptistin.

Le curé prit un seau qui traînait, le retourna et s'assit dessus sans façon.

– Explique-moi un peu où tu en es.

– Eh bien ! Ce matin, j'en suis à un mètre soixante-dix et j'arrive au rocher. Cet après-midi, il va falloir que je commence à travailler à la dynamite !

Le curé resta pensif un long moment puis soupira :

– Espérons que, cette fois, tu ne te trompes pas...

– D'ici quelques jours, nous boirons le pastis ensemble, monsieur le curé. Avec l'eau de la source !

## Le curé mène le jeu

L'entêtement et les certitudes de Ficelle déconcertaient le prêtre qui finit par lui demander :

– Je ne comprends pas, Baptistin ! Tu n'es plus très jeune et tu as une bonne retraite. Pourquoi ne restes-tu pas tranquille à prendre la vie du bon côté ? Tu pourrais te la couler douce ! Au lieu de cela, tu es toujours par monts et par vaux. Quand tu ne cherches pas de l'eau, tu caves les truffes ! Tu n'as pas besoin de ça pour vivre tout de même !

Ficelle cracha sa chique et réfléchit longuement.

– Ici, c'est un défi pour montrer que je ne suis pas un imbécile. Sinon, j'aime bien être occupé et faire ce qui me plaît. Vous voudriez que je me contente de jardiner ? Ce n'est pas mon genre ! Moi je suis un passionné, il me faut des émotions...

– Ah bon ! Ça t'excite de te crever à pelleter au fond d'un trou en plein mois de juillet ?

– Quelle récompense si je réussis ! Et puis ça me plaît, j'ai l'impression de toucher, de regarder et de sentir les humeurs de ma mère...

Le curé dévisageait Ficelle, se demandant s'il se moquait de lui.

– Ta mère ? De qui parles-tu Baptistin ? Tu ne blasphèmes pas, j'espère !

– Pas du tout ! Dieu a créé toutes choses, il a donc conçu la terre qui est notre mère à tous...

– Explique-moi ça ! dit le prêtre interloqué.

Ficelle se pencha en avant et exposa :

– Nous vivons sur la terre où nous sommes nés. Elle nous nourrit, nous abreuve de son eau, nous chauffe du bois de ses forêts ; tout vient d'elle ! Le jour de notre mort, où allons-nous ? Nous retournons à la terre qui entrouvre généreusement son manteau pour nous accueillir dans son sein, en attendant le jugement dernier ! ajouta-t-il avec un sourire malicieux.

– Eh bien ça, quelle théorie !

– J'aime le plaisir de creuser là où personne ne va voir. Té, quand je trouve l'eau, j'en ai la chair de poule, cela me donne l'impression de voir couler les veines de ma mère ! C'est comme quand je ramasse une truffe, je pense que la terre me réserve le meilleur d'elle-même : un fruit destiné aux initiés, à ceux qui l'aiment, la comprennent, la respectent. Finalement, quand je mourrai, je serai bien tranquille puisque je saurai que je retourne dans le ventre de ma mère...

– Je ne comprends rien à ce que tu me racontes ! s'exclama le curé. Et Dieu, dans tout ça ?

Ficelle resta muet.

– Et Dieu ? Je te demande, Baptistin !

Le sourcier hésitait.

– Je voudrais te parler d'homme à homme, Gaston...

– Je t'écoute.

– Je pense que l'homme a peur et qu'il s'invente des dieux afin de conjurer ses craintes. Il appréhende l'inconnu, ne comprend pas pourquoi il est là, ni même s'il y a une logique à sa présence sur terre. Alors il veut avoir l'air de maîtriser son propre destin. Il veut oublier ses angoisses et ses incertitudes, avoir l'illusion de connaître d'où il vient et vers quel destin il va. Il fait dire aux dieux ce qu'il veut et, surtout, ce qui le rassure.

Le curé s'égosilla. Il se signa à trois reprises et dit :

– Sorcellerie Baptistin, tu as perdu la foi ! Tu renies le sacrement du baptême ! Voilà que tu compares la terre à une personne ? Tu lui prêtes une puissance surhumaine, quasi divine ? Tu ne crois plus en Dieu, mécréant ! C'est de l'idolâtrie. En autre temps, on t'aurait brûlé pour moins que ça !

Ficelle s'énervait :

– Je ne renie rien du tout, Gaston, et je crois toujours, simplement je m'interroge. Tu sais, on escalade tous la même montagne, seulement il existe peut-être plusieurs chemins pour se retrouver en haut...

Le curé se leva, furibond.

– Je me demande si tu ne perds pas la tête, Baptistin ! Tu me contraries beaucoup, toi, un ami avec qui j'ai fait la guerre ! Enfin, j'étais venu te dire qu'hier soir j'ai mangé chez les Arnaud. Joseph ne t'en veut plus au sujet des truffes. Il m'a même dit qu'il avait beaucoup d'estime pour ton fils. S'il ne devait pas partir à Paris, il serait d'accord pour lui donner sa fille. Cette semaine, je vais prendre rendez-vous avec le directeur. Je te ferai savoir ce qu'il m'a dit. Au revoir, j'ai assez entendu d'horreurs ce matin !

Le curé se leva et partit brusquement. Toutefois, il ne put s'empêcher, lorsqu'il eut fait quelques mètres, de se retourner et lui lança :

– Je crois que tu ne te poses pas les bonnes questions en ce moment. Tu ferais mieux de faire des prières et de venir à l'église y allumer un cierge pour implorer Dieu que *ta mère* ne soit pas trop méchante avec toi. Souhaite qu'elle te fasse trouver de l'eau, parce que sinon !...

– Cela commence à faire profond, dit Benjamin.
– Putain, terrasser ici avec la chaleur qu'il fait ! s'exclama Portalès.

À l'heure de l'angélus, tous les hommes étaient venus se pencher en cercle autour du puits et commentaient les travaux du sourcier. Ficelle restait muet. Assis sur son trône de pierre, la casquette négligemment rejetée en arrière, il souriait, la mine satisfaite. On aurait dit un seigneur débonnaire attendant ses sujets afin de régler quelque différend champêtre.

– Alors, cette eau ? demanda Causse, tu n'as toujours rien trouvé ?

Ficelle se leva lentement et s'approcha :

## Le curé mène le jeu

– Un peu de patience, dit-il. Cet après-midi, je vais commencer à miner.
– Tu ferais toujours le même pari ? dit Portalès.
– Tope là !
– Non, non...
– Finalement, la terre est assez profonde, il n'y a pas que du rocher, remarqua Benjamin.
– Je suis à plus d'un mètre soixante et dix ! s'exclama Ficelle.

Il désigna le *cantou* du dessus :
– Vous voyez l'eau passe sous ce roncier, traverse le terrain en direction du châtaigner puis revient sous cette muraille avant de passer au beau milieu de mon puits !

Barbaste ricana et dit, rigolard :
– Ficelle, moi je te dis que tu auras de l'eau dans ton trou quand il pleuvra, ça te fera un bassin !

Quelques rires fusèrent. Le sourcier se tourna vers Barbaste :
– En attendant, c'est toi qui vas bientôt y aller, *au trou*. Je viendrai te rendre visite...
– Ne commencez pas, tous les deux, intervint Benjamin, vous nous fatiguez !

Ficelle se retourna, pointa le doigt vers l'arbre et s'écria :
– Pourquoi cet arbre est-il si beau à votre avis ? Parce qu'il a les *pieds* dans l'eau ! À part lui, vous voyez autre chose que de l'herbe et des ronces ici ?

Ils levèrent tous des yeux étonnés. Causse s'exclama :

— C'est vrai, personne ne s'occupe de ce châtaigner et pourtant, chaque année, il fait les plus beaux fruits qu'on puisse voir !

Portalès ajouta, pensif :

— On dirait bien que ses racines ont *trouvé* l'eau.

— Vrai de vrai, il a un beau feuillage ! ajouta Benjamin. On voit bien qu'il ne souffre pas de la sécheresse !

Barbaste s'énervait :

— Tout ça ne veut rien dire.

— Eh bien, parie ta barrique, tu gagneras ! s'exclama Ficelle.

— Bof... Je n'ai pas de vignes et je ne fais pas de vin.

Le sourcier plissa les yeux et sourit.

— Bon, puisque personne ne veut relever le défi, je perds mon temps. Allez, je vais manger ma soupe. D'ici quelques jours, je vous offrirai à boire avec l'eau de la source...

Bing ! Bing ! Bing !

Bien calé sur ses jambes, Ficelle soulevait la grosse barre à mine qu'il tenait entre ses mains puis la laissait retomber. Il travaillait du côté pointu, recommençant sans cesse son mouvement. Dix, vingt, cinquante fois... Il fallait de la persévérance pour faire un trou de mine avant de

## Le curé mène le jeu

le bourrer d'explosif ! Mais le sourcier avait de la patience à revendre... Seul le résultat comptait.

Bing ! Bing ! Bing !

Ficelle s'arrêta lorsque le trou, ayant atteint cinq ou six centimètres de profondeur, la barre ne dérapa plus. D'un revers de manche, il s'essuya le front, se pencha, prit l'arrosoir posé à ses pieds et versa un peu d'eau dans la brèche. Cela aidait à creuser. Puis, il renversa la barre et travailla avec l'autre extrémité. La technique changeait et le bruit aussi. Il souleva son outil et le laissa retomber : bing ! Sans faiblir, il le saisit des deux mains et le fit tourner vivement, crac...

Le fer plat et coupant arrondissait l'évidement en lui donnant un diamètre régulier.

Bing ! Crrac... Bing ! Crrac... Bing ! Crrac...

– Tu fais un drôle de travail, Ficelle !

Le sourcier leva son visage ruisselant.

– Tiens, le père Arnaud !

Joseph eut un petit sourire gêné, puis expliqua :

– Je voudrais te voir un moment, si tu as le temps...

– *Boudiou*, rien ne me presse, je monte. J'en ai des visites, aujourd'hui ! Ce matin le curé, à midi les hommes et toi maintenant. Il n'y a qu'Élodie que je n'ai pas encore vue ! Oh, je ne me fais pas de souci, elle n'habite pas loin et doit m'espionner tant qu'elle peut.

Arrivé en haut, Ficelle déboutonna sa chemise, il avait vraiment besoin de s'aérer un peu !

– Té, je dégouline, une pause me fera du bien !

– Avec cette chaleur et au fond de cette fosse, ce n'est pas étonnant !

– Tu sais, je n'ai pas de patron et personne ne m'oblige à le faire !

– Je vois que tu as bien consolidé les parois ! constata Joseph.

– Il le faut. Je vais tirer avant ce soir, je ne veux pas que tout s'effondre !

Joseph hésitait, visiblement embarrassé. Il se racla la gorge :

– Tu sais au sujet des truffes, je me suis emporté sans raison. Il me suffisait de dire non et on n'en parlait plus... J'avais bu un pastis de trop !

– Bah ! Tu n'avais pas tort, ça fait si longtemps que tu les loues aux Randon ! Je savais que tu voulais changer de charrette et, bêtement, j'ai essayé d'en profiter, ce qui aurait emmerdé Barbaste.

Joseph tourna le dos et montra sa musette :

– J'ai une *fouillette* de vin frais, on va boire un coup !

– Volontiers, dit Ficelle, en retournant un seau. Tiens, assieds-toi là, c'est le siège du curé !

– Justement, qu'est-ce qu'il t'a raconté, celui-là ? J'aimerais bien le savoir...

– Eh bien que si mon fils partait définitivement à Paris, je finirais ma vie tout seul comme un couillon, que je ne verrais jamais mes petits-enfants... Ce matin, il m'a dit que cette semaine il irait voir le directeur et qu'après il me donnerait des nouvelles... Bref, il m'a embrouillé les idées et maintenant, je ne sais plus où j'en suis ! Et puis, je l'ai fâché en lui racontant des choses qui ne lui ont pas plu. Pourtant, je ne faisais que lui parler des idées qui me trottent dans la tête...

– Moi, aussi, il m'a emberlificoté ! Hier, il est venu manger à la maison avec Alice. Je pense que ma femme avait combiné ça avec lui. Et que je te parle, que je t'explique : « *Il est pas gentil, ce Pierre ? Quel beau garçon, il vous ferait de beaux enfants !* » Venant d'elle j'en suis resté sur le cul ! Bref, j'ai été obligé de donner mon accord à cette entrevue !

Les deux hommes restaient silencieux. Ficelle finit par dire :

– Finalement, nous sommes comme deux couillons, toi et moi. Ce curé nous mène par le bout du nez. Moi, je pense que Pierre a une chance unique de se faire une belle situation à Paris et que ces occasions-là ne se représentent pas toujours...

Tête baissée, Joseph grattait le sol avec son pied. Il dit, morose :

– Et moi, si Colette s'en va, je ne sais pas ce que nous deviendrons avec Béatrice...

Ficelle prit la bouteille, but à la régalade et dit, pensif :

– Tu sais, Joseph, je vois faire les jeunes. Je me demande s'ils voudront vivre à la dure comme leurs parents. Quand ils verront un peu ce qui se passe ailleurs...

Arnaud rejeta nerveusement sa casquette en arrière :

– Si les jeunes partent, ce pays deviendra un désert ! Toi tu t'en fous si Pierre s'en va ?

– Je te le dis, le curé m'a mis le doute...

– Donc, qu'est-ce que tu vas faire ?

Ficelle écarta les bras d'un air impuissant :

– D'abord, attendre de voir ce qu'il va nous dire lorsqu'il aura vu le directeur !

Joseph s'agitait sur son seau :

– J'étais un type heureux ! Maintenant, ma femme et le curé ont réussi à me mettre des idées noires !

– Tu sais, moi je voudrais bien penser au bonheur des petits sans que Pierre sacrifie son avenir ; nous sommes dans une situation qui n'est pas facile...

– Bon, je vais faire comme toi, attendre... Puisqu'on n'est plus maître de nos propres enfants !

Il se leva. Avant de s'éloigner, il écarta les bras en signe d'impuissance et soupira :

– Quoi qu'il en soit, que veux-tu que je fasse tout seul contre deux femmes et un curé ?

# XIX

# Les agissements d'un mauvais génie...

LA MONTAGNE EST LE PAYS DU SILENCE. En dehors des sonnailles des troupeaux, on n'y entend que le chant des oiseaux ou le murmure des sources racontant, à ceux qui savent écouter, d'étranges histoires de la vie de tous les jours ou de la légende des siècles. Il faut que la forêt gémisse sous l'étreinte du vent ou que le ciel tremble lorsque gronde la tempête pour que cette quiétude soit troublée. Et ce fut un véritable coup de tonnerre qui bouleversa l'univers saint-bressonnais ce mardi matin :

– *Bon diou, miracle Ficéla a troba l'aïgua ! Ficelle a troba l'aïgua*[1] *!*

L'information, clamée de toutes parts, ne se discutait pas : on la tenait du maire lui-même.

---

1. *Miracle, Ficelle a trouvé l'eau !*

Revenant de son jardin, celui-ci était passé par hasard voir le sourcier et répétait la nouvelle à tous ceux qu'il rencontrait.

Elle tira les hommes de leur travail encore plus vite que lorsque le curé sonnait le tocsin. De partout, on se précipita aux Mourets. On y trouva le sourcier assis sur son trône de pierre, dans l'attitude hautement condescendante de celui qui triomphe après avoir eu raison contre tous et qui accepte modestement en retour l'admiration générale.

Les questions fusèrent :
– Tu as trouvé l'eau ?
– C'est grâce au coup de mine d'hier ?
– Et le filon ?

Ficelle souriait béatement, mais restait muet. Alors les arrivants se penchaient sur le trou où, il faut bien le reconnaître, on ne voyait pas grand-chose ! En observant le sourcier, on devinait qu'il avait des choses à dire, pourtant il attendait on ne sait quoi avant de parler.

Ce ne fut que lorsque Barbaste apparut que Ficelle s'anima. Un petit sourire au coin des lèvres, il se leva et, se frayant un passage, descendit dans la fosse. Il farfouilla le sol sous le regard intrigué des spectateurs, puis remonta lentement, cherchant le braconnier des yeux. Avec ostentation, il lui mit une poignée de terre dans la main et lui demanda, triomphal :

Les agissements d'un mauvais génie...

– *À ton idé ; dequ'es aquo*[1] *?*
– *De terre bagnada*[2] *!*
– *Raja l'aïgua*[3] *!*
– *Pas encara*[4] *!*

Portalès s'empara de la poignée de terre, l'examina, la passa au suivant qui en fit de même et ils purent tous constater que, si l'eau ne coulait pas encore au fond du trou, la terre qui circulait de main en main était réellement humide !

– Comment ça se fait, on ne voit pas l'eau jaillir ?

Impérial, Ficelle calma tout le monde expliquant tranquillement que, le matin même, il avait trouvé le fond du trou détrempé. Gonflé d'orgueil, il affirma :

– Je savais que je devrais atteindre la roche pour commencer à trouver l'eau !

Portalès exprima le doute général :

– On ne voit rien couler !

Un peu de patience ! Ce que vous voyez, c'est l'eau qui remonte par les fissures du rocher ébranlé par la dynamite. À mon avis, il me faudra encore deux ou trois jours, peut-être plus, avant de parvenir au filon. S'il y en a qui veulent

---
1. *À ton idée, c'est quoi ?*
2. *De l'eau mouillée !*
3. *Elle coule l'eau !*
4. *Pas encore !*

descendre pour aller vérifier eux-mêmes, qu'ils ne se gênent pas, dit-il.

Ficelle fixait Barbaste d'un air narquois, cachant mal sa satisfaction. Les hommes examinaient attentivement le fond du puits : à l'évidence, il était mouillé. Cette constatation et l'assurance du sourcier influencèrent fortement les hommes. À partir de cet instant, l'état d'esprit changea : on marqua de la considération à l'égard du sourcier et les questions moqueuses devinrent polies. Surtout que tous les matins, à dater de ce jour, la terre fut de plus en plus humide ; ce qui prouvait bien que Ficelle approchait du but...

– Laurent, avant d'aller t'amuser, va me chercher de l'eau.

– Oui, mémé.

Le garçon se dirigea vers la fontaine *fresque* avec une idée en tête. Il arriva aux Mourets, balançant sa cruche à bout de bras, l'air innocent. Ficelle pelletait.

– Bonjour.

– Tiens, tu vas à l'eau fraîche Laurent ? Ce n'est pourtant pas l'heure de l'apéro !

– Oh, ça me fait promener...

Le gamin jeta un coup d'œil au travail du sourcier et demanda :

– C'est vrai que vous avez trouvé l'eau depuis trois jours ?

# Les agissements d'un mauvais génie...

– Eh oui !

Le garçon fronça les sourcils :

– Pourquoi on ne la voit pas ?

– Parce que je ne suis pas encore tout à fait parvenu au filon ; mais ça peut arriver à tout moment. Dans cinq minutes, ou demain... Regarde, je viens de forer là. Tout à l'heure, je vais y installer un bâton de dynamite que je ferai exploser. Ce sera peut-être le dernier...

Les yeux fixés vers la Borie, Laurent n'écoutait pas les explications du sourcier. Ficelle s'en aperçut ; il suivit le regard du gamin et un large sourire se dessina sur son visage.

– Dis-moi, petit, qu'est-ce que tu surveilles ?

– Rien, rien...

– Moi je crois que tu n'es pas venu voir mon chantier. Je pense que tu voulais surtout savoir si les cerises du père Arnaud sont à point. Je me trompe ?

– Heu... bégaya Laurent, rouge comme une tomate.

– Hé bé... Elles sont bien mûres ! C'est pour bientôt ?

– Je...

Souriant, Ficelle mit la main sur les épaules de Laurent et le rassura :

– Allez, tu peux me le dire, va ; personne n'en saura rien. Je voudrais bien avoir ton âge. Je ferais pareil !

– J'avais envie de venir faire un petit tour ce soir, dit timidement Laurent.
– Seul ou avec des copains ?
– Tout seul...
– À la bonne heure, comme ça tu ne te feras pas remarquer et tu pourras revenir deux ou trois fois de suite ; Joseph n'y verra que du feu.

Ficelle réfléchit et ajouta :

– Tu sais, il vaut mieux rester prudent et n'en parler à personne. Une fois, Joseph a surpris plusieurs gamins dans son cerisier et, comme ils s'enfuyaient, il leur a tiré une cartouche à sel dans les fesses, et le sel, ça cuit, tu peux me croire. Alors attention...
– Merci du conseil. Il faut que je m'en aille monsieur Fabre.
– Régale-toi bien ce soir.

Laurent exultait. Les jambes solidement calées entre deux branches, il se laissait aller à un bonheur incomparable : manger des fruits sur l'arbre. La pleine lune éclairait distinctement les alentours et il soufflait un petit vent du sud qui faisait craquer la nuit de petits bruits furtifs. Tout à son affaire, Laurent rigolait du bon tour joué à ses copains. Il allait changer de branche lorsqu'il eut soudain un coup au cœur. Il écouta, brusquement tendu : pas de doute, quelqu'un venait ! Le garçon voulut sauter de l'arbre, n'ayant qu'une idée en tête : le père Joseph, la carabine ; mais la peur le paralysait !

Il retient son souffle. Il entendait marcher sur le chemin qui menait à la fontaine *fresque* et cela le rassura un peu ; ce ne pouvait être Joseph... Que faire ? Fuir ? Rester caché ? La panique l'empêchait de réfléchir. Tout à coup, il vit une silhouette qui montait le petit escalier menant au traversier de Ficelle. Frêle, légèrement courbée, elle gravissait les marches lentement par à-coups et semblait gênée par quelque chose d'encombrant... Masqué par le feuillage, Laurent distinguait mal. Toutefois, attentif à ce qui se passait au-dessous de lui, il ne songeait plus à déguerpir.

Maintenant, l'ombre traversait le *cantou* et se dirigeait vers le chantier du sourcier en portant une lourde charge à bout de bras, semblant peiner. Elle s'arrêta au bord du trou.

Il tendit le cou et soudain, dans un rayon de lune, il aperçut le visage de la personne qui vidait un seau d'eau dans le puits avant de s'éloigner rapidement ; le bruit qu'il avait entendu ne laissait pas de doute !

Abasourdi, Laurent comprit que, voulant faire croire à Ficelle qu'il était près du but, quelqu'un venait tous les soirs jeter de l'eau dans le trou ! Pendant la nuit, le fond du puits s'imbibait et, le jour, Ficelle pouvait affirmer à tout le monde que le filon était proche et faire tâter la terre humide.

Et maintenant, il savait de qui il s'agissait ! Une découverte incroyable ; mais un terrible secret !

Sa fringale de cerises oubliée, le garçon descendit de l'arbre et prit le chemin du retour. Il lui fallait réfléchir et décider ensuite de la conduite à tenir. Cela ne serait pas facile !

Il revint rapidement sur la place et se glissa le plus discrètement possible au milieu des groupes qui, comme tous les soirs, prenaient le frais en discutant. Le gamin rejoignit sa grand-mère :

– Je vais me coucher, mémé.

– Déjà !

– Oui, j'ai mal à la tête.

Laurent embrassa Mathilde. Il avait envie impérieuse de se retrouver seul dans sa chambre, car il lui fallait mettre de l'ordre dans ses idées...

Cette nuit-là, le garçon dormit très peu. Il tourna et se retourna dans son lit, froissant les draps, s'agitant en vain sans pouvoir trouver le calme. Il était trop bouleversé. Sa découverte fortuite lui conférait un pouvoir extraordinaire bien que redoutable. Cela dépassait sa capacité de jugement. Que faire ? S'il parlait, Ficelle réagirait sûrement violemment ! Son honneur publiquement bafoué serait beaucoup plus sérieusement atteint que lors de sa mésaventure de La Vernède : le sourcier mystifié chez lui ! Les choses pourraient mal se terminer ! Et lui ? Que ferait-il lorsqu'il rencontrerait

Ficelle dans le village ? De plus, il lui serait difficile d'expliquer au père Joseph ce qu'il faisait à dix heures du soir, perché sur son cerisier ! Mais comment garder le silence ?

Laurent s'énervait. Il se retrouvait dans une cruelle incertitude et estimait injuste d'avoir à prendre tout seul une décision aussi grave.

– Je voulais juste manger quelques cerises en cachette ! marmonna-t-il.

Finalement, il regretta amèrement son expédition et prit la résolution de parler à sa grand-mère dès le lendemain matin, cela libérerait sa conscience. Épuisé, il finit par sombrer dans un mauvais sommeil.

Un affreux cauchemar fit hurler Laurent qui se réveilla en sursaut. Il resta un moment hébété, à demi redressé sur son lit, à se demander avec angoisse ce qui se passait. Il se rappela son rêve : le père Arnaud en fureur le poursuivait avec sa carabine ! Un battement sinistre parvenait jusqu'à lui... Il écouta, et l'angoisse le fit frissonner.

– Mémé !

Pas de réponse, il s'affola :

– MÉMÉ !

Toujours rien ! Soudain il entendit sonner le tocsin et il s'habilla en hâte !

La maison était déserte... De plus en plus inquiet, le garçon se précipita dehors : les cloches ne sonnaient plus ; mais il entendait des cris, des exclamations, des jurons. En quelques enjambées, il se trouva sur la place. Tout le village était là et il régnait une grande agitation !

Au milieu de la foule, le maire et le curé discutaient vivement. Laurent chercha à se renseigner mais personne ne faisait attention à lui. Apercevant sa grand-mère, il se faufila jusqu'à elle.

– Mémé, pourquoi tout le monde est ici ?

Mathilde l'ignora, elle essayait d'écouter ce que des disaient le maire et le curé. Laurent se cramponna à ses jupes. Énervée, Mathilde tendit le bras vers le banc :

– Tu ne sais pas lire ?

Laurent s'écarta un peu de la foule. Avec un morceau de charbon, quelqu'un avait écrit tout le long du dossier :

FISSEL AI UN CON – BARASTE JE TE UN SO DEAU DEN SON TROU TOU LES SOIR

Le garçon se retourna ; le maire et le curé partaient à toutes jambes en direction de la fontaine *fresque*, la foule se pressant sur leurs talons. Au milieu de la bousculade, il eut du mal à rattraper sa grand-mère. Il la retint par le bras, implorant :

– Explique-moi, mémé, s'il te plaît !

– On a écrit ça dans la nuit. Quand Ficelle l'a lu, il est devenu fou. Il a pris son fusil et a crié à tout le monde qu'il allait attendre ton oncle au bord du trou et lui régler définitivement son compte et ton oncle a relevé le défi ! Le curé vient à peine d'arriver. Il était à son jardin et c'est le maire qui a sonné les cloches pour le faire venir.

– Et tonton ?

– Laisse-moi.

Mathilde cherchait à s'éloigner. Laurent la retint comme il put :

– Attends, mémé, il faut que je te dise... Je sais des choses...

À ce moment-là, un coup de fusil éclata puis un autre, plus sourd, ajoutant à la confusion générale.

– Mon Dieu miséricorde, ils vont s'entretuer ! gémit Mathilde.

Abandonnant Laurent, elle repartit à grandes enjambées. Le gamin se mit à courir et rattrapa la foule au moment où ils passaient devant chez Élodie. En bousculant un peu les uns et les autres, il réussit à contourner la cohue et se retrouva quelques instants plus tard juché sur la branche qu'il connaissait bien ; le père Arnaud ne viendrait pas le déloger maintenant !

De son observatoire privilégié, il examina la scène. Au-dessous de lui, Ficelle, le fusil en main, était accroupi derrière son châtaigner. Une cinquantaine de mètres plus haut, il distingua le canon de l'arme de son oncle, protégé par une petite remise à outils. Laurent fut soulagé : pour l'instant, les ennemis s'observaient. Par bonheur, ils étaient toujours vivants ! L'envie de crier quelque chose le tenaillait ; mais il n'osa pas...

– Martin, laisse-moi faire, personne ne tirerait sur un curé ! Toi, tu représentes l'autorité...
– Justement, c'est mon devoir...
– Ne t'inquiète pas, tout se passera bien...

La foule sur leurs talons, les deux hommes s'étaient immobilisés à l'entrée du terrain. Malgré l'affluence, il régnait un silence impressionnant. Le curé songeait qu'il avait à faire à deux personnages dotés chacun d'un caractère bien trempé. Deux sanguins, hargneux et soupe au lait qu'une méchante querelle opposait depuis toujours ; brouille maintenant exacerbée par une question d'honneur et plusieurs coups de fusil. Devant tous les habitants du village, il ne pouvait se permettre la moindre erreur. Un échec, outre le drame qu'il provoquerait, serait catastrophique pour son autorité morale : l'omniprésence de son magistère était en jeu. Il se signa, s'avança et d'un pas ferme alla se poster en plein champ de tir.

– Barbaste, Ficelle...

La foule fut surprise ; le curé ne nommait jamais personne par son sobriquet. En le faisant cette fois, il montrait aux deux hommes dans quel mépris il les tenait.

– Arrêtez cette folie, espèces de forcenés ! Je vous ordonne de poser vos armes tout de suite !

Les agissements d'un mauvais génie...

Le silence retomba. Le curé le laissa volontairement se prolonger. Il voulait que ses paroles aient le temps de pénétrer les esprits enflammés des combattants. Maintenant qu'il se trouvait entre eux deux, il savait bien qu'ils n'oseraient pas tirer. Le temps travaillait pour lui : à mesure que les minutes passaient, la situation des ennemis devenait ridicule. Malgré tout, rien ne bougeait...

– Si vous ne vous décidez pas, je vais venir moi-même prendre vos fusils...

La tension était à son comble.

– Baptistin ! Clovis !

Le curé changeait de méthode. En nommant maintenant les deux hommes par leur nom de baptême, le prêtre faisait preuve d'habilité. Il avait pris le ton que l'on emploie lorsqu'on réprimande deux garnements turbulents. Un peu comme s'il les ramenait, par un singulier raccourci, à leur âge d'enfant, espérant dédramatiser la situation.

– Allez, approchez, crétins... Vous n'avez pas honte de vous donner en spectacle devant tout le village ? Que dira ton fils quand il saura ça, Baptistin ? Et toi, Barbaste, tu veux rendre ta mère un peu plus malade ?

Le curé, n'obtenant pas de réponse, s'avança :

– Bon, je vais commencer par toi, Baptistin ; je viens chercher ton fusil...

Le temps qu'il fasse deux pas, Ficelle apparut sans arme. Au même instant, la mince silhouette de Barbaste se dégagea de la remise où il s'abritait. Lui aussi désarmé et un grand soupir de soulagement s'échappa de la foule !

– Approchez-vous...

Les deux ennemis n'en menaient pas large. Ils s'avançaient doucement, conscients que, cette fois, ils avaient dépassé les limites. C'est au moment où ils se rejoignirent que les spectateurs, sidérés, assistèrent à une scène incroyable : Barbaste, le braconnier retors, et Ficelle, la grande gueule de sourcier tombant dans les bras l'un de l'autre ! Après toute la tension vécue, la foule commença à s'agiter. Les rires et les sarcasmes fusèrent ; on brocardait les repentants !

Cela provoqua une brusque colère du maire.

– Silence ! cria-t-il.

L'agitation cessa.

– Merci, monsieur le curé. Grâce à vous, tout se termine bien. Maintenant c'est à moi d'agir ; je vais prévenir les gendarmes tout de suite !

Il faisait déjà demi-tour. Le curé le retint par le bras :

– Ernest, si tu convoques les gendarmes, on ne sait pas jusqu'où ça pourra aller, une affaire pareille...

– J'en ai marre de ces deux fous, tant pis pour eux !

Très inquiets, Ficelle et Barbaste s'agitaient. Le curé insista :

Les agissements d'un mauvais génie...

– Ernest, si l'adjudant-chef revient ici... La dernière fois qu'ils sont venus, on les a pris pour des imbéciles et ils voudront le faire payer. Mathilde deviendra folle si son fils va en prison et je ne pense pas que cela plaise au directeur de la mine de savoir que Baptistin a des problèmes avec la justice. La carrière du petit...

– Monsieur le curé, vous ne vous rendez pas compte ? Si un jour il se produit un malheur, je serai fautif de n'avoir rien fait ! Il y a déjà eu menace de mort en public, duel au fusil et l'autre jour...

Le maire ne se calmait pas. Ficelle s'empressa de s'avancer :

– Ernest, en ce qui me concerne, c'est bien fini. Parole d'ancien combattant. Je n'aurai plus de noise avec Barbaste à l'avenir. Si je venais porter tort à mon fils à cause de mes conneries, je ne me le pardonnerais jamais !

L'œil bigleux de Barbaste roulait dans son orbite. Déjà condamné avec sursis, cette fois... La vision de Mirka s'imposa à lui et il dit d'une voix tremblante :

– Moi aussi, Ficelle peut être tranquille, je ne risque plus d'aller faire ses truffières ! Dis, Ernest ! Nous avons gardé les chèvres ensemble, tu ne vas pas m'envoyer en prison ?

– Tiens, je me gênerais !

– Je me porte garant, Ernest, il s'agit d'anciens combattants. dit le curé.

Excédé, le maire leva le doigt :

– Avis ! D'abord dès demain matin, vous viendrez boucher le trou tous les deux et remettre le terrain en l'état, ça vous fera les pieds et vous mettra à l'épreuve, d'accord ?

– Oui, oui...

– Ensuite, je vais prendre un arrêté municipal interdisant de chercher de l'eau aux Mourets. Définitivement, tu m'entends, Ficelle ?

– J'abandonne.

– Enfin, allez chercher vos fusils et ramenez-les tout de suite à la mairie. Je vous les rendrai à l'ouverture de la chasse. À prendre ou à laisser, Barbaste

Le braconnier grimaça :

– Comme tu veux.

Le maire les observait attentivement.

– Je vais vous attendre. Si vous recommencez vos conneries, vous savez ce qui vous attend, monsieur le curé ne vous sauvera pas deux fois !

Il tourna les talons et cria à la foule :

– Rentrez chez vous, il n'y a plus rien à voir ! Nous avons eu assez d'émotions aujourd'hui !

On s'en retourna en désordre tout en discutant avec animation...

# Les agissements d'un mauvais génie...

Laurent descendit de son cerisier, rejoignit le cortège et se faufila jusqu'à sa grand-mère qu'il tira par la manche :
– Mémé, si je te dis quelque chose de grave, tu me promets de ne pas t'énerver ?
– Hé ?
– Promets...
– Tu m'agaces ! Qu'est-ce que tu veux me dire ?
– Mémé !
– Bon, je resterai calme.
– C'est Élodie qui a versé l'eau dans le trou. Je l'ai vue, j'étais aux cerises.
– *Miladiou dé miladiou !*
Mathilde leva le poing :
– Nous mettrons ça au clair à la maison. Cette Élodie, elle me le paiera !...
– N'oublie pas ce que tu as promis...
Laurent prit la main de sa grand-mère et la serra très fort comme s'il voulait la protéger. Il espérait surtout qu'elle n'allait pas se mettre à radoter devant tout le monde !

## XX

## L'avenir des amoureux

Un rideau de coton barrait l'entrée ; mais la porte était grande ouverte. Le curé écarta la toile et frappa discrètement.

– Entrez, dit Benjamin.

– Bonjour à tout le monde, la petite famille va bien ?

– Té, Belzébuth qui vient me voir ! L'homme noir... Le diable, le diable... Miséricorde... Boudiou, le sorcier du malheur ! s'exclama Mathilde.

Elle posa le tricot qu'elle reprisait, se leva brusquement et alla se réfugier dans le coin de l'évier où elle s'agita, la tête branlante, marmonnant sans fin des paroles inintelligibles. Benjamin cassait la croûte pendant que Laurent faisait ses devoirs de vacances. Un peu interloqué, le curé restait interdit.

– Finissez d'entrer, monsieur le curé. Excusez ma mère ; depuis cette bagarre d'hier, elle est très énervée.

– Je m'en doutais, c'est pourquoi j'ai pensé vous faire une petite visite...

– En plus c'est Élodie qui vidait de l'eau dans le puits de Ficelle. Clovis n'y est pour rien, alors vous pensez...

– Quoi ? Les inscriptions, je me disais qu'il n'y avait qu'elle pour faire une chose pareille... Mais les seaux d'eau ! Comment le savez-vous ?

– Par le gamin !

– Explique-moi, Laurent, ça m'intéresse beaucoup...

Le garçon hésitait. Benjamin insista :

– Allons, on ne va pas te gronder.

Un peu gêné, Laurent avoua :

– Eh bien... Hier soir, j'étais grimpé sur l'arbre du père Arnaud pour manger des cerises quand j'ai entendu marcher. Il devait être dix heures, je venais juste d'arriver. J'aurais voulu m'enfuir, mais j'avais trop peur pour bouger. Alors j'ai vu quelqu'un monter les escaliers et aller vider un seau d'eau dans un trou ! À ce moment-là, la lune a éclairé son visage et j'ai reconnu Élodie !

– Par exemple ! Tu étais seul ?

Laurent baissa la tête :

L'avenir des amoureux

– Oui. Je pensais qu'en ne disant rien à mes copains, pour les cerises, je pourrais y retourner plusieurs fois sans que Joseph s'en aperçoive...
– Ne t'inquiète pas, nous avons tous fait comme toi, à ton âge. En dehors de ta grand-mère et de ton oncle, tu as parlé de cette affaire à quelqu'un ?
– Non !
– Eh bien, tu me rends un grand service ! Grâce à toi, Élodie va rester tranquille un bon moment... Mais il faut me promettre de ne parler de cette histoire à personne.
– Promis, monsieur le curé.
– Parfait.
– Mathilde, ne vous mettez pas martel en tête. Je vous assure qu'avec ce que je viens d'apprendre j'aurai réglé son affaire à la bergère avant midi !

Mathilde était revenue s'asseoir. Elle posa son ouvrage et baissa les bras. Les épaules basses, le dos rond, elle semblait brisée. Elle eut un geste vague et deux larmes coulèrent lentement sur ses joues parcheminées. En désignant Benjamin, elle dit d'une voix lasse :

– Celui-ci fait la bamboche. Il boit trop de pastis et me fait veiller quelquefois jusqu'à deux ou trois heures du matin. Barbaste n'en finit pas de se quereller et d'avoir des histoires : avec Ficelle, avec les gendarmes, avec les autres ramasseurs de truffes. Il braconne et ne travaille pas ! Comment voulez-vous que je sois calme ? Après tout ce que j'ai vécu, je mériterais bien un peu de tranquillité !

Mathilde s'essuya les yeux et un sanglot la secoua. Laurent découvrait brusquement la détresse de sa grand-mère qu'il n'avait jamais vue se plaindre jusque-là et il en était bouleversé. La gorge nouée, il fit semblant de se remettre à ses devoirs afin de cacher ses yeux mouillés : il en voulait à ses oncles des tourments qu'ils infligeaient à sa mémé qu'il aimait tant. Benjamin mettait beaucoup de soin à tartiner une tranche de pain.

– Je vous comprends Mathilde, je vous comprends... disait le curé ; tout va rentrer dans l'ordre, maintenant. Clovis aura intérêt à faire très attention, il a une sérieuse menace qui lui pèse sur la tête ! C'est pareil avec Baptistin et je m'occupe d'Élodie. Vous verrez qu'ils vont se calmer tous les trois, je vous le promets... Allons Benjamin, pense à ta mère, sois un peu sérieux !

Il y eut un silence embarrassé.

– Ils sont comme ça, c'est dans leur tempérament... Ils ne changeront jamais, dit Mathilde en hochant de la tête.

– Si, si, je vous assure que ça va changer. Ces temps-ci, Clovis vous a causé beaucoup de souci, il faudrait vous détendre un peu... Tenez, venez boire le café avec Alice vers deux heures. Elle invitera votre amie Augustine et vous blaguerez ; ça vous changera les idées...

– Oh! Je ne veux pas l'embêter avec mes problèmes...

Le curé se leva.

– Au contraire, Alice se fera un plaisir et elle en profitera pour vous demander un conseil : un point de broderie lui échappe. Vers deux heures, sans faute.

– Si vous croyez, monsieur le curé...

– Parfait, je m'en vais. À tout à l'heure. Ne pensez plus à Élodie, je m'en occupe...

Le curé emprunta la traverse qui menait aux Mourets par le haut. Parvenu à la remise, il observa longuement Ficelle et Barbaste sans se montrer, souhaitant voir si les deux hommes s'entendaient bien. Ils travaillaient dur et avaient déjà abattu beaucoup de besogne. Quand il vit Barbaste prendre sa fouillette et offrir à boire à Ficelle, le prêtre s'approcha, rassuré :

– Alors les terrassiers, ça avance ce chantier ?

– Comme vous le voyez, monsieur le curé, dit Ficelle. On devrait avoir fini à midi, après on n'en parlera plus.

– À la bonne heure !

Barbaste s'essuyait le front. Il s'exclama :

– Pour finir un chantier comme ça dans une matinée, il faut être rude, avec la chaleur qu'il fait !

Le curé se mit à rire :

– Ça fait partie de ta punition, Clovis ! Ne te plains pas, il vaut mieux ça que de moisir en prison...

– Ne me parlez pas de malheur ! Té, je me remets au travail parce que vous me rappelez un souvenir bien désagréable...

– Viens, Baptistin, on va s'asseoir un instant.

Quand ils furent installés, le curé sortit triomphalement une lettre de sa poche et s'exclama :

– Je l'ai reçue ce matin. Devine ce qu'on m'écrit ?

– À voir votre tête, je présume qu'il s'agit d'une bonne nouvelle ?

– Alors ?

– Comment voulez-vous que je sache ! Ça me concerne ?

– Oui, ça vient du directeur de la mine. Le curé de Saint-Laurent a dû lui expliquer les raisons de ma requête en insistant tellement qu'il a éveillé sa curiosité. Il veut voir tout le monde, les parents, les fiancés...

– Eh bien ! Ce serait quand ?

– Demain matin, à dix heures.

– Je n'en reviens pas.

– En tout cas, il s'agit de l'avenir de vos enfants ; vous pourrez poser toutes les questions que vous souhaitez et décider de la conduite à tenir. J'avais l'impression de m'occuper d'une chose qui ne me regardait pas.

– Joseph et Béatrice sont au courant ?

– Pas encore, dit le curé en se levant, je vais à la Borie de ce pas.

En descendant l'escalier pour rejoindre le sentier, il cria :

– Nous partirons de la place à neuf heures, d'accord ?

– Entendu, monsieur le curé.

Béatrice étendait du linge quand elle vit venir le prêtre. Elle s'avança à sa rencontre.

– Quel bon vent, monsieur le curé ?

– J'apporte du nouveau, Béatrice, dit le prêtre en brandissant la missive.

– Ah ! Entrez, nous allons boire le café.

Lorsqu'ils furent installés face à face, le curé expliqua :

– Le directeur nous recevra demain matin. Il veut faire la connaissance de Colette et voir tous les parents. Je trouve ça très bien.

– Quelle surprise ! C'est que... déranger un monsieur si important...

– Il s'agit d'un homme comme les autres, Béatrice. En tout cas, il veut tous vous voir et ça me soulage ; je ne serai que l'accompagnateur. Vous êtes plus qualifiée que moi pour parler de l'avenir de votre fille.

– Je ne sais pas si Joseph voudra venir...

– L'important est que vous soyez là, Colette et vous.

Béatrice écarta les bras :
– Bon, il faudra que nous soyons prêtes à quelle heure ?
– À neuf heures précises, sur la place.
– J'aimerais bien savoir ce que ce monsieur va nous dire !
– Vous le saurez bientôt, Béatrice ; il ne vous recevrait pas par simple curiosité, quand même ! Vous pourrez lui poser toutes les questions que vous voudrez. Bon, j'ai encore quelqu'un à voir ce matin, à demain.
– Au revoir, monsieur le curé.

– Élodie !
La bergère apparut sur le pas de la porte, traînant la jambe. Surprise, elle dit, d'une voix geignarde :
– Tiens, monsieur le curé. Qu'est-ce que je peux faire pour vous ?
– Beaucoup Élodie, beaucoup. Amène deux chaises, nous allons parler.
– Dites, je n'ai rien fait de mal cette fois-ci ! Vous n'allez pas me donner des pénitences, comme la dernière fois ?
– Pourquoi te défends-tu ? Je ne t'ai encore accusé de rien ; tu n'as donc pas la conscience tranquille ?
– Si, si... seulement vous m'avez tellement sermonnée, l'autre jour !

L'avenir des amoureux

– Pas suffisamment, je pense !

À contrecœur, Élodie rentra chez elle et revint en traînant deux mauvais sièges derrière elle. Le curé savait qu'elle interdisait à quiconque l'entrée de son logis afin de cacher sa misère. Ils venaient à peine de s'asseoir au bord du chemin que la bergère protestait déjà :

– Monsieur le curé, j'espère que vous n'allez pas dire que c'est moi qui ai écrit la dénonciation sur le banc, hier ?

– Tu vois bien, tu protestes avant de connaître le motif de ma visite ! Ne tournons pas autour du pot, Élodie. Je ne connais qu'une personne dans le village capable d'une chose aussi blâmable...

– Ce n'est pas moi !

– Qui alors, à ton avis ?

– Comment voulez-vous que je le sache ? En tout cas l'eau, c'est Barbaste !

– Justement, parlons de cette affaire. Il faut avoir l'esprit tordu pour imaginer une chose pareille. Vider un seau une fois si on veut faire une blague, passe ; mais tous les jours ! Le coupable voulait induire Baptistin en erreur. Quand il a jugé le moment favorable, il a écrit cette dénonciation sur le banc, certain que tout le village la lirait. C'était habile, cela permettait à celui, ou celle, qui l'a écrit de se venger de ses deux ennemis du même coup ! Élodie, il te serait beaucoup pardonné si tu avouais...

La bergère se leva :
— Ce n'est pas moi, monsieur le curé. Il faut que je rentre, je triais des lentilles...
— Assieds-toi !
Le curé avait haussé le ton. Il se pencha vers Élodie :
— Peux-tu me dire ce que tu faisais, avant-hier soir, vers dix heures.
— J'étais au lit !
— En es-tu sûre ?
— Je me couche toujours de bonne heure.
— Tu n'as guère de mémoire, je vais t'aider. Ce soir-là, tu as versé le seau d'eau dans le trou comme tous les jours et, quand il n'y a eu plus personne sur la place, tu es allée inscrire cette phrase infâme sur le banc sachant bien, connaissant Baptistin et Clovis, qu'il y aurait bagarre. C'était un plan machiavélique ! Pas vrai Élodie ?
Le curé ne la lâchait pas des yeux. La bergère dodelinait de la tête.
— Non, ce n'est pas moi !
— Allons finissons-en. Un gamin se trouvait par hasard sur les lieux en train de manger des cerises chez Joseph. Il a assisté à toute la scène et il est venu me dire qu'il t'avait reconnue. Il pourrait en témoigner...
Élodie sursauta comme si elle avait été piquée par une guêpe.
— Ce n'est pas vrai !

# L'avenir des amoureux

– Ne me traite pas de menteur !

Accablée, la bergère se taisait.

– Je ne peux pas continuer à te laisser faire des choses aussi méprisables, tu deviens dangereuse Élodie ! Le maire me disait que, s'il connaissait le coupable, il le ferait mettre en prison... À l'avenir, si j'apprends que tu cherches des histoires à qui que ce soit, je te dénoncerai à Martin. Déjà, les gens ne t'aiment pas beaucoup, ils te rendront la vie encore plus difficile...

La bergère baissait la tête en se tordant les mains.

– Personne ne m'aime !

– Tu ne fais pas grand-chose pour ça ! En tout cas, tu sais ce qui t'attend si tu recommences tes manigances. Tu as pensé à Pierre et à Mathilde, s'il était arrivé un malheur ?

– Pardonnez-moi, monsieur le curé. Je ne recommencerai pas.

– Je ne pardonne rien du tout. Tu viendras à confesse samedi matin. Je préfère un repentir réfléchi que de vagues excuses au bord d'un chemin. Méfie-toi Élodie, moi je te donnerai l'absolution, mais Lui il te surveille de Là-Haut, crains-Le !

Sur ces fortes paroles, le curé se leva et partit, abandonnant sur place une Élodie toute retournée.

La camionnette stoppa sur une esplanade, à l'abri de deux grands marronniers qui ombrageaient les bâtiments administratifs.

Attentif, Pierre aida Béatrice à descendre de l'arrière du véhicule. Malgré l'insistance du curé, elle n'avait pas voulu prendre place à l'avant. Il regarda Colette : la jeune fille était mignonne à croquer dans une robe légère à fleurs multicolores. Le voyage avait un peu fripé sa tenue et elle la défroissait soigneusement avec les mains. Il lui fit un clin d'œil complice.

– Allons, Colette, il est dix heures moins le quart !
– J'arrive, monsieur le curé.

Pierre sourit, son père s'était endimanché sans toutefois revêtir sa tenue des grandes occasions. « Elle porte malheur ! » avait-il prétexté.

– Suivez-moi, dit-il.

Le curé se pencha sur Béatrice :

– Vous n'avez pas pu amener Joseph ?
– Oh ! Vous savez, lui, ce genre de démarches... Cela ne l'empêchera pas de me faire des reproches s'il n'est pas content !

À la suite de Pierre, ils montèrent les quelques marches du perron avant de pénétrer dans un vaste hall et de s'engager dans un long couloir. Ils montèrent un escalier monumental et arrivèrent à l'étage. Une secrétaire travaillait dans un bureau vitré qui lui permettait de voir arriver les visiteurs. Elle se leva pour les accueillir et les fit entrer dans un salon d'attente, avant d'aller frapper discrètement à une lourde porte ouvragée. Un instant plus tard, elle vint prévenir :

– Monsieur Joubert vous recevra dans cinq minutes...

– Merci.

Ils s'installèrent et attendirent patiemment. Intimidée, Colette se ratatinait sur son siège. Soucieuse, Béatrice réfléchissait aux questions qu'elle ne devrait pas oublier de poser. Parfaitement détendu, le curé lisait une revue pendant que Ficelle rêvait de carrière brillante pour son fils en se demandant si les amours de Pierre ne risquaient pas de contrarier ses espoirs. Le doute l'assaillit, sa récente expérience des échecs répétés le rendait prudent.

Tout à coup, la porte s'ouvrit et un homme d'une cinquantaine d'années entra. Très grand, extrêmement jovial, il se dirigea droit sur le curé :

– Monsieur Joubert, dit-il, la main tendue. Soyez les bienvenus. Monsieur le curé...

– Merci de nous recevoir.

– Ah ! Voici donc la fiancée... Mademoiselle Colette Arnaud, n'est-ce pas ? Et vous êtes Madame Arnaud ? Félicitations. Le papa n'a pas pu venir, vous lui ferez mes amitiés... monsieur Fabre !

Le directeur prit la main de Baptistin et la serra longuement pendant plusieurs secondes.

– Très heureux ! Votre fils est doué, savez-vous, je suis content de lui. Mais vous-même ; un expert pour caver les truffes, me dit-on ? Et un sourcier réputé, paraît-il ? Une sorte de mineur indépendant, alors ?

Ravi, Ficelle bredouillait, écoutant tout cela avec un plaisir béat. Ils entrèrent dans le bureau où le directeur les fit installer. Il était intarissable :

– Bon, nous y voilà, dit-il en posant les mains sur le bureau. J'ai tellement entendu parler de vous tous par le curé de Saint-Laurent, ces jours-ci, que j'ai eu envie de faire votre connaissance.

Il s'interrompit, se tourna vers Colette et la complimenta :

– Mademoiselle Arnaud est si charmante que je comprends mieux Pierre !

Colette rougit violemment pendant que Béatrice bredouillait :

– Merci... Monsieur le directeur.

– J'ai cru comprendre que cela ne vous enchanterait pas beaucoup de partir à Paris, mademoiselle ?

Troublée, Colette bafouilla :

– C'est-à-dire... ce serait dur pour mes parents.

– Je comprends. Allons au fait, que désirez-vous savoir ?

Personne n'ouvrant la bouche, le curé résuma la situation :

## L'avenir des amoureux

– Nous aimerions avoir quelques précisions. Par exemple, Pierre sera-t-il absent pour très longtemps ? Pourra-t-il revenir travailler à Saint-Laurent à l'issue de ses études ? Colette et lui s'aiment et voudraient se marier... Malheureusement, monsieur et madame Arnaud n'ont qu'une fille : la voir partir à Paris serait un déchirement.

Le directeur sourit :

– Votre collègue de Saint-Laurent m'en a déjà un peu parlé. Il faut d'abord que vous sachiez que l'avenir de Pierre dépendra de ses aptitudes, de son travail... Toutefois, je sais qu'il est capable, j'ai confiance en lui.

Il se tourna vers Ficelle :

– J'ai tout de suite remarqué votre fils, quand je l'ai engagé. C'est pourquoi je l'ai fait tourner dans les services afin qu'il acquière un maximum d'expérience. Avant qu'il ne parte à l'armée, je l'ai mis six mois à travailler avec deux ingénieurs qui ne m'ont fait que des éloges à son sujet. Il existe donc deux possibilités...

Le directeur tendit une documentation à Pierre :

– Vous la lirez chez vous.

Puis il reprit :

– Donc, dans notre école, les jeunes suivent une formation intensive de six mois au cours de laquelle ils subissent de nombreux tests. À l'issue de cette période, les meilleurs continueront en vue de devenir ingénieurs ou géomètres après deux ans d'études. Les autres seront maîtres mineurs ou cadres dans nos services administratifs au bout d'un an seulement.

– Trois ans en tout ! s'exclama Colette.

Le directeur sourit et croisa les mains :

– Au bout d'un an, il y a des stages pratiques sur le terrain ; il pourra en faire quelques-uns sur notre site. Il est plus intéressant de devenir ingénieur ou géomètre, mademoiselle, à tous points de vue...

Béatrice s'agitait sur son siège, elle demanda :

– Certainement ; mais Pierre aurait-il des chances de revenir au pays ?

Le directeur hésita :

– Je pourrais m'arranger pour cela... En tout cas, au moins dans la région en attendant qu'il se libère une place ici ; nous exploitons d'autres gisements dans les environs. Toutefois, les plus ambitieux partent tout de suite à l'étranger pour progresser plus vite. Nous avons des mines en Europe, en Afrique du Nord et même en Amérique du Sud !

– Ah non, pas à l'étranger ! s'exclama Béatrice.

Monsieur Joubert sourit :

– Vous préféreriez le voir réintégrer Saint-Laurent, madame Arnaud ?

– Oh oui !

Pierre réfléchissait, il demanda :

– Qu'est-ce qui se passerait si vous étiez muté entre-temps, monsieur Joubert.

## L'avenir des amoureux

– On nommerait quelqu'un à ma place et je m'entendrais avec lui. Entre collègues...

Ficelle, jugeant que cette possibilité était un compromis satisfaisant, demanda :

– Donc, mon fils pourrait être ingénieur tout en restant dans la région, avant de revenir à Saint-Laurent ?

– À condition qu'il fasse partie des meilleurs, sinon il aura un poste un peu plus modeste. Sachez quand même qu'il faut vous décider assez vite, les demandes de candidature doivent être parvenues à Paris pour le 20 août. En conséquence, Pierre doit se présenter le plus tôt possible à nos bureaux de Nîmes où il constituera un dossier, passera des tests et une visite médicale. La semaine prochaine serait le mieux, cela vous laisse quelques jours de réflexion. Toutefois, ce serait dommage de laisser filer cette opportunité qui ne se représentera certainement pas, monsieur Fabre.

– J'en suis bien conscient, monsieur le directeur.

– Je ne peux pas décider sans en parler à mon mari ! objecta Béatrice.

Ficelle s'exclama :

– Trois ans, ça passe vite !

– Ça dépend pour qui ! protesta Colette.

Le curé intervint :

– Allons, à ton âge ! Pense que cela permettra à Pierre d'avoir une belle situation tout en travaillant au pays ! En attendant, il y aura les congés, les stages... Après, vous aurez toute la vie devant vous !

– C'est comme cela que je vois les choses, dit le directeur. Bon, vous avez tous les éléments pour prendre votre décision ; d'autres questions ?

Personne ne pipa mot.

– Alors, j'attends une réponse de Pierre le plus rapidement possible.

Le directeur se leva. Ils se serrèrent la main. Il y eut des politesses ; mais tout fut rapide à partir de ce moment. Ils se retrouvèrent à la camionnette sans avoir dit mot, chacun méditant ce qu'il venait d'entendre.

## XXI

## Épilogue

Le train filait sur Nîmes à une vitesse qui semblait vertigineuse à Colette qui le prenait pour la première fois. Après Saint-Hippolyte-du-Fort, dans la plaine de Quissac, le convoi dépassa à plusieurs reprises les quatre-vingts kilomètre-heure. Cela grisait la jeune fille et lui donnait l'impression que son cœur battait d'autant plus vite que le train prenait de l'allure. Ils sortirent dans le couloir, Pierre ouvrit la vitre et l'air s'engouffra dans la voiture, agitant les bouclettes de Colette qui fut aveuglée. Elle éclata de rire, emportée par une joie enfantine. Tout la surprenait, elle avait l'impression de faire un grand tour de manège !

– Pierre, dit-elle en enlaçant le garçon, je suis si heureuse ! J'ai peur de vivre un songe et de me réveiller...

Il l'embrassa dans le cou :

– Pourtant, nous sommes bien dans le train qui mène à Nîmes et la convocation que j'ai dans ma poche est bien réelle.

– Il s'est passé tellement de choses ces jours-ci ! Comment imaginer qu'en si peu de temps mes parents acceptent que l'on se marie, fixent la date des fiançailles et me donnent la permission de t'accompagner aujourd'hui ! Je ne pensais pas que mon père...

– Le curé a insisté...

– Nous lui devons beaucoup !

– Oh oui ! On va lui offrir un cadeau que tu choisiras, ça lui fera une bonne surprise.

Ils rentrèrent dans le compartiment, s'installèrent et sortirent le dossier que, pour la dixième fois peut-être depuis la veille, ils avaient lu et relu. Convocation, adresse où se présenter, diplômes, documents à fournir...

– À midi, nous irons nous promener sur le cours Gambetta et nous chercherons un restaurant qui te plaise, dit Pierre.

Elle pouffa :

– C'est moi qui décide de tout alors !

– Oui, je veux que tu gardes un souvenir inoubliable de cette journée, dit-il en l'embrassant.

Un voile passa devant les yeux de la jeune fille :

– Trois ans, c'est long quand même :

Pierre lui prit la main :

# Épilogue

– Il nous faut faire ce sacrifice, Colette : je tâcherai de venir le plus souvent possible. Après nous pourrons vivre près de nos parents. Ce sera bien pour tout le monde, surtout pour nos enfants. En plus, je gagnerai bien ma vie, cela nous permettra d'engager quelqu'un qui aidera mon père, quand il vieillira !

Rêveuse, Colette prit la main de Pierre :

– Quand tu reviendras, si tu pouvais t'arranger et être muté ailleurs qu'à Saint-Laurent, nous pourrions vivre quelque temps rien que nous deux et profiter de notre liberté. Après ce serait plus facile d'avoir un peu notre indépendance...

– Tu as raison, je ferai mon possible, monsieur Joubert est si gentil avec moi !

Colette laissa sa tête reposer sur l'épaule de Pierre et regarda défiler le paysage. Ils restèrent silencieux un bon moment, puis, en se serrant un peu plus fort contre son fiancé, la jeune fille dit :

– Je suis contente, c'est bien comme ça, chéri !

Elle lui tendit ses lèvres et ferma les yeux.

Monsieur le curé donna un coup de kick et la moto démarra du premier coup. Il s'était levé de bonne heure pour aller voir quelques paroissiens et dire une messe à Pommiers. Il se frotta les mains et murmura :

– Tiens, la journée commence bien !

Il passa en première et descendit tout doucement la rue du haut. Il arrivait sur la place lorsqu'il vit Ficelle sortir de chez lui, une pelle et une pioche sur l'épaule. Il fronça les sourcils, freina et mit un pied à terre.

– Où vas-tu, Baptistin ?

Ficelle leva les yeux au ciel et remarqua :

– Il fait beau, les matinées sont fraîches, cela donne envie de se bouger un peu...

Le regard du prêtre s'assombrit :

– Ne fais pas ton intéressant ; je t'ai posé une question, réponds-moi !

Le sourcier hésita :

– J'ai envie de gratter un peu, monsieur le curé...

– Tu m'énerves, gratter quoi ?

Ficelle s'approcha et dit innocemment :

– J'ai réfléchi que depuis l'éboulement de ma mine, j'avais tout laissé en l'état. Je ne peux pas abandonner le terrain comme ça, les gros orages de cet automne ravineraient tout ! J'en profiterai pour creuser un peu quand j'aurai déblayé. J'étais presque à l'eau...

– Ah non !

Le sourcier mit la main sur le bras du prêtre :

– Je tiendrai mes promesses, pas d'histoires avec qui que ce soit. Ne vous faites pas de souci, ma galerie est éloignée et pas commode d'accès, on ne vient pas m'y voir.

– Ah non, te dis-je !

# Épilogue

– Je vous assure, monsieur le curé, soyez sans crainte. D'ailleurs, je n'ai pas l'intention de dire à quiconque que j'ai repris ce chantier.
– Tu es sourd, Baptistin ? Je te le dis encore une fois, non !

Ficelle se gratta le nez :
– Ce serait dommage d'abandonner, j'arrivais au filon ! Cela me permettra de faire un jardin qui m'occupera un peu, à l'avenir... De plus, Martin ne peut pas m'empêcher de chercher de l'eau là-bas, le terrain m'appartient !
– Baptistin !

Ficelle fronça les sourcils, regarda le curé par en dessous et dit négligemment :
– Il n'y a pas de mal à se faire un jardin pour s'occuper. Vous-même me l'avez conseillé un jour que vous étiez venu me voir aux Mourets. D'ailleurs, j'ai nettoyé les *cantous* de l'Olivette dans cette intention...

Le curé sentait la colère l'envahir. Il chercha des arguments, se découragea et finit par lâcher :
– Baptistin, sais-tu ce que je te dirais si je n'étais pas un curé ? Le sais-tu ? Je te dirais : va au diable, Baptistin Fabre !

Il mit les gaz et démarra sur les chapeaux de roue...

# Table des matières

| | | |
|---|---|---|
| | Introduction | 7 |
| I | Une histoire d'eau en pays sec | 15 |
| II | Une drôle de nuit | 29 |
| III | Une fâcheuse visite | 49 |
| IV | Histoires de chasse ! | 67 |
| V | Une bonne et une mauvaise rencontre... | 83 |
| VI | La diablerie de Ficelle | 97 |
| VII | Le curé, le braconnier et les pandores | 117 |
| VIII | Les tourments de Barbaste | 135 |
| IX | Le sourcier dans ses œuvres | 155 |
| X | La fête votive | 177 |
| XI | Des questions sans réponse | 201 |
| XII | La fanfaronnade du sourcier | 219 |
| XIII | Une mauvaise rencontre Les faucheurs de l'œuvre | 243 |

|       |                                        |     |
|-------|----------------------------------------|-----|
| XIV   | Un marchand ambulant trop bavard...    | 259 |
| XV    | Le procès de Barbaste                  | 277 |
| XVI   | L'obstination du sourcier              | 293 |
| XVII  | Le banquet des anciens combattants     | 311 |
| XVIII | Le curé mène le jeu                    | 327 |
| XIX   | Les agissements d'un mauvais génie...  | 347 |
| XX    | L'avenir des amoureux                  | 365 |
| XXI   | Épilogue                               | 383 |

## Dans la même collection

Les textes de la collection Terre de poche nourrissent la mémoire collective à travers des histoires fortes, des récits de voyage, des documents historiques ou des chroniques intimes.

AGUILLON Arlette
*La Maîtresse du moulin*
*Le Puits aux frelons*

ALIA Josette
*Le Pensionnat*

AMOUROUX Henri
*La Vie des Français sous l'Occupation*

ANGLADE Jean
*Le Chien du Seigneur*
*Le Pain de Lamirand*
*Les Mains au dos*

ARNAUT Robert
*Les Corneilles blanches*

AUBARBIER Jean-Luc
*Les Démons de sœur Philomène*

AUCOUTURIER Alain
*Le Milhar aux guignes*

AUDIDIER Robert
*Les Sentiers de traverse*

AUDOUX Marguerite
*Marie-Claire*

AUJOULAT Noël
*Le Village perdu*

BARRAL René
*Les Soleils de l'hiver*

BATUT Maryse
*Les Monvalan*

BELARD Paul
*Moissons d'enfance*

BERNIER Daniel
*Camille*

BESSON André
*Folle avoine*
*La Grotte aux loups*

BOBECHE Adrien
*La Fille de la meunière*

BORDES Gilbert
*Le Chat derrière la vitre*

BOUCHET Maurice
*La Fille du pertuis*
*La Pierre au mercier*
*Les Souliers ferrés*

BOUDOU Josette
*La Maison d'école*
*Le Mur de la destinée*
*Les Grillons du fournil*

BOURRET Johan
*Dans la gueule du loup*
*Le Camp des loups*
*Sœur Charité*

BOUSSUGE Micheline
*Barthélemy le ferblantier*
*La Maison d'Anaïs*

BRIAND Charles
*Le Seigneur de Farguevieille*

CABROL Laurent
*L'Enfant de la Montagne noire*

CAPPEAU Marie-Nicole
*Chantemerle*
*La Mule blanche*

CASTELAIN Anne-Marie
*Les Amours de Louise*
*Le Loup du marais*

CHALAYER Maurice
*Un buisson d'aubépine*

CHAUVIGNE Jean
*Le Secret de Marie*

CLEMENT-MAINARD
Michelle
*La Foire aux mules*
*La Fourche à loup*

COMBE Rose
*Le Mile des Garret*

CORNAILLE Didier
*La Croix du Carage*
*Le Forgeron d'Eden*
*Le Vent des libertés*
*soulevait la terre*
*Le Vol de la buse*
*Les Gens du pays*

COSMOS Jean
*La Dictée*

DANA Jacqueline
*La Réfugiée de Saint-Martin*

DE MAXIMY Hubert
*La Rebouteuse de Champvieille*
*Le Bâtard du Bois noir*

DE MAXIMY René
*La Ferme des neuf chemins*
*Le Puits aux corbeaux*

DE PALET Marie
*La Tondue*
*Les Terres bleues*
*Retour à la terre*

DECK Olivier
*Cancans*
*L'Auberge des Charmilles*
*La Neige éternelle*
*Les Chopines*
*Les Rumeurs du Gave*

DEFAY Renée
*Tes petits pieds dans la trace de mes sabots*

DELPASTRE Marcelle
*Les Chemins creux*
*Cinq heures du soir*

DESVIGNES Lucette
*Le Miel de l'aube*

DIMITRIADIS Dicta
*Le Nid de la hulotte*

DODANE Michel
*La Malédiction des Mouthier*
*Les Enfants de la Vouivre*
*Les Herbes noires*

DOURIAUX Hugues
*Le Clos des grognards*
*Le Temps des loups*

DUBOIS Yvonne
*Couleur de terroir*
*La Vallée des cyclamens*

**DUFOUR Hortense**
*Au vent fou de l'esprit*
*Ce que l'océan ne dit pas*
*La Fille du saulnier*
*Le Bois des abeilles*

**DUPUY Daniel**
*Fontcouverte*
*Les quatre Jeudis*

**DUTRONC Robert**
*La Maison des Chailloux*

**EXBRAYAT Charles**
*Rachel et ses amours*

**FABRE Jean-Luc**
*L'Eté des Fontanilles*

**FEUILLERAT André**
*La Clef des champs*

**FRONTENAC Yvette**
*L'Etoile rousse*
*La Demoiselle
du presbytère*
*Les Années châtaignes*

**GAGNON-THIBAUDEAU Marthe**
*La Boiteuse*

**GALONI Pierre**
*Le Pitaud*

**GAMARRA Pierre**
*Le Maître d'école*

**GAY Marie-Claude**
*Le Serment de Saint-Jean-de-Luz*

**GENEVOIX Maurice**
*Le Jardin dans l'île*

**GERAUD Roger**
*Le Pré derrière la grange*
*Les Vaches rouges*

**GIMBERT Yveline**
*L'Oeil de l'auberge*
*L'Ombre des chênes*

**GLEIZE Georges-Patrick**
*La Vie en plus*
*Le Chemin de Peyreblanque*
*Le Destin de Marthe Rivière*

*Le Sentier des pastelliers*
*Le Temps en héritage*
*Rue des hortensias rouges*

GRIFFON Robert
*Au bonheur du pain*
*Le Bedeau de la République*
*Le dernier Forgeron*

HEURTE Yves
*Le Pas du loup*

JAILLER Isabelle
*La Ferme des hautes terres*

JEURY Michel
*La Classe du brevet*
*Le Crêt de Fonbelle*

JUDENNE Roger
*Drôle de moisson*
*La Maison d'en face*
*Les bons Jours*

JULIEN Henri
*La Bâtisse aux amandiers*

LABORIE Christian
*L'Appel des drailles*
*L'Arbre à pain*
*L'Arbre d'or*
*Le Brouillard de l'aube*

LACOMBE Michel
*Les Brûlots de paille*

LAFAYE Claude
*La Maison de l'espoir*

LARDREAU Suzanne
*Orgueilleuse*

LAURENT Jean-Paul
*L'autre Montagne*
*La Ferme aux loups*

LAVAL Henri
*Le Chemin des souvenirs*

LEMAIRE Philippe
*Le Chemin de poussière*
*Les Vendanges de Lison*

LIMOUZIN René
*Les Cèpes de la colère*

LOUTY Pierre
*Léonard, le dernier coupeur de ronces*
*Les Fiancés de la Briance*

MAGNON Jean-Louis
*Les Belles du Midi*
*Les Hommes du canal*

MALROUX Antonin
*La dernière Estive*
*La Noisetière*
*Le Jardin de Louise*
*Le Soleil de Monédière*
*Un fils pour mes terres*

MAMERE Noël
*La Malédiction des justes*
*Le Combat des humbles*
*Les Forçats de la mer*

MAZEAU Jacques
*De l'autre côté*
*de la rivière*
*La Ferme d'en bas*
*La Malédiction*
*de Bellary*
*La Rumeur du soir*
*Le Pré aux corbeaux*
*Le Retour de Jean*
*Terre de sang*

MOUCHEL Jean
*Le Fils d'Hélène*

NEDELLEC Gérard
*L'Ecole de monsieur Paul*

PELISSIER Patrice
*L'Ange et le loup*

PERREVE Paul
*La Burle*
*Les Galoches rouges*

PEYRAMAURE Michel
*Le Bonheur des Charmettes*
*Le Château de la chimère*
*Les Flammes du Paradis*

PINCE Jacques
*Les Blouses grises*
*Premiers sillons*
*Tustou et Marie*

PLAIT Annie
*Les longues Saisons*

PLUCHARD Mireille
*Halix de Bagard Dame*
*de soie*

POURRAT Henri,
L'OLAGNE Jean
*Sur la colline ronde*

**PRORIOL René**
*Antoinette, une vie de femme en 1900*

**PUIJALON Bernadette**
*Le Moulin des retrouvailles*

**QUEREILLAHC Jean-Louis**
*La Moiss-batt*
*Rouge est ma terre*
*Trois sillons de terre rouge*

**RABUTEAU Pascal**
*Les Faveurs de Sophie*

**REY Georges**
*La Montagne aux sabots*
*Le Bal des sabots*

**RIBES Georges**
*Les Gens de la vallée*

**ROSSET Jean**
*Les Porteurs de terre*

**ROUANET Marie**
*Apollonie*

**ROUIL Jacques**
*Les Rustres*

**ROUQUET Jean**
*L'Enfant de la borie*

**ROYER Roger**
*La Colombière*

**SABOURIN Pierre**
*La Terre des coteaux*

**SELO Joël**
*Les vieux Démons*

**SOURY André**
*Le Pain blanc*

**SOYEZ Jean-Marc**
*Au café de l'église*
*Julia*
*La Tuile à loups*
*Les Galoches de Julia*

**STARASELSKI Valère**
*Nuit d'hiver*

**TAMAIN Louis**
*L'Encre violette*
*Le Temps de l'école*
*Médecin de campagne*

**THIROLLE Jérôme**
*Les Doigts d'or d'Elise*

**TISSERAND Pierre**
*L'Arbre au pendu*

**TOUATI Claude-Rose et Lucien-Guy**
*Une maison dans les herbes*

**TOUPET Armand**
*La Bouzoute*

**VAISSIERE Marie-Louise**
*Marie, fille de Cocagne*

**VALETTE Paule**
*Le Pain de cendre*
*Les Jours derrière la montagne*

**VENTRE Julien**
*Julien, berger des collines*

**VERDIER Henri-Antoine**
*La Fille du bénitier*
*Les Lentilles vertes*

**VERRIER Michel**
*La belle Guérisseuse*
*La Ferme des Pitaval*
*Là où les chèvres sont pires que les loups*
*Le Chien qui faisait peur au diable*
*Le Mystère de Millepertuis*

**VIGOULETTE Daniel**
*Les Ombres du Léman*

**VINCENT Claude**
*Les Roses de l'hiver*
*Quatre pieds de terreau*

**VITTE Louis-Olivier**
*L'Enfant de la rivière*
*La Servante*

**XENAKIS Françoise**
*J'aurais dû épouser Marcel*

**ZIMMERMANN Daniel**
*Le Gogol*

Imprimé en U.E.
Dépôt légal : juin 2013
ISBN : 978-2-8129-0719-7